# 和食文化学入門

京都府立大学和食文化学科 監修
佐藤洋一郎・母利司朗・平本 毅 編

臨川書店 刊

目次

# はじめに

本書は、これから和食文化を学ぶ人の「学びの道しるべ」として編集したものである。人間の食に関するこれまでの学問は、広範な食の個別の営みそれぞれに対応してきた。食材を作る作業に関わる学問分野としての農学・水産学・畜産学、加工や運搬に関わる食品加工学・発酵学、栄養の面から和食を考える栄養学、給仕や経営に関わる経営学（マネジメントという語で言い表されることもある）や、さまざまなしつらえや建物、生産・居住のインフラの建設に関わる工学などのほか、これらの営みの経緯を知る歴史学、さらにはこの大きな営みの持続可能性を問う環境学などにまで及ぶ。

多くの研究者は「和食文化」というものをまず自分の専門に引き寄せて考えようとはするが、他の視点には興味を示さないことが多かった。栄養学の研究者は「和食はヘルシー」などの語に敏感に反応する一方、その成り立ちや歴史には無頓着なことが少なくない。反対に歴史学研究者は文書に書かれたことがらには興味を示すが、たとえば登場する食材が今のものと違ってるかもしれないなどと考えてみることはあまりない。皮肉な言い方をすれば、研究者であろうとするその心の呪縛が食の世界の地平線の向こうをみることを妨げているとさえいえる。

それなので、食文化に関わる学問を作るアプローチの一つの方法は、違う視点にたってものをみることである。しかし現代の学術は専門分野の深化には熱心ながら、異分野間で横串を通すことにはあまり熱心なようにはみえない。現在の学術が「西欧の一六・七世紀頃に起こった科学革命」（大森、二〇一二）の延長上にあり、研究者の多くが現象の細部の理解にのみ興味を傾け、あるいは細部の理解こそが学術の仕事であるかに考えているからである。とくに日本では、あるひとつの分野（discipline）の思考を鍛え、「その道一筋」に研究することが学者の鏡とされてきた。綜合の作業は、すでに確立した研究者にはなかなかできることではない。

綜合に欠かせないのは、多岐にわたる学問分野への理解と尊敬、それに好奇心であると思う。学際性（interdisciplinarity）である。和食文化を学びたいと考える若い方々には、ぜひ、いろいろなことを広く学び、さまざまな見方を身につけてもらいたいと思う。やはり、まだ従来のやり方に凝り固まっていない、若い頭脳に期待するしかない。

こうした観点から、本書はなるべく多くの専門分野の研究者に執筆を依頼した。執筆者は京都府立大学の三学部の教員である。京都府立大学は二〇一六年に京都和食文化研究センターを立ち上げ、さらに二〇一九年には文学部にその四番目の学科として「和食文化学科」を設置した。これらにより、和食文化を綜合的に研究するあらたな学問―和食文化学―の確立に向けての歩みをスタートさせた。さきに、多くの研究者が「横串を通すことに不熱心」と書いたが、京都府立大学にあってもこのことは例外ではない。そこで本書の執筆者らは少しでもこの状況を打破しようと、互いの論考を事前に読みあって内容や書きぶりをチェックした。「ピア・レビュー」と呼ばれるこの方法は決して目新しいものではないが、一冊の著書の著者の間でのピア・レビューによって交流が生じて、内容に一体感が

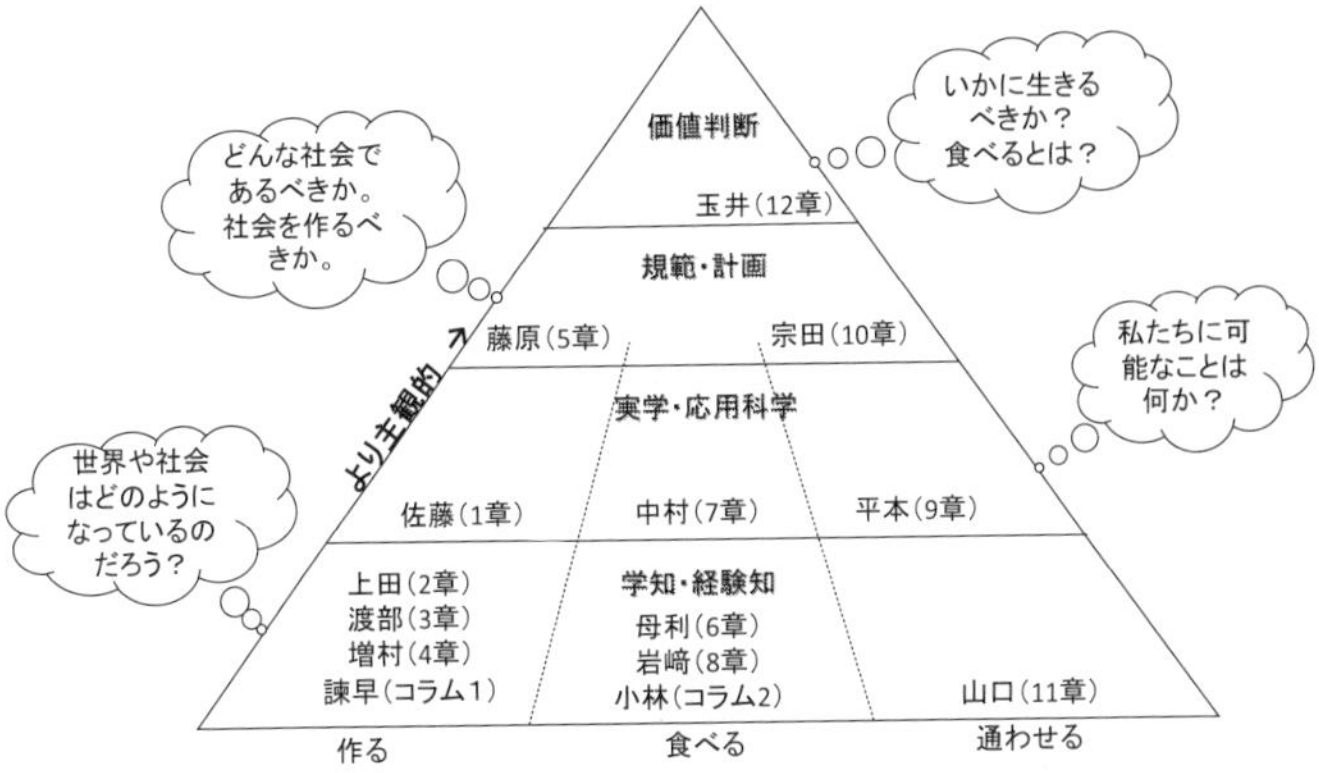


Max Neef, 2005をベースに作図

図 1

生じたのではないかと期待している。

学問に横串をさすと一口にいうものの、どうすればよいのだろう。ここでは試しに、Max-Neef が著した「Conceptualisation of weak transdisciplinarity」の学問分野の分類に基づいて、本書の一四篇の論考・コラムを分類してみた（図1）。それぞれの論考の位置づけの理解の一助になれば幸いである。

## 和食文化学をつくろう

和食文化学という学問はまだ確立していない。ひとつの学問の創設は学術界の責務であるが、出来上がるであろう和食文化学の大きな特質は、それを作るのが大学などにいる研究者ばかりではなく、社会のあちこちにいる食の当事者たちであることである。

というのも、食の営みはじつに広範に及ぶ。とくに現代社会では、それは地球上のあらゆる地域の、名も知らぬ多くの人びとの共同作業に支えられている。食材を作る人、加工する人、運ぶ人、給仕する人、経営する人、後片付けする人……。作業の中身も、作業する季節や時間帯も、作業する地域も場所も、作業に対する考え方や行動もさまざまである。それなので、食に関わる「知」は、大学の図書館やサーバのなかにあるのではない。多くは社会の中に、生きた知として散在する。そして、日々新しく現れては消えてゆく。だから、消えゆくものを記録することも大切である。こうした、多岐に及ぶ食の営みをじかに学び取ることも欠かせない作業である。

食の営みを理解するには、食に関わる人類の営みを一体的なものとして捉え、それら個別の営みの従事者（ステークホルダーと呼ばれる）の視点にたって、現代社会が抱える課題を把握し、課題解決の道筋を見つけようとするアプローチが必要である。こうした方法を「超学際」（英語ではtransdisciplinarity）と呼んでいる。その学びの方法としての臨地研究（フィールドワーク）の重要性を挙げておきたい。臨地研究とは、言い換えれば多様なステークホルダーとの間で交わされる双方向のコミュニケーションそのものである。

本書は超学際に深くは踏み込まないものの、その代わりとして、食の現場の一線で活動される三名の方に執筆者の何名かでインタビューし、それを参考にしつつそれぞれの論考に反映させることにした。後に詳しく書くように本書は三つの部分に分けてあり、その部分ごとにインタビューをおこなった。具体的には、第Ⅰ部では酒造関係者、第Ⅱ部では管理栄養士の方、第Ⅲ部では飲食店主の方を交えた座談会を開催した。第Ⅲ部では、冒頭に座談会の概要を載せたが、第Ⅰ部、第Ⅱ部では、各部の代表が座談会の内容を簡単にまとめた一文を載せた。

## 本書の構成

先にも書いたように、食の営みはじつに広範な人間活動を含む。また、関係する学問分野も多岐に及ぶ。これらを単に羅列してみたところで、全容の理解にはなかなかつながらない。そこで本書では、これらの営みを、「作る」「食べる」「通わせる」の三つに分けることにした。本書は一四本の論考とコラムからなるが、これらを三つのグループに分けることにする。

「作る」(第Ⅰ部)では、食材はじめ食に関わる資材の生産の営みに関わる論考を集めた。作る所作は人類だけのものである。作られるものは食材だけに限らない。ここでは作る作業に関する様々なもの、たとえば料理関係の書物の刊行を含む六本の論考とコラムをおいた。

「食べる」(第Ⅱ部)では、食物が口に入ってから消化・吸収されるまでの営みに関わる論考を集めた。ここで扱うテーマもまた広範で、文書にあらわれた飲食、食材の機能性、人体内での消化・吸収、などのテーマが論じられる。四本の論考とコラムをここに配した。

「通わせる」(第Ⅲ部)には、流通、交流など、モノや情報の伝達、さらには食べることに関わる人と人とのコミュニケーションについての四本の論考をおいた。冒頭には、京都市内の料亭「萬重」の田村圭吾さんを囲む座談会をひらいて「通わせる」ことに関係する課題についておこなった意見交換の概要をそのまま掲載した。

本書では、読者を、これからさまざまなことを学ぶ若い人びと、とくに大学の一、二回生（年生）と想定したが、それ以外にも、教養課程で和食を教えようとする大学教員の方々にテキストとして手に取っていただけると幸いである。

本書の刊行にあたりさまざまな方々のご助力を頂いた。三つの部の冒頭座談会に来てくださった佐々木酒造社長の佐々木晃さん（第Ⅰ部）、管理栄養士の櫻井要さん（第Ⅱ部）、料亭「萬重」主人の田村圭吾さん（第Ⅲ部）には、現場の立場からの貴重なご意見を頂戴した。最後になったが、編集の労をとられた臨川書店の西之原一貴さんにも深く謝意を表したい。

二〇二一年一月

編者識す

# 第Ⅰ部　作る

## 語り1　洛中で酒をつくるということ

佐々木　晃［語り］・佐藤洋一郎［記録］

### 最初に

「作る」作業は、人類固有の作業である。作られるものは食材ばかりではなく、道具や「場」のような見えないものも含まれるが、第I部の論考のうち三本が酒に関係していることもあって、京都市内の中心部（洛中と呼ばれる部分）で唯一の酒蔵である佐々木酒造社長の佐々木晃さんに「酒つくり」を語ってもらった。「ものを作る」ことに、学問はどう貢献すべきだろうか。そうした立場から読み進めて頂ければと思う。座談会では質疑応答もおこなわれたが、それを含めてまとめてみた。

### 酒とは何だろうか――

人と人とが、お酒を注いだり注がれたりしながら親しくなってゆく。そういう「場」を演出するものである。単にアルコール飲料というばかりではない。それと、酒は食べものと一緒にある。日本酒は和食の一部だと思う。

## 酒つくりのポイント――

季節が大事。秋に新米がとれ、冬に酒づくりが行われる。底冷えのころが一番良い酒ができるが、それを熟成させ夏には夏の、秋には秋の酒になる。しかし、夏に酒を醸すことはないし、よい酒にはならない。それなので、杜氏さん（酒つくりの職人）は、以前は冬だけ雇用していた。酒づくりが冬がよいもう一つの理由はその方が温度管理が楽だから。小さな蔵では設備投資はなかなか難しく、ともすれば温度が上がりがちな酒づくりは冬のほうがやりやすい。

酒蔵の大半は中小企業。だから近代工場でのハイテク生産にはなじまない。そこがビールと違うところ。中小は技術で勝負だ。

## 酒は嗜好品扱いか――

よく酒は嗜好品、あってもなくてもよいものと言われるが、冬の杜氏さんには、農閑期の労働力を雇用する意味もあった。その意味では失業対策の意味もある。「なくてもよい」ということにはならないだろう。酒の味が変わってきているといわれるが、佐々木酒造では消費者ではなく、品物をおろす酒屋さんをみている。よく女性向けの酒などと言われることがあるが、容器で差異化したりはするが、女性向けにと中身を変えるようなことはしない。

## 京都の酒蔵として気をつけていることはなにか――

京都にあるとか、洛中にある酒蔵だ、などということを特別に意識しているわけではない。佐々木酒造が産声を上げた一八九三年には市内に一三一軒もの蔵があったが、その後他はほぼやめてしまった。しかしそうした経緯にこだわるのではなく佐々木酒造としてはあくまで、技術で勝負したいと思っている。酒類総合研究所の全国新酒鑑評会で二〇一四年以来、入賞し続けているのはその努力の表れとおもっている。

日本酒と一口に言っても、長いスパンで考えれば、道具、技術、知識についていろいろ。つまり言葉でいうと「ばらつき」だろう。杜氏さんの経験と勘の世界だった。

## 和食文化を学ぶ学生たちに望むこと――

例えば○○は役に立つ、△△は役に立たない、など功利的に考えないでほしい。あまり狭く、難しく考えず、いろいろなことを広く学んでもらえればと思う。

### 最後に

ひとことで「作る」といっても、作るものも、作る人も、その過程もいろいろである。佐々木さんは、酒を造る作業について何かにてらうことなく淡々と語ってくださったが、しかしものづくりの背景にある技術や、経験・勘といった「経験知」の重要さが垣間見えるお話であった。おそらく「作る」作業には、このような体系化された技術や経験知の集積があるのだろう。以下の六本について、それぞれの論考、コラムが扱う「もの」にどのような技術や経験知があるのかに思いをはせながらお読みいただきたい。

# 1章　耕すということ

佐藤洋一郎

## はじめに

耕すという行為は、初期人類の食料生産、食料確保の過程になかった行為である。人類が登場して数百万年の時間が経つといわれるが、このほとんどの時間、人類は「狩り」「採集」という方法で食料を得てきた。狩りとは弓矢やトラップなどの道具を用いて野生の動物をとる行為である。採集とは野生植物や移動性に乏しい小動物などを採る（あるいは獲る）行為である。これらに通底するのは、大まかな季節性を別とすればいつ何が入手できるかが予見困難であるところ、および資源が枯渇すれば居住地を離れて集団ごと移動する可動性をもちあわせていたところ、であろうか。

これに耕すという行為（農耕）が加わったのは、古く見積もれば数万年前、新しく見積もっても一万年前のできごとと考えるのがほぼ定説となっている。ただし、数万年〜一万年と幅がある理由はあとで述べる。

人類はいつ、耕すことを覚えたのだろうか。こうしたことを考える分野を「農耕起源論」と呼ぶ。これまでに登場した仮説はいっぱいあるけれど、その多くは、農耕が始まった時期をいまから一万年ほどまえの「新石器時代」の始まりのころとするものであった。とくにゴードン・チャイルドが提唱した「新石器革命」あるいは「農業革命」という概念は農耕起源をひとつの「イベント」として解釈する考え方のもとになった。

いっぽう、農耕起源をゆっくりとした変化だと捉える考え方が最近はかなり有力である。英国のジャーナリスト、コリン・タッジは *Neanderthals, Bandits and Farmers : How Agriculture Really Began* というパンフレットを出し、そこで、農耕の起源をもっと古い時期から徐々に始まっていたと主張した。なおこれは『農業は人間の原罪』という翻訳書として出版された。

二つの考え方が一致しない理由はいくつかあるが、ひとつには「農耕」をどう考えるかが大きく関係している。チャイルドの考えによれば、農耕とは社会の発展によって人間集団が耕すという複雑な行為を受け入れるまでに進化したことが原因であるという。いっぽうタッジは、人間の集団がある場所に定住して生態系のかく乱を加えたことが、広い意味での農耕起源だと考えている。また、チャイルドの説が古典的な考古学の学説であるのに対し、タッジが現代のジャーナリストでいろいろな学問分野との付き合いがあるという、学問的背景の違いも関係しているだろう。

この論争は日本でもおきている。日本では農耕といえば水田稲作をさすと考える伝統が長らく続いた。それなので日本では農耕起源論は長く稲作起源論、それも水田稲作起源論であった。多くの研究者が、稲作は外来の文化であると考えてきたことから、日本の農耕起源論は、もっぱら、稲作がいつ持ち込まれたかを論じてきた。一九九〇年代に、青森県・三内丸山遺跡の再発見などを契機に縄文時代の人々の暮らしが関心を集めるころから状況は変わってきた。議論の流れを変えたのは、日本では考古学の独壇場だったこの分野に、環境考古学、植生史学、農学など、自然科学の流れを受け継ぐ学問が関与し始めたことが大きい。

　日本でも、農耕の起源をイベントではなくゆっくりとした変化だと考える研究者が多くなってきている。たとえば佐々木高明はこの変化を「プロセス」と呼んでいる。二一世紀にはいってからの農耕起源論で特筆すべきは、『タネをまく縄文人』を著した小畑弘己の業績だろう。小畑は考古学者であるが、他の学問分野の成果にも明るく、それを吸収することで、縄文時代の日本列島には、原始的なダイズ栽培を組織的に行っている人びとがいたと証明してみせた。

## 1　人はなぜ耕すようになったのか

### 耕すという行為

ところで、耕すという行為はどういう行為なのかを改めて考えてみよう。耕すとは、狭義には、道具を使って草木を切り払い、さらには火をかける、または水を入れるなどして畑を作り、そこに種子や苗などを植え、畑に侵入する邪魔な植物や植えた苗につく昆虫などを取り除き、最大限の収穫を得ようとする行為である。

　ただしこの行為をまっとうするにはいくつもの技術やそれを支える道具が必要である。まず、草木を切り払う道具がいる。遺物として出土する道具類を研究する考古学は、出土した農耕具などを類型化し、その新旧から道具の起源や伝播を研究してきた。また、現在も各地で使われている農具類を類型化する手法も用いられてきた。この方法は文化人類学を中心に進められ、世界的な成果の集積も認められる（例えばヴェルト 一九六八）。

火を放つにしても、そのあしらいの技術と経験が必要である。きちんとした知識なしに森林や草地に火を放つと制御ができず大きな山火事を起こすことがある。悪くすると人命が失われたりもする。

耕された土地が耕地であるが、耕地やその周辺の環境は生態学的にはかく乱環境である。かく乱の要因はもちろん人間行為である。つまり人によるかく乱環境の出現がみられる。これらの研究は主に生態学の手法が使われてきた。

植える対象つまり栽培される植物は野生植物ではなく作物（栽培植物）である。栽培植物の起源を農耕の起源と考えてきたのが農学の分野である。この分野ではロシアの遺伝学者ヴァヴィロフ以来、考古学は、遺跡から発掘される遺物を研究してきた。最近では、農学と考古学の手法をあわせた植物考古学と呼ばれる新たな研究方法も登場した。これは、出土する遺物に自然科学の分析手法を適用するもので、筆者が一九九六年に提唱した「ＤＮＡ考古学」もまたその一つである。

耕す行為には祭事などの行事が伴なう。これら諸行事などを類型化し相互に比較することで農耕の起源や伝播に迫ろうとする研究も古くから行われてきた。これらはおもに文化人類学や民俗学の研究方法で、特にわが国には膨大な成果の蓄積が認められる。

## 農耕の始まり

ところで、人類はなぜ農耕を始めたのか。つまり耕すようになったのか。これについては様々な見解が提出されているが、どれも決定的な根拠をもって示されたものではない。「なぜ」という問いかけはその人個人や社会の思想や嗜好を問うものであって、仮にそれが現代に生きる人びとの行為を問うものであっても、その理由を明示的に説明できるものではなかなかない。ましてや記録さえもなかった時代の行為のことである。どうしても類推の域を出ないことになる。

「人はなぜ耕すようになったか」という問いに対する答えは、大きく分けると内因説と外因説とに分けられる。内因説は人間社会の内部に原因があるという見方で、たとえばチャイルドもそのひとりである。たとえば、大きな宗教施設に人が定期的に集まるとき、その食料を安定的に確保する必要がある。

一方、外的な要因を考えた説もある。一九八〇年代以降復活をみせた環境決定論はその代表である。かつては、農耕の開始の要因として一万三七〇〇年ほど前の「ヤンガードリヤス期」といわれる、短いが急激な寒冷期を挙げる見解があった。その後、農耕の開始がこの時期より遅いらしいことがわかってきたため、この説は受け入れられなくなった。また、農耕がゆっくりと進展したとの見解が最近になって登場している。

どの説も、背景に人口増加や食料難があったと考える点で同じである。食料のひっ迫が社会を農耕に走らせたと考えるわけで、一種の因果論ともいえる。因果論は宗教的思考とも関係してどの時代にも受け入れられやすい考え方である。仏教は、現世のできごとを、前世のおこないの結果であると考える（業《ごう》）。聖書に登場するキリスト教の教えを構成するのも一種の因果論である。さらに現代の科学技術を支えた思想的背景である西洋の近代合理主義もまたキリスト教の思想に裏打ちされた因果論のうえに成り立っている。因果論は、「あらゆる事象には、必ずもとになった何かがある。そして人類は、その何かを必ず明らかにすることができる」、と考えるのである。

いっぽう、農耕の開始を何らかの事象の結果と考えるのではなくて、まったくの偶然とみる解釈も存在している。ブライアン・サイクスの小説『イブの七人の娘』では、現生人類のもととなった七人の女性を仮定し、彼女らの一生をオムニバス風に描き出している。むろん数万年前の名もない女性の生きざまを証拠をもって復元するなど、現段階ではほぼ不可能である。あくまでそれは「物語」、サイクスの想像にすぎない。しかし、想像や物語を事実無根として片付けてしまってよいだろうか。現代の学問は、想像や物語を不当に扱っているのではないか。たしかに想像に根拠はない。しかし学問の世界で、一〇〇年間正当な説として信じられた説などほとんどない。そして、根拠のない話が嘘かといえば、そう考える根拠もまたない。想像の産物は証拠が出てくるまで仮説の扱いでおいておくのがよい。

話が脇にそれてしまったが、『イブの七人の娘』に登場する第七番目の女性ジャスミンは、身近の花や植物に興味があった。そして彼女はついに、……。

この話が本当だとすれば、――そしてそれが本当だとも嘘だともいう証拠はないのだが――　耕すという行為のはじまりはこの女性の気まぐれがはじまりだったということになる。つまりは「たまたま」始まったとする説、「たまたま仮説」である。わたしもこの見解を支持したいと思っている。因果論を近代合理主義にそった考えとするなら、「たまたま仮説」は量子論的な考えということもできるだろう。

## 誰のために耕すのか

耕す行為は、その後、かなり一般化したようだ。ある土地にいた集団が、身の回りで食材を入手できなくなった時、それまでの解決法は、その集団全部、または集団の一部がその場を離れて新天地に赴くことであった。しかし、世界中のあらかたの土地は一万年前までには人類の集団によって手を入れられていた。新天地を見いだすこと自体困難になり始めていた。資源の枯渇に対応する方法は、耕すことしかなかったのだろうと考えられる。気まぐれではじまった農耕が、人類の生存にとって必須の行為になり始めていたのであろう。

耕す行為が次に転機を迎えたのは都市が誕生したときである。それまで、耕す行為は、自分自身、自分の家族または自分が所属する集団のための行為であった。すべての個人が、自分とその集団の食に責任を持っていた。都市の出現は、都市民つまり特定の生業に従事する人の出現を意味する。そしてそれらの人びとは自らは耕すことはなかった。むろん、いまでいう兼業する人びとはいただろうが、都市に暮らす人びとはその食を自己完結することはできなかったであろう。そして、彼らの食を支える生業が新たに生まれた。それが農業であったと私は考える。つまり、農業とは、他者の食材を生産する生業である（佐藤 二〇一六）。

その後、都市の規模はどんどん拡大した。日本では、すでに古代に最初の本格的な都市である平城京が出現して以降、中世までの間に京都、鎌倉などの都市が誕生した。そしておもにその近郊に、農業人口が集中する地域がうまれていった。地方には、租税として農産物などを納める義務が課されたので、実質的には同じ力が作用した。つまり、地方の農業は、租税のための食料品の生産のためのそれとして発展してきたともいえる。

ふたたび世界に目を向けよう。農業は、大陸ごとに、また同じ大陸の中でも地域ごとに独自の発展を遂げた。農耕具や作物の種類は地域により大きく異なっていた。たとえば、作物の種類についてみてみると、ユーラシアの東部にはイネ（米）、ダイズやサトイモなどが、西部にはムギ類やアブラナ科の作物などが優占した。いっぽう、南北アメリカ大陸には、トウモロコシ、ジャガイモ、トマト、トウガラシなどが栽培されていた。

農耕技術にも大きな地域間差が認められる。ユーラシア中央部から西部にかけての半乾燥地帯では、灌漑技術を発達させて水を調達する必要があった。いっぽう東部のモンスーン地帯では洪水対策など、「多すぎる水」への対策が求められた。年間降水量が四〇〇ミリに満たず「耕す」ことのできない土地では、群れをなして暮らす大型の草食哺乳類を飼いならしてそのミルクや肉などを利用する遊牧というなりわいができた。このなりわいはその後数千年のときをへて農業と融合し、牧畜という形の新たななりわいを生んだ。

ユーラシアと南北アメリカの間で作物の交換がおきたのは、コロンブスなどに端を発する大航海時代の到来によってである。そして、大陸をまたいでおこった交易は、世界的な大都市を生んだ。日本にも、平戸、長崎、堺などの都市が隆盛を極めた。都市に居住する人びとだけでなく、都市間を移動する交易者たちの食もまた、周辺地域の農業生産を発展させたことであろう。

二〇一〇年、世界で都市人口が世界人口の半数を超えたと報じられた。つまり世界人口の半分以上が、自分が食べる食材を他者に依存する暮らしを送っていることになる。

## 家畜のために耕す

ところで、農業生産物は人間だけのためにあるのではない。このことの理解は農業の性格を知るうえで極めて重要である。例えば欧州では、農業生産物の相当部分が家畜の飼料となる。農林水産省の資料によると、欧州連合（EU）二八か国の一億八一五〇万ヘクタールの農耕地のうち、四二パーセントにあたる七六一〇万ヘクタールが飼料作物を生産する耕地または放牧地として使われている。作物ごとの生産性は異なるから土地面積と生産量は完全には比例しないだろうが、欧州の農業生産物の四割ほどが家畜のために生産されていると言ってよいだろう。日本ではこの値はわずか六・五パーセントにすぎず、際立った違いを見せている。

欧州の牧畜は、いまから数千年前に中央アジアから西アジアに起源したと考えられる遊牧に端を発している。遊牧は、家畜の群れを群ごと管理するなりわいで、元来は農耕には適さない草地に立地していた。それが欧州に展開した後、その餌（食料）はしだいに農業で賄われることになった。そうでなければ、年間を通じての安定的な家畜の飼養などできなかったであろう。

家畜は日本列島にもいたが、その絶対数が少なかったことなどが関係して、耕地のほとんどが人間のための作物生産に使われてきた。とくに米は日本人にとって特別な作物であるというのが、長きにわたる「真理」であった。一九七〇年代ころ、「超多収米」を作ろうという動きがあったが、それに反対する理由の一つが「人間の食料である米を家畜に食べさせること」にあった。結局この時の超多収米は定着しなかった。しかし、二〇一〇年ころから家畜飼料のための米を作る動きが本格化し、急速に広まろうとしている。日本人の米離れが進み、米を神聖な食べ物とする見方もまた薄れてきたことの証である。

## 2　食のパッケージ

### 糖質とタンパク質

動物としてのヒトが生きてゆくのに必須の栄養素がある。中でも糖質、脂質、タンパク質は三大栄養素といわれてきた。ヒトは、これらをバランスよく摂取しなければ健康に生きてゆくことができない。多くの場合、糖質は植物性の食品から、脂質とタンパク質は動物性の食品から摂取してきた。むろんこれには例外もあり、糖質をミルクなどの動物性食材から摂ることもあるし、脂質やタンパク質を大豆や小麦などの植物性食材から摂ることもある。

このような例外を生んだ理由のひとつが、動植物の分布の不均一さにある。極地や高山地帯、砂漠周辺の乾燥地帯では、植生が乏しく安定的に入手できる食材は動物性のものに限られる。ミルクなどの動物性の食材から糖質を摂取せざるを得なくなる。あるいは、極地には、脂質をエネルギーとして使う人びともいる。

宗教上の理由などで特定の食材を口にしないいわゆる「タブー」により、動物性の食材を口にしない人びともいる。どの動物種を忌避するかは宗教によりまちまちである。イスラム教徒の豚肉に対する忌避はとても強い。ヒンズー教徒の多くが動物性の食材を摂らない。いきおい、彼らはタンパク質をダイズなどの植物性の食事から摂ることになる。

三大栄養素を何から摂るかは土地によりさまざまである。というのも、動物相、植物相がその土地に固有だからである。極端な例を言えば、大陸の中央部に海の魚はいないし、一九世紀にはいるまで北海道にはイネはなかった。食材の土地固有性は、フランスではテロワールなどと呼ばれている。日本語に直せば『風土』であろうか。

## 糖質とタンパク質のパッケージ

大変興味深いことに、現代にいたるまでの間、人類社会は糖質とタンパク質（そして脂質も）を、同じ場所で生産してきた。この現象を、「糖質とタンパク質の同所性」と呼ぶことにしよう。一例を挙げれば、日本や東南アジアでは、水田という生産の場でイネ（米）と魚（淡水魚）を生産する「水田漁撈」がそれである。これを、「米と魚のパッケージ」と呼ぶことにしよう。

加えて、生産だけではなく消費の場でも同所性が保たれてきたことも忘れてはならない。「米と魚のパッケージ」は食卓の上では、たとえば「すし」という料理を生み出した。ここでいうすしはむろん今の握りすしではなく、なれずしのようなすしの形である。このようなパッケージは、日本列島ばかりではなく、大陸部東南アジアから中国南部にかけて、広範囲にみられる。

糖質とタンパク質のパッケージは、世界各地にさまざまな形で認められる。大陸部東南アジアから島しょ部東南アジアの広い地域では、米に代わってイモ類（サトイモ、パンノキ、ヤマノイモ、バナナなど）が使われてきた。また北東アジアでは、米に代わって雑穀が使われてきた。

欧州には、「麦とミルク」というパッケージができていた。中世以降に登場した三圃式農業は、夏作物、冬作物、休閑（休耕）という作付けを順繰りに繰り返す農法で、この休閑地で家畜を放牧する。こうすることで二回耕作して地力を失った土地に、家畜の排せつ物を肥料として与えて地力の回復をはかる。

いっぽう食卓では、タンパク質は家畜由来であるが、その中心はミルクと乳製品で、肉はそれに次ぐ食材であった。欧州の北部では、エンバク（燕麦）とミルクをあわせた「オートミール」として料理された。新大陸からジャガイモが渡来してからは、「ジャガイモとミルク」のパッケージもできた。

中部以南の欧州では、小麦とミルクをあわせたさまざまな料理ができた。小麦は粉にひいてパンやパスタに加工された。なおパスタの原料は、パンにする小麦（学名を *Triticum aestivum*）とは異なる、マカロニ小麦（*Triticum durum*）と呼ばれるコムギである。

「米と魚」など、タンパク質を魚に頼るパッケージと、「麦とミルク」のようにそれを家畜に頼るパッケージとの間には大きな違いがあることにお気づきだろうか。前者では、魚は天然資源である。そして後者では家畜は「人が作った動物」である。この違いは、社会の構造やそこに住む人びとの思想にもおおきな影響を与えているようだ。やや極端ないいかたをすれば、天然資源に頼る社会には、「自然に沿う」思想が、そして家畜に頼る社会には、「自然を支配」しようとする思想が根づいた。

## 植物素材でのパッケージ

先にも書いたように、タンパク質の給源となる植物性の食材がある。ダイズなど一部のマメ類やコムギがその代表だろう。そして、何らかの社会的な制約から動物性の食材を生産、消費しない社会では、糖質ばかりか脂質、タンパク質をもそれらの植物性の素材から摂っている。前田和美によると、インドのデカン高原では雑穀とマメ類の混作がよくみられる。インドは雑穀の世界的なセンターの一つで、アジア起源の雑穀以外にも、コウリャン、シコクビエ、トウジンビエなどアフリカ起源の雑穀などが栽培される。そして米もまた、これらの雑穀と一緒に栽培されることが多い（こうした栽培のシステムを農学の分野では「混作」という）。

マメ類の植物、とくに無限伸育性のある種は支柱にそって上に伸びながら生育するが、雑穀がその支柱の役割を果たす。マメ類の多くの種は大気中の窒素を肥料として使える形に変換する「窒素固定菌」と共生している。そしてできた窒素肥料分の一部は支柱となった雑穀に提供される。つまり、雑穀とマメは窒素固定菌を介して共生している。

食卓の上でも、穀類とマメ類は同所的である。ダールカレー（マメカレー）や、プラオと呼ばれる、マメや野菜を炊き込んだご飯（プラオの語源はピラフかと思われる）など、穀類とマメをあわせた料理はとても多い。

日本にも穀類とマメ類のパッケージはある。きな粉餅は米と大豆の、おはぎやぼたもちは米と小豆（あずき）のパッケージである。租もその和食の基本形といわれる「一汁三菜」のスタイルである「ご飯とみそ汁」は、米と大豆のパッケージが具現化したものといえる。大型の家畜の伝来が遅く、また原始宗教や修験道と習合した日本仏教は、日本料理の一つの形である精進料理のスタイルにもなった。

## 変化する糖質とタンパク質のパッケージ

このように食のパッケージはその土地の風土を反映していたが、社会や経済のグローバル化に伴ってその形が大きく変化しつつある。日本では明治以降に一般化した肉食（とくに家畜の肉を食べる食文化）が、「米と肉」というパッケージを作り出した。いわゆる「洋食」のメニューである「とんかつ定食」や、丼物である「牛丼」、それに海軍の発明とされるカレーライスなどがそれである。米と肉のパッケージは、中央アジア起源と考えられる羊の肉のスープで炊き込んだ「ピラフ」、あるいは「米とミルク」のパッケージともいえるリゾットなどをあげることができよう。

南アメリカ生まれのジャガイモが欧州に伝わったのが一六世紀のこと。最初ジャガイモは欧州ではまったく受け入れられなかった。それが一八世紀には欧州北部では糖質の供給源の中心に座るようになった。今ではドイツはジャガイモ料理のメッカのようにいわれるし、英国の「フィッシュ・アンド・チップス」のような、「ジャガイモと魚」というパッケージも生んだ。

このように食の世界にもたらされたグローバル化は、一面では組合せ（パッケージ）を多様化させた。料理人の創意工夫で新しい料理がどんどん登場していった。それまで、限られた土地にしかなかった食材やその組み合わせが、今や全世界の食材を自由に組合わせることができるようになった。その意味では、いまという時代はとても豊かな時代であるといえる。

しかし今でも食材が世界をめぐるようになるということは、一方で、食材の運搬に大きなエネルギーが使われるようになったことを意味する。

## 3　工業化する耕し

### 灌漑と化学肥料

耕すという行為は、人間行為でありながらもあくまで自然の営みの範囲内でのことであった。水は低きに流れ（つまり灌漑せず）、肥料も植物の腐食や人間を含む動物の排せつ物、死骸であった。今でいう「有機肥料」である。灌漑の技術がなければ、耕地は限られる。肥料が限られれば、単位面積当たりの生産は増えない。

人類が灌漑を発明したのは今から四〇〇〇年ほど前、中央アジアから今のイランにかけての地域であったと考えられている（総合地球環境学研究所二〇一二）。日本では、河内平野に大きな古墳が造営された後に掘られた「古市大溝」が最古の本格的な水路ではないかといわれているようだ。大阪平野の南部にある狭山池は日本最古のダム式溜池ともいわれ、その建造時期は七世紀初頭にまでさかのぼるとされるから、日本における灌漑は一五〇〇年ほどの歴史を持つことになる（佐藤二〇二〇）。

肥料を化学的に合成する端緒になったのが一九〇六年にハーバーとボッシュによって発明されたハーバーボッシュ法である。これによって人類は大気中の窒素を人工的に肥料に変えることに成功した。そしてそれによって作物の単位面積当たりの生産を劇的に増加させることに成功した。

いっぽう、化学肥料の多用は環境に負荷をかけ、地球環境の持続性を損なってきた。肥料の製造に、多量の石油が使われるからである。また、肥料反応性のよい作物や品種だけが残されて大量生産され、他の作物、品種は次々と淘汰されていった。このことが作物種や品種の多様性を奪い、食文化の一様化、グローバル化を引き起こした。

科学技術の進歩は、耕すという作業そのものをも変えてきた。それまでは、耕す作業は文字通り土を耕し、その土と水と太陽光で作物を育てる作業であったが、ビニールを使ったビニールハウスでの促成栽培がおこなわれるようになった。やがてビニールハウスは大型化し、またはガラス葺きの温室が登場する。温室とはいうが、加冷すれば低温温室にもなる。やがて土は水耕液にとって代わられ、いまではＬＥＤを使った密閉型の「野菜工場」が登場するに至った。ここでは、栽培の三要素と言われた土、水、太陽光のうち、土と太陽光は使われない。農業は大地と自然に支えられた産業から工業へとシフトしてきている。

動物性の食材の生産にも大きな変化があった。畜産業はもとは遊牧文化が発明した搾乳や去勢などの技術を受け継いだ産業であったが、主に欧州で、家畜のえさを農業が支える産業へと転換する。その後も飼育期間の短縮や、また、多くの個体をより狭い飼育舎で飼育する多頭飼育がどんどん進んだ。畜産業もまた、動物のいのちをいただく産業から、工場での食肉やミルク生産という産業へとその姿を変えてきている。その倫理的な課題についてはさらに検討されるべきである。

### 耕すから加工する、運ぶへ

大量生産された食材は遠く離れた大消費地のそばに大量に運ばれ、そこで加工されるようになった。

工業化が、耕す作業から料理する作業にも及んだのである。大量に運ぶには、同じ規格のものを一度に生産することが求められる。曲がったきゅうりやサイズのまちまちなリンゴは歓迎されない。また大量生産は、生産される作物の数や品種の数を減らした。多様性が減らされたのである。

加工技術の進歩は、保存技術の進歩であった。人類が太古から知っていた加工技術は、加熱、乾燥、塩漬けや砂糖漬け、発酵などがあった。工業化はこれらを大掛かりにすると同時に、缶詰、瓶詰、プラスチック容器や食品保存料の開発をもたらした。日本では、発酵を用いた加工技術は室町時代にはすでに確立し、とくに酒や醤油などの調味料では産業化が進んでいた。味噌は今もわずかに自家製造されているが、酒や醤油はほぼ外部化されている（酒つくりは免許と届け出が必要）。

瓶詰や缶詰は一九世紀初頭の発明品だが、プラ容器や保存料は石油化学工業の隆盛以後、つまり二〇世紀後半になってから急激に普及した。これらの技術は、貯蔵性や輸送距離を各段に向上させた。また、瓶詰、缶詰は、戦地での食料確保という軍事目的から開発されたという。軍事は、食料の生産、加工、輸送にも影響を及ぼした。そして今や、現代日本人の食は、これらの技術なしには成り立たなくなってきている。加工は幾重にもなり、加工と次の加工の間には輸送という過程が挟まる。わたしたちが口にするものは、このようにして幾重にも加工され、運ばれた結果である。言い換えれば、食べ物は今やエネルギーの塊になってしまっている。

食材の長距離移動には船や航空機が使われるが、輸送をささえているのは石油など化石燃料である。船での移動では、食材は冷蔵または冷凍されて運ばれる。冷蔵、冷凍に使われる電気も、現代社会では化石燃料を使って作られる。電気は、二酸化炭素を排出しないクリーンなエネルギーという言い方は表面的見方である。ついでに書くと、原子発電は二酸化炭素を排出しないので温暖化をもたらさないというが、それも疑問である。なぜなら原子炉を冷却するには空気か海水が使われており、この過程で原子炉が発する熱は大気か海水を温めるからだ。およそ人間活動の中で熱を発しないものなどない。

このような食のシステムが果たして持続可能であるか否か、いま真剣に考えるべき時が来ている。

## 耕す人と食べる人をつなぐ

人類が「耕す」作業を覚えた時、ともに食べる集団（人数）は数十からせいぜい数百までであった。耕す作業が国を作るようになると、その数は一気に増えた。古墳時代に造営された大仙古墳（大阪府堺市）では、本体工事には二〇〇〇人以上が従事したといわれる。その周辺で働いた人の数はおそらく万を優に超えるであろう。こうなると、耕す人びとは万単位の人びとの食を支えることになる。当然、食べる人の顔は見えないし、また食べる人も耕す人の顔がみえなくなる。

そこで、両者の間をつなぐあらたななりわいが登場する。これは、食材の集荷、運搬、販売や加工、保存などを含む広範ななりわいで、現代ではこのなりわいが極端に肥大化している。そして、消費者の仕事であった料理の部分を、「加工」のなりわいがどんどん肩代わりするようになってきている。大きな役割を果したのが電子レンジなどの家電製品である。下ごしらえした食材を冷凍したものを電子レンジで加熱すれば料理は出来上がる。電気やガスの炊飯器の普及は、炊飯の簡便化をもたらした。

さらに最近では、完成した惣菜を買ってくる「中食」が大きく伸びている。また中食の対語のように使われる外食も現代人の食には欠かせない。これらについては本書の他の章で詳しく述べられるので、ここでは触れないことにする。

## 最後の耕し――終わりに代えて

人類が耕すという行為を身につけて一万年以上の時間が経つ。それ以来、人類は地上の未開地を次々開拓して農地に変えてきた。それまで未開の土地だったところは次々開拓され、里地、里海になっていった。この時点で、「自然」は「人間の手が入った自然」になったのである。

そして、これまで耕されることなく最後に残されたのが海である。海から得られる食材は、これまではほとんどが天然資源であったが、ここ半世紀ほどの間に大きな変化の兆しが見える。それが養殖の拡大である。養殖の技術それ自体は三〇〇〇年に及ぶ歴史があるといわれるが、産業としてなりたつようになったのは一九五〇年以降のことである。しかしその後の伸びは急速で、現在では総漁獲高の二割を超えるまでになっている。資源の枯渇がいわれる中、養殖はこれからもその魚種や生産量を増やすことだろう。資源管理という観点でいえば、それは必然ともいえる。

ただし、そうはいっても陸に住む人びとの理屈だけで海を耕すわけにはゆかない。この空間に生き続けた海洋民族と呼ばれる人びともいたからである。海の暮らしといっても、海水の中で生きているのではない。大洋に点在する島じまが暮らしの舞台だった。こうした人びとの暮らしに目を配らないということは、コロンブスが「新」大陸を「発見」し、そこを収奪の場としたのと何ら変わらないことになる。加えて、日本でも、海沿いの地帯には必ず、こうした海洋民族との接触があり交易によって暮らしを支えていた人びとがいた。日本の和食文化がこのようにして成り立ってきたことも考えながら海を耕すべきではないかと考える。


【参考文献】

タッジ、コリン（竹内久美子訳）（二〇〇二）『農業は人類の原罪である』新潮社。

小畑弘己（二〇一六）『タネをまく縄文人』吉川弘文館。

総合地球環境学研究所（編）（二〇一二）『地球環境学辞典』弘文堂。

ヴェルト、エミール（藪内芳彦・飯沼二郎訳）（一九六八）『農業文化の起源—掘棒と鍬と犂』岩波書店。

佐藤洋一郎（二〇一六）『食の人類史』中公新書、中央公論新社。

サイクス、ブライアン（大野晶子訳）（二〇〇六）『イヴの七人の娘たち』ヴィレッジブックス。

# 2章　「和食」のなかの漬けもの

上田　純一

## はじめに

### 「保存食」であった漬けもの

漬けものとは何か。手近な事典類によれば、それは野菜や果実、魚貝、鳥獣肉などを、塩あるいは味噌、醤油などに漬けこんだ食品であり、また凶作時に備えるために食材保存方法として案出された、との説明が付されている。

もちろん外国にも漬けものはある。中国のザーサイ、欧米のピクルスやザワークラウトなどはよく知られたところである（デイヴィソン 二〇一八）。また漬けものを「食材保存方法」の観点から考えた場合、野菜以外でも、たとえば琵琶湖の鮒ずしなども漬けものの一つと考えることはできよう。これらの見解については筆者も意見を同じくするが、本稿ではこのような広義の漬けものにまで話題を広げることは控え、「和食のなかの漬けもの」に焦点を絞り、それらを「保存食」の観点から歴史的に論じてみたい。

# 1　古代の漬けもの

## 中国の漬けもの

和食の成り立ちを考える場合、中国の影響といった要素を考慮することは不可欠の作業であるが、この点は漬けものについても同様である。

中国ではかなり古い時代から塩漬けによる漬けもの（塩蔵）がつくられていたようである。たとえば紀元前の中国最古の詩集である『詩経』には塩蔵を示した言葉があるので、すでに塩蔵法による漬物が存在していたことがわかる。ただ製造法などが明らかになるのは、その後、六世紀中ごろに出た農業の専門書『斉民要術《せいみんようじゅつ》』辺りからである。『斉民要術』には、漬物を専門に解説した項目があって、葵（フユアオイ）、菘（ウキナ）、蕪青（カブ）、蜀芥（タカナ）の塩漬け法など三〇余種の製造法が記されている。(1)

同書においてとくに興味深いのは、すでに梅干しの漬け方が記されている点である。(2)すなわち「食経」引用として、「梅のごく大粒のものを選んで、皮を剥いて陰干しにする。風にあてないこと。二昼夜したら塩汁を除いて蜜中に漬け、ひと月ほどしたら更に蜜を取り替える。一年経っても採り立てのように新鮮である」と記されている。漬けものの代表格である梅干しが意外に古い歴史をもつことに驚かされる。

また七世紀初め頃に成立した『荊楚歳時記《けいそさいじき》』という書がある。(3)中国南方の荊楚地方（現在の湖北省・湖南省一帯）の年中行事や食などについて記したものであるが、同書十一月条にも野菜の漬けものとして、蕪青（カブ）や葵（フユアオイ）などの雑菜を摘み乾かし、塩漬けにして冬（の食）に備える、と記されている。以上のように中国においても漬けものとは、冬場の野菜不足を補うために案出された食品であったことを知ることができる。

## 日本の漬けもの

日本の場合を見てみよう。日本でも漬けものは古い時代から製造されていたと考えられるが、発掘による確認は不可能であるので、文献などに頼るしか方法はない。その場合、とくに注意しておくべきは、食文化関係史料としてこれまでほとんど利用されてこなかった漢方医学書への目配りというものが、大変重要であるという点である。漢方の「薬食同源」という考え方と食とは密接な関係があるからである（上田 二〇一八）。

「薬食同源」とは「空腹を満たすときは食といい、病気を治すときは薬という」（『黄帝内経』[4]）とする中国古代以来の思想であるが、日本の医学（漢方医学）もこの考えを継承して成立した。したがって、漢方医学書は食研究においても第一級の史料になるのである。最初にこの点を強調しておきたい。

漬けものの話に戻ろう。漬けもの関係の史料として早い時期のものは、八世紀前半のいわゆる「長屋王家木簡」（奈良国立文化財研究所 二〇〇一）や「正倉院文書」（東京大学出版会 一九六八）なとに見える「醤《ひしほ》」で漬けた茗荷《みょうが》・うり・茄子《なす》などである。ちなみに平安時代に撰述された現存最古の医学書『医心方《いしんほう》』には茄子の医学的効能として「皮膚を充実させ、気力を益す。脚気の人が、その汁に脚を浸すと効果がある」と記されている。[5]「脚気」とは現在の脚気を含んだ足の病全体の称である。

その後、平安期頃になると、食材の面はもちろんのこと、漬け方もいっそうバラエティ豊かになった。それまでの塩漬け・醤漬け以外にも次のようなものが現れてくる。たとえば、糟漬、酢漬、甘漬、葅（ニラギ）漬、須々保利（スズホリ）漬、荏裹（エヅツミ）漬などである。以下、順に説明しておこう。

糟漬・酢漬は酒糟や酢を用いたのであろう。甘漬の詳細ははっきりしないが、塩の量を少なくしたものか、あるいは酒糟で漬けたものであったのだろうか。江戸時代の『本朝食鑑』[6]には「甘漬」の説明として、大根を粳米・麹・塩などとともに漬け込んだものと記されている。甘みを引き出すために粳米と麹を組み合わせたのかもしれないが、推測の域を出るものではない。

葅（ニラギ）漬は、漬けものの総称として用いられることもあったが、楡の樹皮の粉末を調味料として用いた漬けものであったと思われる。『万葉集』巻十六には「蟹のために痛みを述べて作れる」（三八八六首）と題する長歌があり、[7]「難波江で採った蟹を楡の皮の粉と一緒に搗き砕き、塩を垂らして瓶（カメ）に入れて製した」と詠まれている。ただ蟹を食材として用いることは一般的には稀であり、通常はアオナ、カブなどの野菜類が多かった。一〇世紀の『延喜式』によれば、朝廷では楡の木の皮の規格を定め（長さ約四三㎝、幅約一〇㎝）、各地に楡の樹皮の供出を命じている。[8]中国においても「醤（ヒシオ）」製造に楡の皮を用いることがあったようで（篠田 一九七六）、また前述した『医心方』には、「楡皮」の効能として「大小便の出ないのを治し、胃腸の中の熱気を除き、腫れをとる」と紹介されている(9)。

須々保利（スズホリ）漬の名は、朝鮮から渡来した「須須許理《すずこり》」の名にちなむと伝えられている。『古事記』五世紀前半頃の応神天皇条には、渡来した須須許理《すずこり》により酒造りの技術が伝来したことを記しているが、その際、漬けものの製造についても進言したのであろう、と考えられている。真偽の程は不明であるが、かなり古い時期から製造されていたものではあったらしく、奈良時代の木簡類にも「須々保利」の名がすでに散見される。塩とダイズあるいは米を使ってカブ、アオナなどを漬けたものであった。

荏裹（エヅツミ）漬はウリ、ナス、カブ、ショウガなどをエゴマの葉で包み、塩などに漬けたもので、今の紫蘇巻のようなものだったと思われる。

## 塩の製法

ところで多少順序が前後するが、ここで漬けものに対する価値観の変化という点について述べておきたい。それは当時の漬けものは、現在の私たちが考えるように身近で安価な食べ物ではなかったということである。漬け液として使用された塩自体が大変高価なものであったからである。たとえば、当時の塩の値は常に米価以上であり、ときには米価の三倍の値がつくこともあった（関根 一九七四）。その理由は、たとえば、潮の干満を利用した「入浜式塩田」法が一般化する江戸時代以前、中世の塩の生産は、過酷な労働を必要とした「揚げ浜式塩田」法により行われていたからである（平島一九七三、廣山一九九〇）。一般には日本は海に囲まれているから塩は豊富に産出されていたと考えられがちであるが、事実はそうではない。塩を採取するためには海水を蒸発させることが必要になる。土木技術が未発達だった当時、塩田は海岸より高いところにしか作れなかった。そのため海岸から海水を汲みあげて塩田に散布し天日で蒸発させるという作業を幾度も繰り返した後、さらにその濃い海水を鉄釜や石釜に入れて煮詰めるという、まさに気の遠くなるような過酷な作業が必要とされたのである。

中世に成立した『さんせう太夫』の物語には、丹後由良の山椒大夫のもとに売られてきた安寿の過酷な「潮汲み」労働の日々が描かれているが、おそらくそれは当時の塩作りの実態を反映したものであった。漬けものが、以上のような状況下で製造されていたとすれば、それは、一般の人々にとってほとんど味わうことのできない高級食品であったと考えなければならない。

## 変わった漬けもの「果物・松茸」

さて、「和食のなかの漬けもの」というテーマからは少し外れるが、当時、モモ、カキ、ナシの漬けものなど、変わった漬けものも食べられていた。簡単に紹介しておこう。

天皇の食事を用意した内膳司の秋の漬けもののリスト[10]には、材料として、瓜、蕪（カブ）、茄子、大豆などとともに「桃子二石、料塩一斗二升」、「柿子五升、料塩二升」、「梨子六升、料塩三升五合」の文言があり、桃、柿、梨の実の塩漬けが作られていたことがわかる。保存食としての用途があったことはもちろんであるが、それ以外にも、たとえば桃などには不老長寿を願う意味も込められていた。中国古来の道教の教えでは、不老不死の仙人たちは、人間の手になった穀物を食べることを避け、仙果と呼ばれた果物のみを食べたが、桃などはその代表的な果物であったとされている。保存した桃の実を食膳に備えることは、天皇の長寿延命を願う意味もあったのである。

さて時代は下るが、江戸時代になると、松茸の漬けものも登場した。『本朝食鑑』によれば、「八・九月に鮮《わか》いものを採って漬け液に漬けて保存し、陰干しして、全国に出荷する。その法は白塩を十分炒り、松茸の生えるところの砂土と合わせてその中に漬け、松葉で覆う」と記されている。(11) 松茸の保存法のひとつであるが、なんとももったいない食べ方のような気もする。

## 2 中世の漬けもの

### 梅干しの普及、漢方薬としての利用

鎌倉時代になると、梅干しが食膳に出されるようになった。前述したように、中国では七世紀以前すでに梅干しはつくられていたが、古代の日本ではほとんど食されなかったようである。『延喜式』巻三七「中宮臘月御薬」などでわずかに見える「烏梅丸」という記載に注目すると、梅の実を燻製にした「烏梅《うばい》」が、おそらくは薬として用いられていたようである（有岡 二〇〇一、一六五頁以下）。

鎌倉時代の『世俗立要集』(12) には、梅干しは坊さんの食べ物であるが、武家もこれを膳につけるよう

になった、という意味のことが書いてある。おそらくこの頃から一般的な食材になっていったのだろう。室町時代以降は公家の日記類にもしばしば登場する。たとえば戦国末期から江戸時代にかけての公家山科言経の日記『言経卿記』には、食材としてだけではなく、下痢・腫《はれ》などを治療する薬材としても登場している(13)。

## 南北朝〜室町時代に登場した名産の漬けもの

南北朝期頃になると、地域名産の漬けものも登場した。この頃、人々に一般常識を与える目的で書かれた初等教科書類が登場してくる。「往来もの」と呼ばれる書であるが、その中に、たとえば、山城鞍馬の木芽《きのめ》漬や醍醐の烏頭布《うどめ》漬などの名が登場する(14)。ただ残念ながら、詳細を当時の史料で知ることはできない。江戸時代の『俚言集覧(15)』には「木の芽つけ　鞍馬の木芽醃（エン、塩漬け）」と記されており、木の芽漬けは当時も鞍馬名物であったことがわかる。さらに『雍州府志(16)』（六　土産）によると、木芽漬はあけび、忍冬（スイカズラ）、木天蓼（マタタビ）などの新芽を細かく切って塩漬にしたものであり、のちには山椒の実を木の芽と呼ぶようになったとある。烏頭布漬については、木の芽漬けに似て、いろいろな植物の新芽をとりまぜて塩漬にしたものと記されている。

ところで、この時期の漬けものは、どのような場で、どのような人々に食べられていたのだろうか、この点について考えてみよう(17)。当時、将軍が家臣の屋敷を訪問する「御成《おなり》」という儀式があった。その際の饗応料理の一品には「湯漬け」が用意されることが定番であり、その「湯漬け」には必ず「香のもの」が備えられていた。「香のもの」とは漬けもののことであるが、(18)それはいまだ上流社会の食べ物であって、庶民の食卓に備えられるような身近なものになっていたとは考えられない。

漬けものの一般への普及という問題を考えた場合、戦国時代末期から盛んになる茶会の場に注目してみることが、とりわけ重要である。茶会衆へ提供された懐石料理に漬けものを添えることが定番化してくるからである。当時の茶会記によれば、利休なども懐石料理の一品として常に「漬けもの」を添えていたようである。これはもちろん、漬け液に使用する塩を安価に入手できるということが前提条件になるが、この頃から急速に展開してきた瀬戸内海地域の塩生産の拡大状況が背景にあったことは疑いない。以後、「漬けもの」は、一般の食卓でも常備食になっていく。

## 3　江戸時代の漬けもの

### 糠床の工夫

安価な塩の流通とも相まって、江戸時代には、米糠・塩の糠床を利用した「糠漬」が普及することとなり、「沢庵《たくあん》漬け」なども一般家庭へ普及するようになっていった。これは漬けものの歴史においても大きな展開であった。糠床で漬けものを長く保管できるという便利さや、後にも述べるように米糠がビタミンB群の宝庫であったため当時流行していた脚気などの予防にも効果をもったからである。

天保七年（一八三六）、江戸で刊行された漬物専門書『四季漬物塩嘉言《しきつけものしおかげん》』(19)には、「沢庵漬」以下六四種の漬け方が記されている。著者が江戸の漬物問屋の主人であった関係からか、記述は具体的であり、現在でも利用できるものが少なくない。特記すべきは、野菜を出盛期に強い塩で塩蔵し、食べるときに脱塩する「塩出し」の技法が記されていることである。近年の漬けもの製造でも減塩は大きな課題であるが、幕末における減塩法の一つであった。

酒粕を用いた奈良漬も広く食されるようになった。奈良漬はもともと銘酒を産した奈良の酒粕で漬けた瓜などを呼んでいた。だがのちには、その他の地域、たとえば灘、伏見といった酒造地を擁する地域でも造られるようになり、やがて酒粕でつけた漬けものを全て奈良漬けと呼ぶようになっていった(20)。

## 江戸、京都の漬物屋

ところで、江戸時代前期に西廻り海運を確立した河村瑞賢は有名であるが、彼と漬けものの逸話もよく知られた話である。江戸時代後期の随筆『翁草(21)』巻八「河村瑞賢成立の事」によれば、品川辺りでは毎年お盆のお供えにあげられた瓜、茄子がたくさん川に流されていた。これを見た瑞賢は人を雇ってこれらを集め、桶に詰めて塩漬けとし、普請小屋の労働者へ昼飯の菜として販売し、大もうけをしたというのである。この話の真偽は定かでないが、彼の青年時代、つまり一七世紀半頃を江戸の漬けもの屋の発生時期と述べている点は、相応に興味深いところである。ちなみに一九世紀後半頃になると江戸では大規模な漬もの市《いち》が催されていた。江戸大伝馬町一丁目で催されていた夷《えびす》講《こう》の賑わいは格別であったが　その前夜一〇月一九日に開かれた漬もの市では祭具などとともに大根の浅漬などの漬けものが広く売られていた（『守貞謾稿』）。

京都の漬もの屋がいつごろからあったかを確実に知ることは難しい。が、江戸時代前期頃にすでに登場していたことは確かである。漬けもの屋は京坂では香の物屋と呼ばれていたが、一七世紀末には著名な漬けもの屋が案内記に登場している。「新町下立うり下ル町」（京都府庁南側辺り）や「たかくら三条下ル町」（京都文化博物館南側辺り）などにあった。[22] もちろん店舗はなくとも、振り売り形式の漬もの売りや、小規模な漬もの市などは、古くから存在していたと考えられる。先に述べた鞍馬の木芽漬、醍醐の烏頭布漬が記された室町時代の『庭訓往来』には、京都をはじめとした諸国の名産が列挙されており、それらが「市《いち》」において盛んに取引されていたことが窺われるからである。

## 上賀茂名産「すぐき（酢茎）漬け」

「江戸煩い」の語はビタミンB1の不足から起こる「脚気」の呼び名である。江戸の人々はわずかな副食で白米を大量に食べる食事スタイルが多かったため脚気が多数発生したが、江戸を離れて玄米や副食をたくさん摂る食生活に入るとすぐに快癒した。そのため江戸の風土病として「江戸煩い」と呼ばれたのである。

古代より人口が密集していた京都でも、冬場の新鮮な野菜不足は深刻であり、ビタミン不足からくる病には常に悩まされ続けてきた。古来より多くの漬けものが京都に生まれた背景にはこのような歴史が作用していることを忘れてはならない。

さて、「柴漬」、「千枚漬け」とならんで京都の三大漬ものと呼ばれる上賀茂名産「酢茎漬け」は古い歴史を持っている。カブの一種を葉ごと塩漬けにした漬けもので、がん予防などに効果があるとされる乳酸菌「ラブレ菌」を含むことから近年話題になった。前田安彦『新つけもの考』によれば、各地の多くの工場製漬けものが省力化のため発酵を伴わない食品となるなか、これら京都三大漬けもの、とくに「酢茎漬け」などは昔ながらの製法を守り酸味ある風味を提供しつづけていると記している（前田 一九八七）。晩秋に収穫したカブの一種であるスグキナの根株を塩漬にし、おもしをかけて寒気にさらしたものである。

「酢茎漬け」は歴史的な史料にもたびたび登場する。いくつか紹介しておこう。

鎌倉時代、後堀河天皇の『加茂日記』寛喜三年（一二三一）には「すぐき一桶」の語が見える旨があるが（川上他 一九九〇）、筆者はいまだ確認できていない。江戸時代前期、一六八五年に撰述された『日次紀事《ひなみきじ》』(23)四月条には「この月、江州ならびに賀茂の人々、京師（洛中）へ酢茎を贈る」とあり、近江や賀茂の人々の間で酢茎作りが行われていたことがわかる。またほぼ同時期に撰述された『本朝食鑑』にも、「京外の賀茂の里の人もこれを造っており（中略）、当今各家でも真似て造っている」と記されている。

江戸時代の十七世紀末頃には、酢茎漬けは京都の各家庭でも造られていたようである。

## 漬ものの将来

京都は漬物の種類が豊富である。その種類は、ざっと挙げただけでも、千枚漬、酸茎漬、しば漬、菜の花漬、壬生菜漬、日野菜漬などと多彩である。だが残念なことに、昨今の食の多様化の中で漬けものの需要は急激に減少しており、今日では食卓から急速に消えてしまおうとしている。

その理由はいくつか考えられるだろう。まず第一に科学的な保存技術の発達というものが、これまでもっていた漬物の保存食としての役割をほとんど無意味化してしまったことである。今日、漬けものが「嗜好品」化してしまったことは、どうしても認めざるを得ないだろう。また食環境の変化という要素も大きい。コメ消費の減少は以前から指摘されていたが、近年の若い人のコメ離れはとくに際立っており、それにともない副食物としての漬けものの需要も減少することになった。さらに第三の問題として、高血圧の原因とされる高塩分という問題もある。この点、近年はかなり改善されているが、いっそうの工夫が必要となるだろう。

以上のような漬けものの現状を見渡したとき、その将来像についてどのようなことが考えられるだろうか。次のようなことはおそらく課題になるであろう（前田 一九八七）。

食生活の変化（たとえばパン食など）に対応した野菜以外の食材の工夫や新たな漬け液の開発などはぜひとも必要であろう。またこれに関連してさらなる減塩の工夫ということも継続すべきであるが、それとともに漬けものの健康食的側面を解明していくという作業も、同様に必要であろう。たとえば本文でも多少触れたが、酢茎漬けに含まれる乳酸菌（ラブレ菌）のがん予防効果などは漬けもののもつ新たな側面を示したものとして貴重である。他の漬けものなどでも同様な科学的解明が進められるべきであろう。

さて本稿では「和食のなかの漬もの」というテーマで歴史を振り返ってきた。その結果、漬けものが予想以上に豊かな歴史をもっていることがわかっていただけたと思う。先人たちは保存技術や素材も十分でない環境のなかで知恵と工夫の限りを尽くして漬けものを発展させてきたのである。近年先入観にとらわれないさまざまな漬けものも増えているが、まだまだ発展の余地はありそうである。今後新しい漬けものに出会えることを願いながら、このあたりでいったん擱筆することにしたい。

【注】

1　巻九第八八。本稿では、（熊代他 一九五七・九）を使用した。
2　同書巻四第三六「梅、杏」。
3　本稿では、（守屋他 二〇〇九）を使用した。
4　『黄帝内経』は、前漢代に編纂され、合計十八巻で構成されていた。原本はすでに散逸しているが、唐の時代、王冰《おうひょう》の著した『素問』と『霊枢』によって内容を窺うことができる。なお中国医学書については、古くは（富士川 一九八〇）、その後の研究として（山田 一九九九）など参照。
5　（望月 一九七六）五菜部第四「茄子」。
6　本稿では、（島田 一九八一）を使用した。
7　佐竹昭広他（校注）（二〇一四）『万葉集』（四）岩波書店。
8　黒板勝美（編）（一九八一）『延喜式』吉川弘文館。
9　巻三〇、五菜部第四「楡皮」。
10　『延喜式』巻三九「内膳」。

11 『本朝食鑑』菜部茸耳類「松茸」。
12 『世俗立要集』（『続群書類従』第一九輯下、一九七九年）。
13 『言経卿記』（東京大学史料編纂所編『大日本古記録』所収、岩波書店、一九八七年）。
14 石川松太郎（校注）（一九九五）『庭訓往来』四月状 平凡社。
15 村田了阿（編）（一九六五）『増補俚言集覧』名著刊行会。
16 『雍州府誌』（『新修京都叢書』第一〇巻、臨川書店、一九六八年）。
17 朝倉聖子「日本の漬け物文化―その変遷と特色―」（『国士舘大学図書館、情報メディアセンター』学術情報リポジトリ、平成二七年度博士学位論文）。本論文は古代から近代までの「漬物の歴史」を論じた詳細な研究であるが、「第二章 中世の漬物」においては、「御成」および「茶会記」関係の漬物史料についても詳細な分析がなされている。
18 江戸時代後期の有職故実書『貞丈雑記』（二）巻六「飲食部」（平凡社、一九八五年）には、宮中女房たちが「味噌」を「香《こう》」と呼んだことから本来は「みそ漬」のみを「香もの」と呼んでいたが、のちには漬物の総称として使われるようになったと記されている。ちなみに同書（三）巻九「進物」には「香の物三切れを忌む」理由として「身を切る」に通じるためであると記されている。
19 『日本料理秘伝集成』第一四巻所収（同朋出版、一九八五年）。
20 江戸後期（一八五三頃）撰『守貞謾稿』（『聚類 近世風俗志』第五編「生業下 漬物売」、更正閣書店、一九三四年）。
21 『国立国会図書館デジタルコレクション』所載。
22 延宝六年（一六八七）撰「京雀跡追」天（『新修京都叢書』第一巻、臨川書店、一九九三年）。
23 『新修京都叢書』第四巻（臨川書店、一九九四年）。

【参考文献】


有岡利幸（二〇〇一）『梅干』法政大学出版局。

上田純一（二〇一八）「修験道と和食―「薬食同源」思想に関連して―」『和食文化研究』創刊準備号。

川上行藏・西村元三朗（監修）（一九九〇）『日本料理由来事典』中巻、同朋舎出版。

熊代幸雄・西山武一（訳）（一九五七・九）『校訂・訳注 斉民要術』上・下巻、農林省農業総合研究所。

篠田統（一九七六）『中国食物史』柴田書店。

島田勇雄（訳注）（一九八一）『本朝食鑑』全五巻、平凡社。

関根真隆（一九七四）『奈良朝食生活の研究』吉川弘文館。

東京大学出版会（一九六八）『大日本史料』編年一～二五。

奈良国立文化財研究所（編）（二〇〇一）『長屋王家・二条大路木簡を読む』吉川弘文館。

平島裕正（一九七三）『塩』法政大学出版局。

廣山堯道（一九九〇）『塩の日本史　第二版』雄山閣出版。

富士川游「支那医学思想史」（一九八〇）『富士川游著作集』第一巻、思文閣出版。

前田安彦（一九八七）『新つけもの考』岩波新書。

望月学（訳）（一九七六）『医心方・食養篇』巻三〇、出版科学総合研究所。

守屋美都雄（訳注）、布目潮渢・中村裕一（補訂）（二〇〇九）『荊楚歳時記』平凡社。

山田慶兒（一九九九）『中国医学はいかにつくられたか』岩波書店。

デイヴィソン、ジャン（甲斐理恵子訳）（二〇一八）『ピクルスと漬け物の歴史』原書房。

# 3章　発酵の原理と和食

渡部　邦彦

## 1　発酵の原理―発酵とは？―

まず「発酵」を論じる時、広義には魚介を含む農産物を原料とする食品の製造に、微生物が何らか関与することが前提である。原則として、食品の最終産物が微生物の作用によって、ヒトにとって好ましい化学変化を起こしていることを「発酵」、そして好ましくないもの（においや味などが中心）を作り出すことを「腐敗」という（図1）。好ましい化学変化というと、最初ににおいの感覚（好き嫌い）に頼るところが大きく、明確な線引きは難しく、個人差があることも否めない。いわゆる「くさいにおい」の元となる成分は、微生物が出す代謝成分のうち、スカトールなどに見られるように糞便のにおいの中心であるアンモニアや硫黄含有物質をにおい成分として漂わすことが原因である。ヒトにとって好ましい化学変化といっても、「好ましい」を定義する反応や物質の境界はなく、微生物が代謝を行った総和がヒトにとって健康に有益であるとか、食することが癖になるような嗜好性に繋がることも「好ましい」に区分される。それに対して、ヒトの体に害があるもの、例えば微生物が産生する毒素がヒトの健康に害を加える「食中毒」は、毒素を出す病原性微生物が食品の中で生育してい

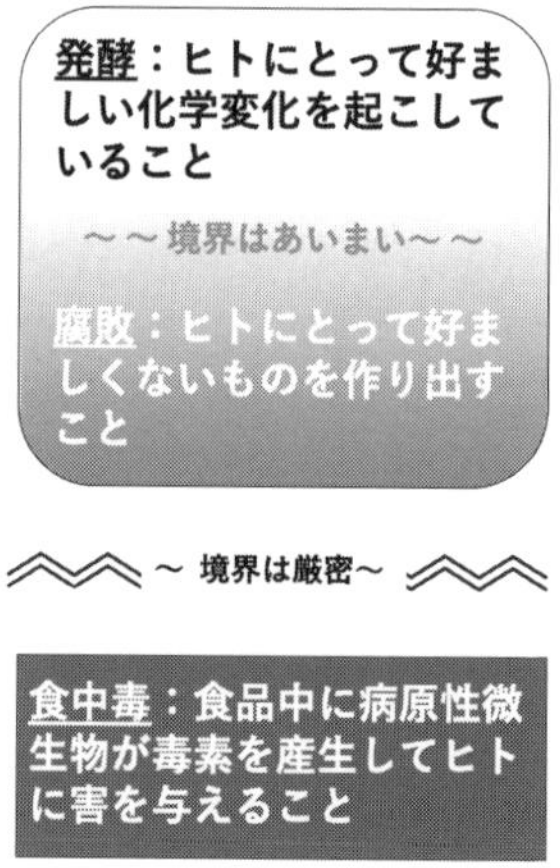
発酵：ヒトにとって好ましい化学変化を起こしていること
～～境界はあいまい～～
腐敗：ヒトにとって好ましくないものを作り出すこと
～境界は厳密～
食中毒：食品中に病原性微生物が毒素を産生してヒトに害を与えること

図１　発酵と腐敗そして食中毒について

るものの、その生育も「腐敗」を引き起こすまでではないため、腐敗と混同されがちであるが線引きは明確であり、もっと区別されるべきである（図1）。まとめると、「発酵」と「腐敗」の境界線は極めて曖昧である一方、「腐敗」と「食中毒」は明確である。加えて「発酵」という場合、「醗酵」を用いる場合があるが、「醗」が当用漢字にないため、両者が混在しているという単純かつ歴史的な理由のようである。

さて、「発酵」を論じる時に、狭義には、炭水化物が微生物によって無酸素的に分解されることを意味するが、微生物細胞内で起こるこの代謝の過程を知ることは重要であり、代謝の過程のほとんどが科学的に解明されている。この代謝経路の多くは、エネルギー獲得を中心に考えられており、エネルギーの通貨であるＡＴＰ（アデノシン3リン酸）の獲得が基本として厳密に調べられている（図2）。

単糖の基本形であるグルコースを経由する全ての細胞で共通する代謝経路、解糖系（エムデン―マイヤーホフ経路）、そしていくつかの微生物ではこれを代替する2つの経路、ペントースリン酸経路とエントナー―ドゥドロフ経路がある。動植物でもこの解糖系（エムデン―マイヤーホフ経路）が基本の代謝経路である。この代謝の中心には、単糖が有機酸（ジヒドロキシアセトンリン酸など）になり、ピルビン酸まで変換される経路がある。単糖のグルコースが、解糖系（glycolytic pathway）を通っていずれも無酸素状況下でピルビン酸に代謝されるまでを言い、細菌からヒトまで共通してほぼ全ての細胞が持つ代謝経路である。この経路は無酸素状況下ではあるが、嫌気的代謝のように無酸素が絶対必要ではない。

一方でピルビン酸以降は、酸素が存在するか否かで、図2にあるように（i）好気的代謝か（ii）嫌気的代謝かの経路が別れる。まず好気的代謝は、存在する「酸素」を利用してピルビン酸から脱炭酸され、アセチルＣｏＡに変換された後トリカルボン酸（ＴＣＡ）サイクルに入り、酸化的リン酸化

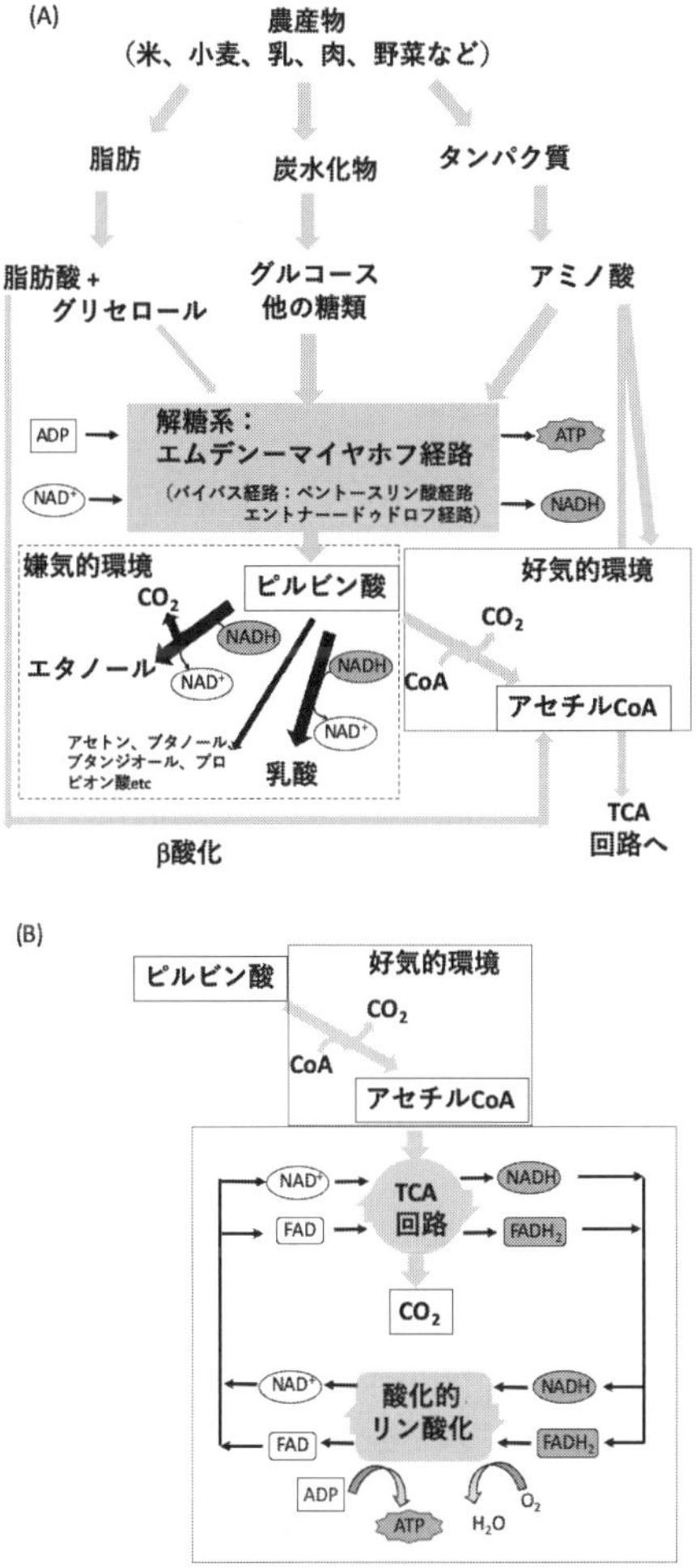


図２　発酵におけるATP生産を中心に見た代謝経路
(A) 農産物からピルビン酸そして嫌気的および好気的代謝 (B) ピルビン酸からATP、水、そして炭酸ガスまで

経路を経て、水と二酸化炭素、そして体のエネルギーのもとになるＡＴＰを大量に産生することで代謝回転が終わる。トリカルボン酸サイクルでは、ＡＴＰ産生の原動力になるＮＡＤＨ（ニコチンアミドジヌクレオチドリン酸）を作り、それが酸化的リン酸化経路で、今度はＡＴＰを作りだす原動力になる還元力として機能する。このことは最初理解し難いところはあるが、最終的にはエネルギー代謝の立場から、このＡＴＰがＮＡＤＨからいかに多く得られるか（実際は1分子のＮＡＤＨから3分子のＡＴＰ）を知ることが重要である。

次に、酸素が存在しない場合、つまり嫌気的な代謝経路は、ピルビン酸からエチルアルコールを作る経路（酵母 *Saccharomyces cerevisiae* を中心に）、または乳酸を作る経路（乳酸菌を中心に）が主に生じる。加えて、アセトン、ブタノール、ブタンジオール、プロピオン酸などの有機酸も酸素がない条件下で産生され、これらの発酵の反応過程をいくつかの微生物が持っている。特に後者の発酵生産は、第二次大戦下、石油産地を持たない国々で研究が進んだことは特筆すべきであろう。いずれにせよ大量に産生されるエチルアルコール（＝エタノール）と乳酸が重要な物質としてクローズアップされている。好気的な代謝では沢山のＡＴＰが生み出されたのが、嫌気的な代謝では、逆に還元された中間体を作り出すためにＮＡＤＨを消費する反応が進むため、その結果ＡＴＰの生産には貢献するどころか逆に消費してしまうことになる。

他方、発酵そのものを理解する上で、その代謝過程に付随するエネルギー獲得だけを論じることは得策ではない。重要なのは、代謝過程で出現する様々な化学物質であり、有機酸、タンパク質、脂質、糖質、核酸、アミノ酸、ビタミンなど、いろいろな物質が含まれる。結局、発酵により特徴付けられるにおいと味は、これらの物質の総和が醸し出すもので、単純に1つや2つの物質で説明付けられるものではない。この物質の量と総和のバランスが、それぞれの発酵過程（つまり複数の微生物の消長）により左右され、発酵食品の特徴となっている。麹の中から増殖するコウジカビでも、和食に関連する食品に絡む微生物でも、共通する代謝回路が動いていることは確かであるものの、それぞれの微生物で途中の有機酸や代謝物の量比は様々であり、それが基質となっている原料の農産物の特性と相まって、発酵食品としての特徴を醸し出しているのである。

## 2　発酵のもとになる素材―こうじ（麹）―

こうじは「麹」という漢字を用いて表わされ、和食にとって欠くことの出来ない役割を果たす一方で、増殖するコウジカビによる反応代謝物などによる調味料としての役割も大きい。漢字では「糀」とも書くが、この場合は特に米麹に限定して用いられることが多い。一般に麹は、主にコウジカビと呼ばれるカビまたはその分生子（通称、胞子）を含む。日本人の食文化における特色として、日本酒、焼酎、味醂（みりん）などの酒類をはじめ、醤油、味噌、酢などの調味料、さらには一部の漬物などの食品にも、千数百年以上の長い年月にわたり深い関わりを持っている。従って、麹が和食に果たす役割は計り知れないものがあり、今後も研究が進むにつれ、麹の役割が実は従前よりずっと大きいという可能性も含んでいる。そこで、発酵と和食の関連を論じる上で、麹について述べておきたい。

さて、麹とは一体何なのか、調味料でもありながらいろいろな形状に変化することから、理解できない読者の方も多いことであろう。麹とは、主にコウジカビと呼ばれるカビまたはその分生子を含む微生物の塊で、分生子だけが粉状になった個体の場合もあれば、麹として作用させた後の微生物が生育した流動性ある状態のもろみ（醪）や米に増殖したのち乾燥させた状態を指す場合もある。〇〇こうじと呼んで、生育した農産物（例えば米）ごとに呼ぶ場合もある。麹の中にある主たるカビは、*Aspergillus oryzae* と呼ばれる通称「黄麹カビ」である。黄色がかった色素を出すことからこの呼び名があるが、*Aspergillus oryzae*というのは、属（*Aspergillus*）と種（*oryzae*）による2命名法で生物を分類する呼称であり、分類学的に正式な命名法に基づいている。*Aspergillus* 属は、二百万種以上も存在するとされる糸状菌と呼ばれるカビの中で、わずか現在では三四〇種足らずの存在が認められた菌群の一つである。日本人以外にとっては、強力な発癌性を示すカビ毒アフラトキシンを産生する *Aspergillus flavus* や致死率の高い肺真菌症を引き起こす *Aspergillus fumigatus*などの病原性カビと同じ括りに入るカビの1群である。しかし日本人にとっては、上述のように発酵絡みの食品製造においてとりわけ重要な糸状菌で親しみ深いカビである。そこには、後述するが、日本では特に麹に含まれる3つの糸状菌 *A. oryzae*, *Aspergillus soyae*, そして *Aspergillus luchuensis* を、国の代表的な微生物である「国菌」と称して、極めて大切かつ重要視してきた歴史的経緯がある。

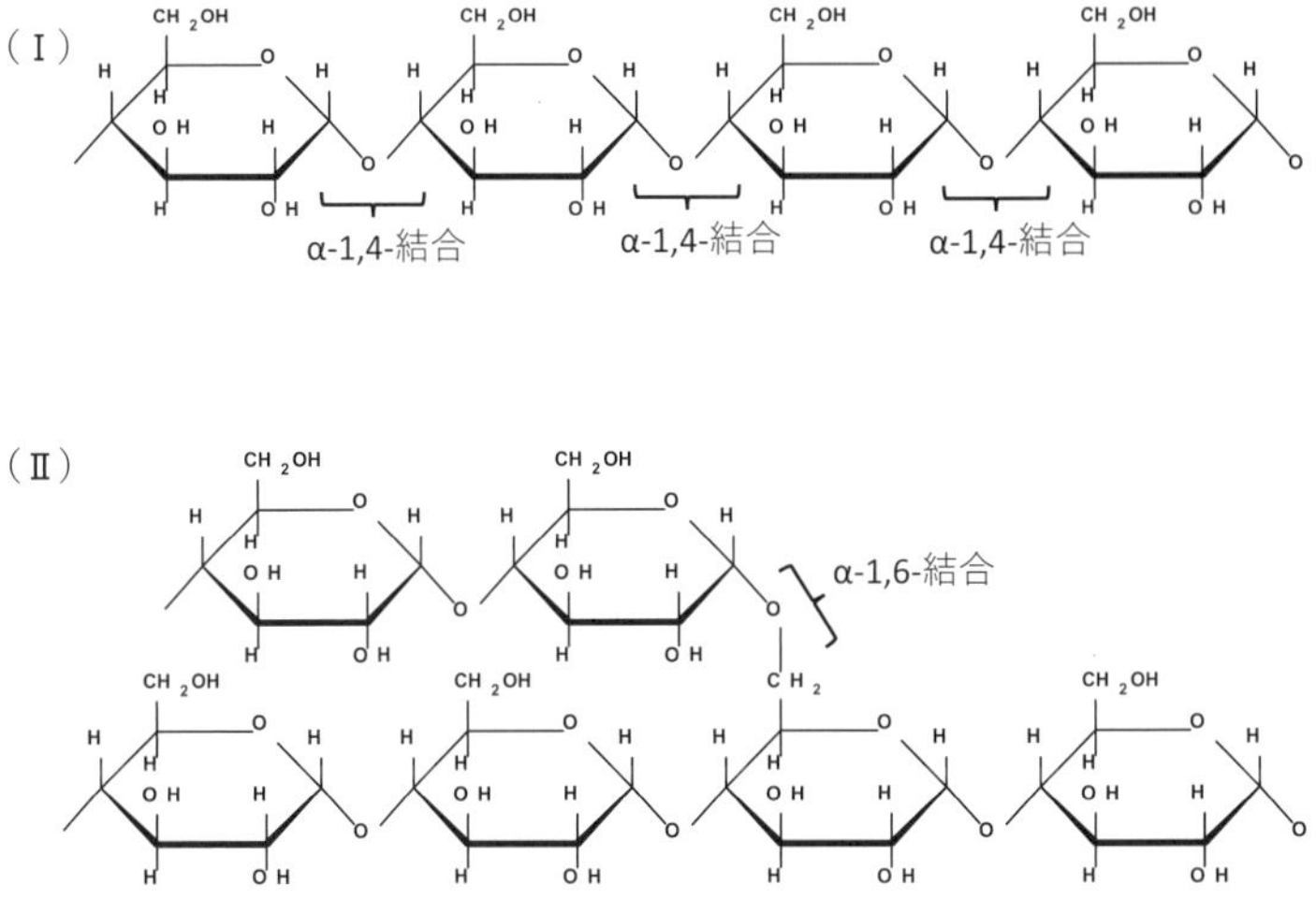


図3　多糖類（単糖グルコースの多量体）のα-1, 4-結合（Ⅰ）とα-1, 6-結合（Ⅱ）

## 麹の主たる反応

麹の主たる反応は、米麹に象徴されるように農産物に含まれるデンプンなどの多糖類を、固有の酵素により単糖であるグルコースにまで分解する糖質分解反応である。そもそも麹に含まれるコウジカビは、多糖類を分解する酵素の生産が多く、またそれぞれが強力な活性を持つ場合が多い。酵素とは、立体構造と触媒反応機能を持ったタンパク質で、この場合はコウジカビにより作り出される。コウジカビの生育を助ける反応を行うように機能するため、作り出される酵素の量と性質は菌株によって異なる。酵素活性には、グルコースがα–1，4–結合（図3）でつながった部分を内部から加水分解するアミラーゼを中心に、末端のグルコースを切り出すグルコアミラーゼ、そしてα–1，6–結合（図3）になった部分を加水分解するイソアミラーゼや時には合成も行うプルラノーゼ、そして低分子の糖鎖のみ、とりわけグルコース2つがα–1，4–結合でつながったマルトースに反応するα–グルコシダーゼなど、基質の分子量によって、そしてグルコースがα–結合でつながる残基番号などによって反応性が異なる酵素系を様々に持つ。これらの酵素により、デンプンなどの多糖類から単糖であるグルコースが増えるだけでも甘味が増し、和食独特の味の原点を形作っている。加えて、麹が持つ反応として、タンパク質を分解してペプチドやアミノ酸を生じさせるプロテアーゼ（プロテイナーゼとも言う）やペプチダーゼの酵素系が重要となって旨味成分となる物質、例えば旨味成分の代表であるL–グルタミン酸ソーダなどを生成する。その他にDNAやRNAの核酸分解を担うデオキシリボヌクレアーゼ（deoxyribonuclease, DNase）やリボヌクレアーゼ（ribonuclease, RNase）が、同じく旨味成分となる核酸（例えば5′–リボヌクレオチドである5′–グアニル酸）を生成する反応を行う酵素系も持つ。そのため、コウジカビが生育することにより全体的に旨味が増した和食の基本となる味の体系を作ると言っても過言ではないであろう。

加えて、麹に含まれるコウジカビの影響だけでその麹の特徴が決まるわけではない。麹に含まれる微量であるが、それ以外の微生物、例えば微量の乳酸菌などが作り出す有機酸（エネルギー生産のための代謝の過程で出てくる有機酸もあれば、タンパク質から生じるアミノ酸や脂質から生じる脂肪酸、核酸から分解されて生じる塩基類など）であるとか、日本酒やワイン、パン製造に用いられ普段は特別に添加される酵母 *Saccharomyces cerevisiae* などが代謝酵素によりエタノールだけでなく酵母特有の芳香などを出す影響があり、これらを無視することはできず、総合してある麹についての特徴が決まることも忘れてはならない。

## 麹の恩恵を被っている和食の中で欠くことの出来ない食品

和食における発酵製品の中で麹の役割が大きいことを上で説明した。麹が用いられる和食に絡む食品では、日本酒、焼酎、味醂などの飲料製造だけでなく、醤油、味噌、酢、そして塩麹などが挙げられる。いずれも原料は、米、麦、大豆などのデンプンを沢山含む農産物が発酵を経て和食材の中心となるものである。従って、飲料においてはエタノールを産生し易いようにピルビン酸経由からの嫌気的な代謝反応が、そして調味料製造では、エタノールや乳酸を作り出す嫌気的な代謝反応だけでなく、好気的な代謝反応も重要な経路であることを留意する必要がある。

## コウジカビ—国菌の話

上述したように日本では特に麹に含まれる3つの糸状菌 *A. oryzae*, *A. soyae*, そして *A. luchuensis* を、国の代表的な微生物である「国菌」と称して、極めて重要視してきた歴史的経緯がある。*A. oryzae* は、日本酒製造でも用いられるごく一般的な黄麹カビである一方、*A. soyae* は、醤油や味噌の製造時に用いられる黄麹カビの亜種でもある。特に大豆などの原料を用いることからタンパク質を分解するプロテアーゼが強い（高生産株）ことで特徴付けられる。またこの麹を用いる場合は、過剰な塩分を添加した中で行われるため、耐塩性に優れた生育を示し、分泌される酵素類も同じような性質を示す。*A.*

*luchuensis*は、焼酎や泡盛製造に使用され、黒い色素を出すことから別名黒麹カビとも呼ばれ、一〇〇年ほど前の学術論文の中に既に報告されている。一九五〇年代には、白麹カビである*A. luchuensis mut. kawachii*が選択され、焼酎醸造に用いられている。この菌はクエン酸を醸造中に高生産することにより醪のpHを下げ、雑菌の増殖を阻み、温暖な地域で泡盛や焼酎製造を可能にすることから珍重されている。

これらの染色体ゲノム情報の公開は、*A. oryzae*が二〇〇五年、*A. soyae*が二〇一一年、そして*A. luchuensis*が二〇一六年に行われ、いずれもカビ毒アフラトキシンの生合成遺伝子クラスターが欠損・欠失していることが確認されている。即ちゲノムのレベルから「国菌」の安全性が確認されたことになる。また同時に、それまで*Aspergillus*属のカビが有性生殖を行わない不完全菌と考えられていたものが、有性生殖に必要な領域が見つかった（つまりオス・メスなどの性を決定する因子があったということ）ことから、今後、発酵に都合の良い有性生殖を用いた育種の確立や、有用性の高い*Aspergillus*属だけでの新たな属の設定も可能であろう。

## コウジカビの安全性とゲノム

例えば海外、とりわけヨーロッパにおいて、日本から移送が認められる輸入品目は、生鮮の牛肉と水産品のみで、和食にとって重要な出汁のもとになる「かつお節」は、依然として日本から運ぶことすらできない禁輸品目である。このかつお節の製造過程の中でも麹が使われている。かつお節に含まれる多糖類は極めて少量であるから、麹が持つタンパク質分解酵素、プロテアーゼそして核酸分解を担う酵素系が重要になる。しかし工程の中に燻《いぶ》す工程があり、そこで発ガン性が強いベンゾピレン等が発生し、安全の規制値を超える可能性があるというのが輸入禁止の理由らしい。さらに高級なかつお節は、乾燥・熟成の際に麹由来のカビを付着させて熟成させるため、上述した人体に害のあるカビ毒アフラトキシンを出す懸念も輸入禁止の理由と言われている。

二〇一五年七月ミラノ国際博覧会の日本館で会期中最大のイベント「ジャパンディ」が行われ、和食が振る舞われた。ところが、当日活躍するはずだったかつお節の使用どころかイタリア国内への輸入にも許可がおりなかったことから、京都の老舗料亭「菊乃井」の三代目主人である村田吉弘氏は、京都府大の和食文化センター立ち上げのセミナーで厳しくこの点に言及しておられた。しかし上述のように、国菌として扱う麹には、カビ毒を生合成する遺伝子クラスターが欠失しており、安全性も長年の使用で担保されていることから、今後世界的な和食の価値の高まりと共に、国菌が関係する食品の安全性についても浸透し、世界的にかつお節の輸入禁止が解除されていくことが強く望まれる。

## 塩麹の話

最近、醤油や味噌に代わる調味料として、塩麹が有名になってきているが詳細な学術的証明は行われていない。塩麹とは、その名前の通り塩分を多めに加えた米などの農産物に、麹由来のコウジカビを混ぜたり生育させたものであり、材料は異なるが醤油や味噌の原理と同じものである。従って生育するコウジカビは、耐塩性でありおそらく*A. soyae*に類するコウジカビが中心であろう。このコウジカビは、プロテアーゼなどのタンパク質分解性が強い酵素を分泌することで醤油や味噌でも用いられており、肉や魚などと一定時間共存させてやればタンパク質の分解が進み、旨味成分の増加と共に肉質も柔らかくなり、塩味が相まって食する際には良好な食感と呈味を与えることと想像される。このように、塩麹が脚光を浴びるのは当然のことであり、ここでも和食の基本的な反応が用いられていることを再認識させられる。

## 麹の入手

麹は、家庭用で用いる場合には、種類さえ選ばなければスーパーマーケットや昔ながらの個人商店とも言える味噌や醤油の製造元で売っている。業務用となると、大手の日本酒や醤油、味噌のメーカーは独自にコウジカビを保存・継代しているので、即使える場合があるが、中小のメーカーになるとやはり麹屋あるいはもやし屋と呼ばれる専門業者から購入することが多い。その専門業者の中には、時には数百年続いているところもあり、日本酒用、焼酎用、醤油用など様々な用途に分けて販売してくれる。しかし販売単位が、家庭用で用いるよりずっと大きい。また、麹製造のことを「製麹《せいぎく》」と言い、これに使う農産物（例えば米、麦、大豆）にも、品種が同じでも出来栄えに年較差があるために、製造される麹の特徴が必ずしも毎年同じとは限らないこと、そして麹も生き物であるため微妙な変化を含むことも注意すべきである。専門業者の方も、毎年製麹には細心の注意を払っているものの、できた商品が昨年までと完全に同じ麹かどうかについては、基本的な製造ポイントは押されられていても、製造に携わる専門職人の経験に基づく判断によることも多いようである。

## 3　微生物が関与する和食関連の食品

いずれの場合も原料に農産物を用いており、微生物が関与する食品の生産では農産物が収穫される秋以降に食品生産のための発酵・醸造が始まることが多い。醸造とは、ヒトの手で微生物を加えたりその生育をコントロールしたりして行う発酵のことをいう。冷却装置のない時代には、秋以降、季節が深まると共に天然の気温も下がり、一〇―一五℃前後になる時期に醸造が始まり、雪の降る寒い冬の時期をより低温下で過ごさせた後、春以降気温の上昇と共により優れた発酵生産物ができ上がるのが理想とされてきた。高温での発酵が雑味を招くために、発酵製品の質の低下を招くことは想像に難くない。それ故に高温になる夏越しのために発酵生産物にとって難しい品質管理が必要になることも理解できるであろう。ここで論じる発酵製品は、いずれも低温下での発酵を好むため、昔は土蔵などの冷んやりした中で製造されてきたことを念頭において貰いたい。日本酒などについては、別の章で論じられることになっており、ここでは特に調味料系を中心に解説する。

## 醤油

微生物が関与する和食関連の食品で最も重要なものは醤油であろう。醤油の原料は、主に大豆でそれに多少の小麦を含める場合が多い。大豆については、製造コストを抑えるため、通常は食用油製造に用いた廃棄物である脱脂大豆が原料に用いられることが多く、最近はあえて元の大豆をそのまま使用する場合もあり、その場合は「丸大豆」と表記しているメーカーもある。

醤油製造の工程は、図4に示されている。醤油製造に関係する微生物は、原料として必ず高濃度の食塩（一五％以上が多い）が含まれているので、すべて塩分に耐性を有する特徴を持つ。まず麹から *Asperigillus oryzae* に似た微生物が使われているが、日本酒製造の場合のコウジカビとは異なり、（i）塩分耐性があることおよび（ii）原料の大豆由来のタンパク質成分を分解しやすいためにプロテアーゼという酵素を顕著に分泌する特質を有する *Asperigillus soyae* と呼称される菌株が用いられている。そのコウジカビの作用によって、大豆を主とする小麦との混合物を「もろみ（醪）」と呼ばれる状態にまでドロドロに変換する。そして次は、乳酸菌の *Pediococcus* 属（*Pediococcus soyae* あるいは *Pediococcus halophilus* など）の細菌が、そしてその後、*Saccharomyces rouxii* や *Torulopsis etchellsii* と呼ばれる酵母が交代して増殖してくるが、これらの微生物についても、高塩濃度に耐性を持つことは共通する。この様に醤油製造においては、生産工程にかかる数ヶ月の間に異なる微生物が交代して増殖することが重要で、この異なる微生物の菌叢《きんそう》の変化を正確に捉えることが醤油メーカーの技術では重要になってくる。昔ながらの木桶や解放系の発酵室で製造する場合もあるが、コストを下げて大量生産するメーカーでは、これらの微生物を麹と共に人為的に加えることで自社の醤油の特徴（あるいは味）を守っていることが多い。酵母 *Saccharomyces rouxii* は、パンや日本酒製造などで用いられる *Saccharomyces cerevisiae* が単細胞で存在するのに対し、細胞の凝集性が著しく強く、光学顕微鏡等で見てもブドウ状に凝集して存在するという簡単に分かる特徴を有する。

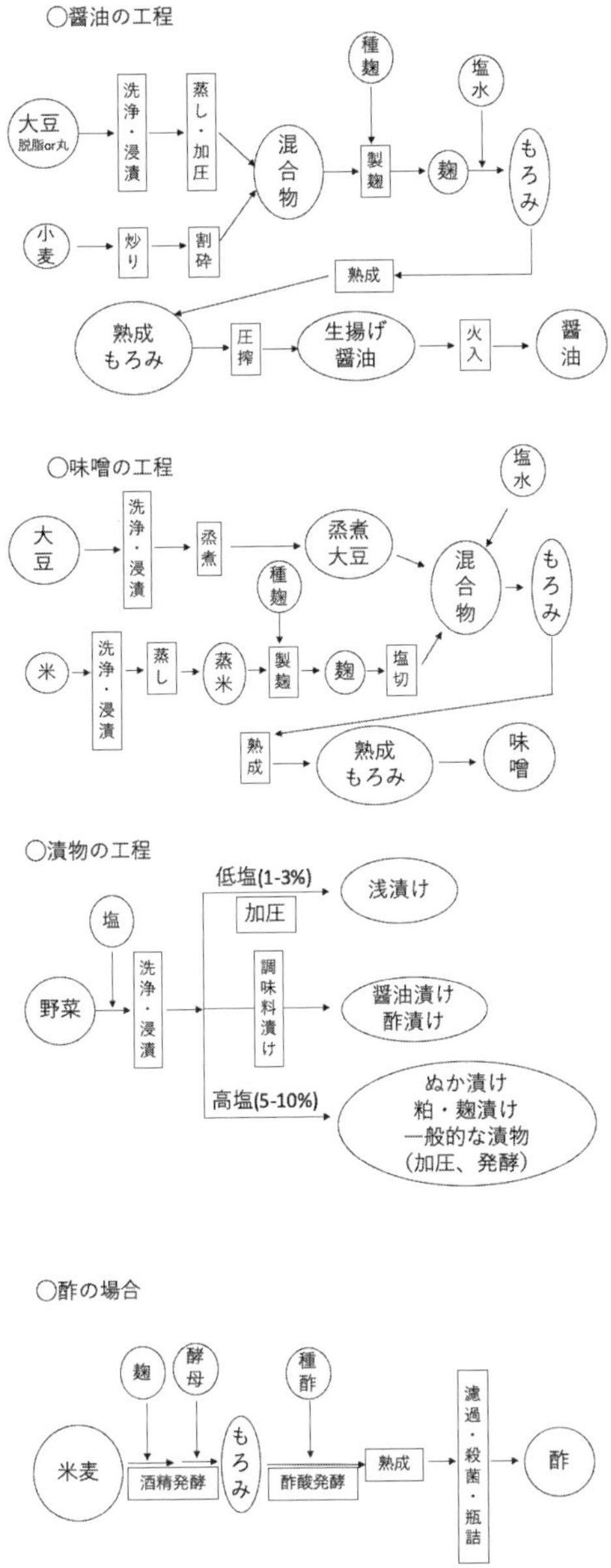


図４　和食に関係した調味料の生産工程

## 味噌

醬油製造の時と同じく、高濃度（一〇—一五％程度）の食塩を用いるため、高塩濃度耐性のコウジカビを含む麹が用いられる（図4）。原料として大豆が主であるが、これに米、麦など加える原料の違いで料理における用途が異なり、特に米を添加する場合が多い。原料の違いによって用いられる麹も、大豆の分解には *A. soyae* の耐塩性と強力なプロテアーゼ活性が好まれ、米に対しては日本酒などにも使用される *A. oryzae* が用いられることが多い。特に塩切りという過程で、耐塩性のある麹が優勢になり大豆との混合により味噌の性質を醸し出すことになり、その後の熟成によって醬油の場合と同様に、耐塩性のある乳酸菌 *Pediococcus* 属（*Pediococcus soyae* あるいは *Pediococcus halophilus* など）や酵母（*Saccharomyces rouxii* や *Torulopsis etchellsii* など）がpHの変化と共に消長することで味噌の風味を出す。

## 漬物

2章でもとりあげるように、それぞれの地方や個々の農家によって様々な特色ある漬物が作られており、歴史的な観点と庶民性からすれば和食の中でも重要な発酵食品としての位置付けになる。原料とする野菜を食塩で処理するときの量によって、浅漬け、調味料漬け（酢漬けや福神漬け）、そして微生物との関与が大きいぬか漬けやその他の一般的な漬物に区別することができる（図4）。

ぬかは、米糠《こめぬか》として入手でき、これに食塩を重量比で一〇％近くまで水と共に加えて混ぜ冷暗所で保存を繰返すことで調製される。熟成したぬか床にはぬか由来の乳酸菌が豊富に含まれ、特に耐塩性のある *Pediococcus* 属乳酸菌が多く、漬け込む野菜由来かどうかは不明であるが、植物で見出される乳酸菌 *Lactobacillus plantarum* も見られるようになる。乳酸菌以外では、酵母として *Hansenula* 属、*Debaryomyces* 属　そして耐塩性のある *Saccharomyces* 属が確認されているが、熟成が進んだぬか床に多いようで、他方、ぬか床をカビなどからの腐敗を防ぐため、頻繁な掻き混ぜが推奨されている。特別な床がない場合、いわゆる普通の一般的な漬け物は、ほとんど発酵つまり共存する微生物が関係する。京都では、千枚漬けやしば漬けという有名な漬物があるが、野菜「すぐき」を使ったすぐき漬けと呼ばれる漬物は、上賀茂神社周辺で古来（おそらく平安時代）から盛んに作られて来ており、これまでも多様な微生物が単離同定されている。これらの微生物が作り出す乳酸による酸味そしてアミノ酸を中心とする旨味が、すぐき漬けの味わいを醸し出しており、この味のバランスは、漬物の作り手および漬け込む野菜の風味によって様々な形となって、人々に愛用されて来ている。ここで見られるように、普通の漬物の場合、多様な微生物の消長が起こり、漬物樽や保存されている蔵に居着いた微生物によって独特の風味が発揮される。従って、厳密な微生物の同定が行われているとは限らないため、未同定の場合がほとんどである。製造に要する期間は、浅漬けの場合は一日前後、ぬか漬けも数日まで、しかし一般的な漬物の場合、収穫の季節から数ヶ月を経て食される場合が多く、保存食品としての価値が高い。それ故に、関係する微生物が関与する反応、即ち代謝物が他の微生物による腐敗を防ぐ機能が求められ、例えば乳酸を作り出してpHを下げることで腐敗を防いだり、バクテリオシンと呼ばれるペプチド性抗生物質を分泌して近縁種の細菌の増殖を抑えるなどの機能が働いている。

## 酢

酢は食品になるときは食酢と称して括られることがあるが、四―五％の酢酸を含む。原料は、米、麦、ブドウ、りんごなどがあり、いずれも糖濃度が高く、糖からエタノールに、そしてエタノールから酢酸に代謝される微生物の変換力を利用する（図４）。関係する微生物は、糖からエタノールまでは、日本酒と同じように麹と酵母（*Saccharomyces cerevisiae*）が機能し、エタノールから酢酸までは、酢酸菌と呼ばれる細菌が作用する。酢酸菌としては、グラム陰性で偏性好気性細菌である *Acetobacter aceti* が有名で、その他にも *Gluconobacter suboxidans* などが知られている。大手のメーカーでは製造に関与する微生物が同定され単離された微生物が製造に用いられているが、昔ながらの製法で少量づつ作っているところでは、製造する瓶や甕に居着く微生物の消長により一連の代謝が行われている。酢酸が酢酸菌によって作られても、そのままでは食酢としての利用に向かず、熟成させて夾雑する雑味を消す期間が必要で、いずれも製造には数ヶ月をかけて行われ、異なる微生物の生育のコントロールが重要な因子になっている。

## 4　終わりに

発酵の原理と和食について、私なりの切り口で手短かであるがまとめてみた。発酵は、様々な微生物の力を借りて時代を超え地域を超え、ヒトが継続して持ち続けてきた食に至らしめる手法である。乳酸菌に至っては、昨今腸内細菌の善玉としての役割が明らかになるにつけ健康の秘訣として重要視されている。和食にも必ずや発酵の関わりから、和食独特の長所が見出されるものと期待されているし確信もしている。まだ解き明かされていない和食の優れた特性が明らかにされ、和食が健康の面からも再認識されることを願ってやまない。発酵という力がその一助になることを願っている。


【参考文献】

一島英治（二〇一五）「国際的に認知される日本の国菌」『化学と生物』五三、二六一―二六四頁。

木村光（一九八八）『食品微生物学』培風館。

公益財団法人日本醸造協会 https：//www.jozo.or.jp/gakkai/wp-content/uploads/sites/4/2020/01/gakkai_koujikinnituite2.pdf.

中浜敏雄（一九六六）「食品加工（すぐき）」北原覚雄（編）『乳酸菌の研究』東京大学出版会、五〇七―五二七頁。

萩原大祐（二〇二〇）「アスペルギルス属糸状菌：国民的 fungal group」『生物工学』九八、四三四―四三八頁。

# 4章　酒と米

増村　威宏

食の引き立て役として、食事の際の潤滑剤として酒は欠かせないものだと考えている人は多いだろう。食事、特に会食の際に乾杯に使われる酒は、一般的にはまだビールが多いのではないだろうか。フランス料理ではシャンパンが使われることも多いし、最近では若年層を中心にビール以外の酒も好まれている。一方、日本酒で乾杯というと酒造業界関係者の集まりなどで見受けられるが、和食料理の店でも一般客で日本酒で乾杯を行う人は少ないようだ。伏見という酒所を持つ京都市は「日本酒で乾杯」という条例を定めたが、定着しているところまでは広がっていないようである。本章では、和食文化を学ぶ人に向けた本であることを踏まえ、日本酒と米に焦点を当てて考えて行く。

## 1　日本酒とは

日本酒とは米、米麹、酵母、水を主な原料として、日本特有の製法で醸造された酒のことを指している。通称名は清酒なのだが、最近は国産の清酒を特に日本酒と呼んでいる。日本酒は米が原料という事からも、和食との相性は抜群に良いと推測でき、日本酒を和酒と呼ぶ人もいる。

日本酒の起源を、単に米を原料として人の手で醸造した酒、とするかどうかの判断は難しいところであるが、米を原料とした酒については、遡ると奈良時代に「口噛みの酒」という記述がある。「口噛みの酒」とは、米（生米を使ったらしい）を人が噛み、容器に入れて放置し、酒の香りがしたら飲んでいた様だ。醸造の原理としては、米に含まれる澱粉を唾液の中の糖化酵素（アミラーゼ）を使って発酵可能な糖に分解し、空気中に漂う野生酵母の働きでアルコール発酵させる方法である。現在の酒と比べるとかなり原始的な醸造法であるが、初期の日本酒醸造技術といえるかもしれない。また、奈良時代には別の醸造方法も使われていた。干し飯が水に濡れてカビが生え、それを用いると酒が出来、その酒で宴会をしたという記述がある。こちらは麹カビの糖化作用を利用した醸造方法だと推察され、原料に麹を使っているので日本酒の醸造方法には近いと考えられる。この様に、現代の日本酒醸造と通じる初期の酒造りは日常生活で経験した事例から派生してはいるが、奈良時代に「口噛み」と「麹菌」による二種類の異なる醸造法が記録されているのは興味深い。酒は神事にも使われたので、その後醸造方法の技術向上がなされていったのだと思われる。初期の酒は、現在の清酒とは異なり搾るという操作はしておらず、原料の米が潰れているものが澱として残っていたと考えられる。現在でも「濁り酒」と呼ばれている酒があり、もろみ（発酵中の酒のこと、醪と書くこともある）を目の粗い布でこしただけの日本酒があるが、初期の酒は、それよりも米の粒が感じられたのではないかと想像される。では、現在の清酒に近い酒は、いつ頃出来てきたのであろうか。平安時代には、奈良菩提山正暦寺で造られた「菩提泉」と呼ばれる清酒があったと伝えられている。この「菩提泉」が日本最初の清酒とする説もあり、奈良正暦寺には「日本清酒発祥之地」の碑が建っている。一方、兵庫県伊丹市鴻池にも「清酒発祥の地」の伝説を示す石碑である鴻池稲荷祠碑が建っており、どちらが清酒の発祥の地であるのか論争されている。ここでは、清酒の起源を探求するのが目的ではないので、日本酒の歴史はこれぐらいにしたい。

## 2　日本酒の醸造工程

さて、ここからは日本酒と米について、その特徴を掘り下げて、和食との関係について議論して行きたい。日本酒とは先に示した、米、麹、酵母、水を主な原料として、日本特有の製法で醸造された酒と定義されている。まずはその醸造方法について簡単に説明しよう。日本酒はワインやビールと同じ醸造酒（焼酎やウイスキーなどは蒸留酒）に分類されるが、醸造酒の中でも日本酒の造り方はより複雑である。ワインはブドウ果汁を原料とし、果汁に含まれる糖を酵母がアルコール発酵する単純発酵法で造られている。ビールは麦芽を原料とし、麦芽に含まれるアミラーゼで麦芽を糖化し、その糖を原料に酵母がアルコール発酵する連続複発酵法で造られている。一方、日本酒は米を蒸した「蒸し米」を主原料として用いている。さらにこの蒸し米を米麹用と醸造用に分けて使用する。米麹は、蒸し米に麹菌を振りかけて、米の表面に麹菌が十分広がり、米が白色に見える様になるまで繁殖させる。

すると麹菌が糖化酵素（アミラーゼなど）と蛋白質分解酵素（プロテアーゼ、ペプチダーゼなど）を作るようになる。これを米麹と呼び、醸造の際の原料として用いる。即ち、原料の一つでもある米麹も蒸し米を使って作っている。

次に醸造操作であるが、多量の蒸し米と水、米麹（先ほど述べたもの）、酵母を混合し、麹菌の酵素で蒸し米の澱粉を分解し糖に変え、その糖を原料に酵母がアルコール発酵する並行複発酵法で造られている。つまり、日本酒の製造タンクの中には、大量の水と蒸し米、米麹、酵母が入っており、麹菌と酵母が共存しながら糖化と発酵を並行して進めて行くというところに特徴がある。日本酒造りの複雑なところは、この工程を三段階（四段階の場合もある）に渡ってスケールアップしながら進めるところである。こうして醸造された酒を搾って清酒と酒粕に分け、清酒は濾過され、火入れ（殺菌）され、タンクに貯蔵され、瓶詰めして販売される。日本酒造りの工程は複雑で文章だけでは判り難いので、図1に概要を示したので参照して欲しい。さて、こうして日本酒は造られるのであるが、各工程で使われる原料米について、より詳細に米の加工処理と、品種の違いなどについて考えて行こう。

## 精米について

日本酒の種類が多くて複雑なのは、米の精米の割合によって製造される酒の種類が変わるということがあげられる。米の精米割合（酒造業界では精米歩合という）によって決まる区分として、普通酒、吟醸酒、大吟醸酒がある。他にも純米酒、本醸造酒、特別本醸造酒などの区分もあるが、それらは精

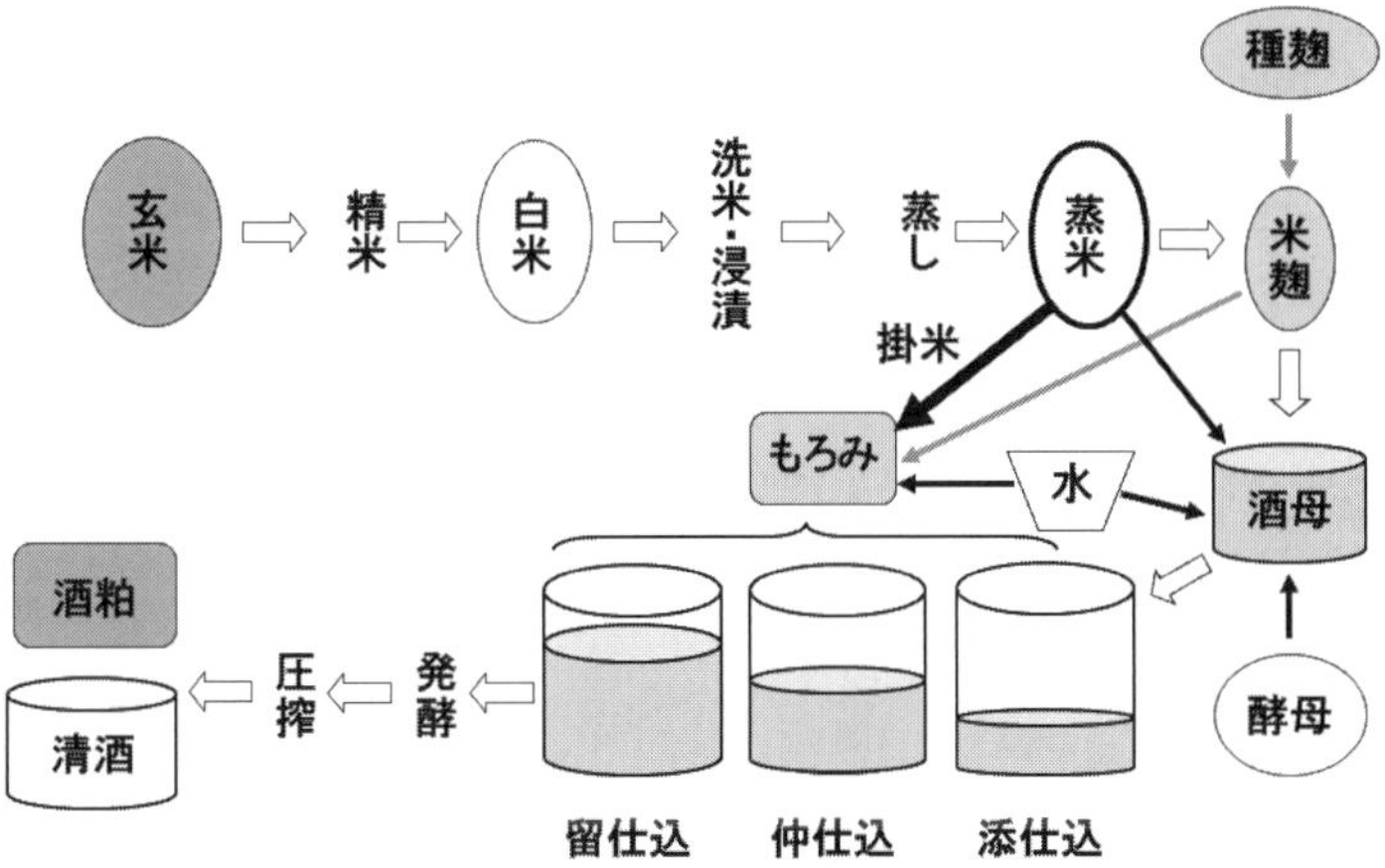


図1　日本酒造りの工程
日本酒の醸造工程を模式図で示した。玄米から精米し、蒸米を麹米と掛米に分け、酒母ともろみに水や酵母と共に混合する。三段仕込みで発酵を進め、搾って清酒と酒粕になる。

米割合による区分と別の要素が組み合わさったものである（後述）。私達が普段食べている米は、玄米の外側十パーセント程度を精米により削っている。米の外周部分は糠と呼ばれ、繊維質、脂肪酸、ミネラルなどを多く含んでいる。脂肪酸は酸化しやすく古米臭の原因となるので、私たちは普段の食事用に玄米を十パーセント精米して、糠を取り除き白米として食べているのである。玄米を食べる場合は糠層の劣化に十分注意する必要がある。

酒造りの場合に行う精米は、食事用の精米とは少し異なる意味がある。酒造りにおいては、蛋白質が過剰にあると、蛋白質が分解されて生じるアミノ酸やペプチドが増えてしまう。アミノ酸などの旨味成分が多すぎるとお酒の味としてはくどくなる（雑味が多い）と言われている。即ち、蛋白質が多く含まれると酒の品質にとっては負の要因になる。精米で十パーセント削った白米の表層付近には蛋白質が多く含まれている。そこで、蛋白質を取り除くために更に精米をかけるということになる。米に含まれる蛋白質は均一に分布していない。これは、米をイネ種子として形態学的に考えないと理解できない。玄米から糠層を取り除いた白米（十パーセント精米した残り九十パーセントの米）は、形態学的に胚乳と呼ばれる組織が大部分を占めている。この胚乳組織の特徴は、次世代のイネの栄養源である炭水化物（澱粉として蓄積している）と窒素源（貯蔵蛋白質として蓄積している）が豊富な組織である。胚乳細胞中には澱粉が蓄積した澱粉顆粒と、貯蔵蛋白質が蓄積した蛋白質顆粒が同じ細胞内に混ざった状態で存在している。更に複雑なのは、この蛋白質顆粒にも二種類あり、含まれる蛋白質の種類が異なることである。具体的には、プロラミンという疎水性の性質をしている蛋白質群はⅠ型蛋白質顆粒（プロテインボディタイプⅠ：ＰＢ-Ⅰ）に、グルテリンという希酸に溶ける性質をしている蛋白質群はⅡ型蛋白質顆粒（プロテインボディタイプⅡ：ＰＢ-Ⅱ）にそれぞれが別れて存在している。文章ではとても判り難いので図2を見てもらうと、何となくイメージが掴めるのではないかと思う。

更に話をややこしくするのは、胚乳細胞内に存在する澱粉顆粒と蛋白質顆粒の割合が米粒の中心部分と外周部分で異なっていることである。米の中心部分にある胚乳細胞には澱粉顆粒が多く存在し、周辺部分の胚乳細胞になると蛋白質顆粒の割合が増えて行く。米粒全体で考えると、米の蛋白質は中心部分では少なく、外側に多く含まれているということになる。先程も述べたように、酒造りの際に蛋白質が過剰にあるとアミノ酸やペプチドを多量に含んだ酒となり、すっきりした味を邪魔することになる。そこで、原料米に含まれる蛋白質が過剰にならないように、米の外周部分を取り除くために精米するのである。玄米の三十パーセントを精米で取り除いた原料米（酒造業界では七十パーセント精米と呼ぶ）で造られる酒は普通酒になり、四十パーセント以上を取り除いた原料米（六十パーセント精米）で造られる酒は吟醸酒、五十パーセント以上を取り除いた原料米（五十パーセント精米）で造られる酒は大吟醸酒となる。香りが強くて、スッキリした味を求めて造られる大吟醸酒の中には、七十パーセントを取り除いた原料米（三十パーセント精米）で造ったものがあり、華やかな香りと上品な味わいの酒になる。この様に酒造りのために行う精米は、とても重要な工程となる。

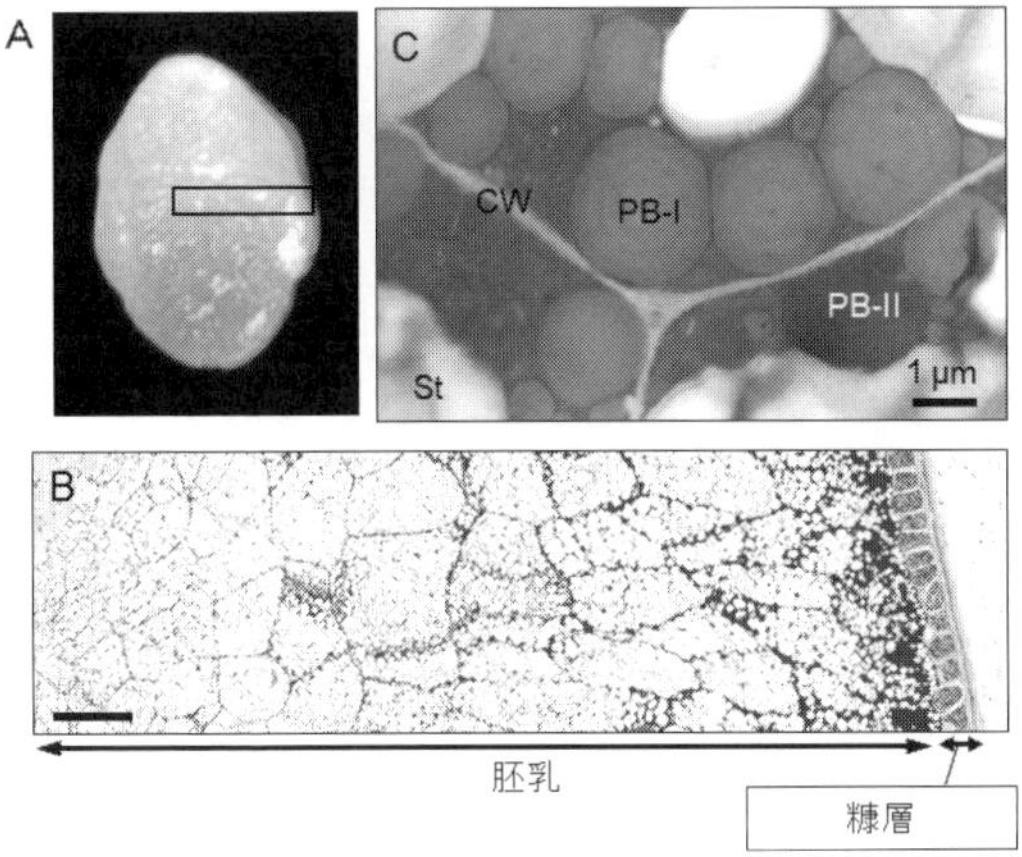


図２　米の切片の形態観察像

A：米（横断面）の実体顕微鏡像を示した。四角の部分を拡大したイメージがＢの顕微鏡観察像に相当する。

B：米から調製した樹脂切片の蛋白質染色（CBB 染色）後の光学顕微鏡像。濃く染色されている部分に蛋白質が存在している。染色されなかった白色部分は澱粉を示している。

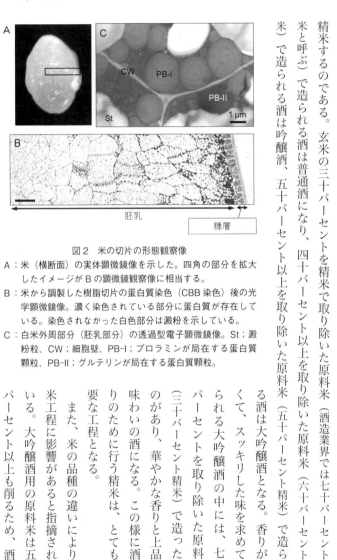

C：白米外周部分（胚乳部分）の透過型電子顕微鏡像。St；澱粉粒、CW；細胞壁、PB-I；プロラミンが局在する蛋白質顆粒、PB-II；グルテリンが局在する蛋白質顆粒。

また、米の品種の違いにより精米工程に影響があると指摘されている。大吟醸酒用の原料米は五十パーセント以上も削るため、酒造好適米（いわゆる酒米）と呼ばれる粒の大きい品種が使われることが多い。生産量が多く有名なのは「山田錦」、「五百万石」、「美山錦」、「雄町」などの品種である。最近は地域ブランドにこだわり、地域限定の酒造好適米が開発されて使われている例もある。例えば、新潟県の「越淡麗」、山形県の「出羽燦々」、京都府の「祝」など地元の酒造好適米を使用して造った日本酒が製造されている。食用に用いられる一般米と異なる酒造好適米の特徴としては、粒が大きいこと、中心付近に心白構造と呼ばれる白く濁った部位を持つことなどが上げられる。心白構造というのは、本来は中心部分まで結晶化した澱粉が詰まっているところが、澱粉の一部に隙間があり、光が乱反射して白く濁って見えるという不思議な構造である。心白構造があると、麹菌が菌糸を米粒の中まで伸ばして繁殖しやすくなり、米麹として酵素活性が高いものが得られることに繋がる。ところが、心白構造が中心付近に集まらずに偏りがある品種もあり、その品種を精米すると、中心部に近づく過程で割れてしまう場合がある。そのため、大吟醸酒用の品種には線状心白という心白構造が広すぎない品種が好まれる傾向にある。「山田錦」が大吟醸酒用によく使われる理由は、粒が大きく、線状心白構造を持ち、精米時に割れにくいという特徴があるからだと言われている。

## 洗米と吸水について

精米が終わった後の米は洗米し、一定時間水に浸し適度な水分を吸わせる。精米の割合や使用する米の種類によって、吸水時間に差が生じやすいため、吸水はとても難しい工程となっている。これまでは、杜氏（全ての酒造工程を管理する熟練した技術を持つ酒造りの責任者）が、吸水時間の管理を行っていた。ところが、杜氏が高齢化し、また杜氏と一緒に酒蔵に出稼ぎで来ていた農家集団が減るなどの様々な理由で杜氏制度が維持しにくくなっている。現代では、酒造会社の社員が杜氏となる社内杜氏を置いたり、杜氏制度を置かずに科学計測技術を導入することで工程管理を行う酒造会社も増えてきている。吸水のような繊細な水分管理については、ＡＩによる画像診断技術を使うなどの動きも出てきており、技術革新が進んできている。

精米した後の米の表面から内部への水の浸透については、精米割合によって変動する。これは、先に述べたように、胚乳細胞内に存在する澱粉顆粒と蛋白質顆粒の占める割合が米粒の中心部分と外周部分で異なっていることに関係する。胚乳細胞は、米の中心部分には澱粉顆粒が多い細胞群から構成され、周辺部分では蛋白質顆粒の割合が多い。蛋白質顆粒にもＰＢ-ⅠとＰＢ-Ⅱの二種類があり、プロラミンを蓄積するＰＢ-Ⅰは米粒の外周部分に多く含まれており、プロラミンは疎水性の性質を示すため水の流入を妨げる効果が強いことが筆者らの研究で明らかになっている。この研究成果を吸水過程に起こる現象に当てはめてみると、七十パーセント精米ではプロラミン（ＰＢ-Ⅰ）が多く含まれるため吸水時間が長くなり、五十パーセント精米ではプロラミンが少なく、澱粉顆粒の割合が多いから吸水時間が短くなると類推される。この様に同じ品種の米を使う場合でも、精米割合が異なると吸水時間が変化するということが説明できる。イネの栽培過程における気候の違いが、種子に蓄積する澱粉やタンパク質の組成に影響すると言われている。近年、夏場の高温化問題が深刻になってきており、澱粉の組成（気候変動の影響によりアミロペクチンの鎖長分布が変動することが判ってきた）が変わることで精米時の割れやすさや吸水時間などへの影響が指摘されている。

　また、米の品種の違いにより吸水性に違いがあるという指摘も多い。最近京都府で育成され、酒造原料米として使用されている「京の輝き」という品種は粒が大きいが、心白構造を持たないため酒造好適米には分類されないが、吸水が穏やかに進み、給水時間を管理しやすいという性質があったため、酒造原料米として優れていたため採用された（藤原二〇一五）。精米に加えて吸水という工程においても原料米の影響は大きいことが判ってきた。

## 蒸し米について

　洗米、吸水が終わった米は、こしき（小規模生産用に使われる蒸し器の名称）、あるいは連続蒸し米器を用いて、蒸し米にする。蒸気で蒸すことで表面は硬くなり、私達が食べる炊飯米と異なり米粒同士がくっつき合って団子状になることを避けるために酒造工程で用いられる方法である。米麹を造る際も、もろみを造る際も、原料となる米が一粒一粒ばらばらになりやすいことが作業をする上で適しており、特に掛米として多量に用いる原料米には粘りが低い「日本晴」、「祭り晴」などの品種の方が、良食味として知られる粘りが強い「コシヒカリ」、「ヒノヒカリ」などの品種よりも向いているといわれている。各酒造会社では、それぞれの酒造りに適した米の品種を選び、農家と契約して品種と量を確保しているところが多い。

また、酒造りに使われる蒸し米は、米麹用に使われる麹米と、もろみとして仕込む用に使われる掛米に分けて使われる。酒造り全体で使われる原料米のうち、麹米の占める割合は十五から二十五パーセントが標準的だといわれる。この麹米と掛米についても用いる米にそれぞれ特徴があるので、更に細かく見て行こう。

## 米麹について

米麹を作る第一段階として、蒸し米を冷まし、麹室に運び、床と呼ぶ台の上に広げて、蒸し米全体に種麹をまいて、蒸し米に麹菌が繁殖するまで育てる。この工程は一定温度で行うことが望ましいため、専用の麹室で行う事が多い。蒸し米にまかれた種麹の胞子が発芽し、菌糸が蒸し米の内部へ伸びる際に発熱する。この際、温度が上がり過ぎることが無いように麹米をかき混ぜたり、広げたりする操作を行う。この工程は規模が小さい会社では手動で行っている場合が多く、暑い部屋で体力を消耗する重労働である。麹菌が蒸し米の内部へ菌糸を伸ばす過程で、麹菌は澱粉分解酵素（アミラーゼ、グルコシダーゼ、など）、蛋白質分解酵素（プロテアーゼ、ペプチダーゼ、など）を多量に蓄える。優れた米麹を得る為には、先に述べたように酒造好適米が使われることが多い。酒造好適米の代表的な品種である「山田錦」の特徴は大粒で、中心部分に線状の心白構造を持つ。「山田錦」の心白は他の品種に比べ中心部分に集まっていることから、内部まで菌糸が伸びやすく、酵素活性の高い良質な麹米となる。現在流通している酒造好適米の中で、酒造会社からの評価が最も高い品種が「山田錦」である。「山田錦」は西日本での栽培に適しているが全国の酒造会社で使用されている品種である。一方、東日本では「山田錦」が栽培しにくいこともあり、「五百万石」という酒造好適米品種の栽培が盛んであり、「五百万石」も麹米に使われる代表的な品種である。

## 掛米について

大吟醸酒などの高品質な酒を造る場合は、麹米と同じ種類の原料米を使うことが多い。麹米と掛米の両方に「山田錦」を使用して造った大吟醸酒を販売している酒造会社もある。しかし、大吟醸酒は高価格なものが多いため、日本酒全体に占める大吟醸酒の割合はそれ程高いわけではない。価格帯の安い普通酒については、麹米は酒造好適米を使うけれど、掛米には一般米を使っている場合が多い。それは、酒の価格は原料米の価格の影響を受けやすいという理由が大きい。酒造好適米は生産量が限られており、背丈が高い品種も多く栽培がしにくいなどの特徴がある。原料米の価格も考慮するなど、酒造りには米の品種選びが大変重要であることが判る。

## 米以外の原料について

日本酒の原料として米と米麹以外に重要なものとして水、酵母がある。日本酒の八割以上を占めるのが水であり、日本酒の着色の原因となる鉄分が極めて少ない、高品質な水が求められている。日本酒の二大産地として灘と伏見が有名であるが、灘には「灘の宮水」があり、その特徴はミネラル分を多く含む硬水だといわれている。ミネラル分が多いと酵母の生育が活発となりキレが良い酒に仕上がるといわれている。一方、伏見には「御香水」を始めとする名水と呼ばれる地下水が豊富にある。その特徴は灘の宮水よりも軟らかい中硬水であり、発酵が緩やかに進み、ほのかな甘みを残すソフトな仕上がりになるという。このように各地域、各酒造会社でそれぞれ原料水が異なることから、水が酵母の発酵状態に及ぼす影響も日本酒造りには重要な要因となる。

糖からアルコールを造り出すのは酵母であることから、実は酒造りに最も影響するのは酵母だという業界人もいる。酵母によって香りや味に特徴が出ることから、作り手は目標の酒質に応じて酵母を選ぶ必要がある。現在使われている酵母は、元々は酒蔵などに生育していた野生酵母から選ばれた優良酵母であり、もろみから分離された系統が中心となっている。各酒造会社で維持している酵母を使っている場合もあるが、酵母を頒布している日本醸造協会などの機関があるので、日本醸造協会の「きょうかい酵母」を使って酒造りをしている酒造会社も多い。

## 酒母ともろみ

日本酒の製造には一般生活では聞かないような難しい用語が多数出てくる。「酒母」や「もろみ（醪）」というのも言葉だけでは全く中身が判らないのではないだろうか。まず、「酒母」というのは、酒のもとになるもので「もと」という呼び方もする。タンクに水、米麹、蒸し米、酵母を加えて酵母を増やす工程で出来たものを指す業界用語である。純粋で健全な酵母を増やすために、乳酸を加えて酒母を酸性状態に保ち有害な微生物の増殖を抑制しながら、細かな温度管理をしていく。昔ながらの酒造りでは乳酸菌を利用する場合もある。

次に「もろみ（醪）」についてだが、酒母で用いたタンクよりも大きな発酵用のタンクに、水、蒸し米、米麹、酒母を入れるが、この混ざった発酵段階のものを「もろみ」と呼ぶ。通常の酒の仕込みは三段仕込みといって、現材料を三回に分けて、徐々に量を増やしながら発酵を行う。三段仕込みの場合、一日目は、全ての酒母を入れ、全仕込み量の六分の一の蒸し米、米麹、水を入れる（この工程を添仕込みと呼ぶ）。二日目は仕込みを行わず、酵母を増やす。三日目は、全仕込み量の三分の一の蒸し米、米麹、水を入れる（仲仕込みと呼ぶ）。四日目は、全仕込み量の二分の一の蒸し米、米麹、水を入れる（留仕込みと呼ぶ）。四日かけて徐々に増量した「もろみ」は毎日かき混ぜる作業（櫂入れと呼ぶ）をしながら低温で維持し、およそ三週間程度発酵を続ける。その間に発酵が進み、「もろみ」の中のアルコールの濃度は十八パーセントくらいまで上昇し、発酵が落ち着く。この発酵工程中に米麹の酵素の作用で蒸し米の澱粉が糖に変わり、その糖を原料に酵母がアルコールに変換する。また、蛋白質が分解され、アミノ酸やペプチドが生じる。その他、酵母が代謝を行う過程で香り成分や有機酸類も合成され、酒の味や香りを形成することになる。蒸し米は発酵過程で分解されて減るが、分解できずに残った成分が沈殿する。そこで、発酵が終わると次の操作へと進む。

## 上槽、火入れ、瓶詰めについて

先の工程で発酵が終了した「もろみ」には、清酒となる液体成分と共に、蒸し米、麹米、分解物、酵母、などの固形成分も混じっており、ドロドロの状態で白く濁って見える。次にこのドロドロの状態から清酒にするために上槽（搾り）と呼ばれる操作を行う。「もろみ」の量が多い場合は自動醪圧搾機という装置を用いて液体と固形物に分ける作業を行う。液体部分は更に濾過をすることにより、清澄な「清酒」となる。固形部分は、自動醪圧搾機を使用すると澱となっていた成分が集合して板状になるので、適度な大きさにカットして袋詰めして「酒粕」として市販される。高度に精米した酒造好適米を用いて、手間をかけて仕込んだ「もろみ」については、「ふね」と呼ぶ小型の圧搾機を使ったり、酒袋に入れてつるしたりして、液体成分を搾り、「吟醸酒」、「大吟醸酒」などの製品に仕上げる。搾った後の清酒は、酵素が残っていて反応が続く恐れや、混ざってきた雑菌が増殖する恐れがあることから「火入れ」という加熱処理を行う。「火入れ」を行い、さらに一定期間貯蔵して品質を安定化してから瓶詰めして出荷する。

一方、固形物の「酒粕」は、家庭では粕汁として料理に使ったり、薄めて溶いて砂糖を加えて「酒粕甘酒」として飲んだり、焼いて食べたりする。その他、調味料の一つのアイテムとして、利活用してもらうと良いのではないかと思われる。また、「酒粕」は業務用として加工食品に使用される。例えば、魚などの粕漬け、瓜などの奈良漬けなどに用いられる。テレビ番組などで酒粕の健康機能性が紹介されると、酒粕ブームが起こり、品薄になる事もあった。粕という名を超越した有用食品として利用されている。

## 3　日本酒と和食

日本酒の醸造方法について解説してきたが、日本酒が複雑なのは主原料（米、水、米麹、酵母）のみで造られた純米酒というタイプと、清酒に副原料（醸造アルコール、糖類、酸味料など）を加えた「純米」以外の酒のタイプも存在することである。酒店で「大吟醸酒」を探してみると、同じ銘柄なのに「大吟醸酒」と書かれたものと、「純米大吟醸酒」と書かれたものがあり、価格も微妙に違っていたりした経験は無いだろうか。五十パーセント精米で造った「大吟醸酒」が二種類あるということになる。その違いが「純米」という表示に関係する。純米酒と表示があれば、主原料（米、水、米麹、酵母）で造った酒を示している。「純米」の表示が無い場合は、副原料を使っていることになる。副原料の中でも醸造アルコールが入っていることを気にする消費者は結構多い。醸造アルコールを加える理由は各酒造会社によりそれぞれの考えがあるのだが、一般的には風味を調整するためと説明されている。醸造アルコールとは糖みつなどを原料に酵母で発酵したアルコールであり、清酒に米以外の材料で造ったアルコールを添加したことになるため、「純米」と表示が出来ないのである。大きくは、純米酒と純米酒以外の清酒にタイプ分けが出来るのだが、実は日本酒の名称はまだまだ複雑多岐に渡る。例えば、「濁り酒」、「あらばしり」、「生酒」、「生貯蔵酒」、「原酒」、「新酒」、「古酒」、「樽酒」など、日本酒の瓶に表示されている用語はもっと多数ある。これらの表示にはそれぞれ意味があり、搾り方、仕込み方、酒母の造り方、火入れ回数、貯蔵期間、などで名称が付けられる（酒造業界でのルールはある）のであるが、素人には複雑すぎてとても覚えきれない。日本酒を購入する際に迷ったら酒店で尋ねるか、ネット検索するなどして対応して欲しい。日本酒に興味を持った人は日本酒のタイプについて詳しく記載した本を見て欲しい。

これだけ日本酒のタイプが多いと、どの料理にどのタイプの日本酒がお薦めですなど、難しすぎて対応出来なくなってしまう。一般的には、前菜を食べている間は、香りが強いタイプなどを楽しみ、料理の味付けが濃くなってきたら、香りよりも旨味などを感じるタイプにしたら良いと言われている。日本酒は醸造酒の中でもアルコール濃度が高く沢山飲めないと考えられるので、コース料理で楽しむ場合は二、三種類のタイプで少し変化を持たせながら、料理の進み具合で日本酒の銘柄を変えて行くというのが良いかもしれない。もちろん酒類は嗜好品なので、個人の好みで選ぶというのが基本である。

さて、ここまでは日本酒のタイプの違いについてみてきたのだが、実は日本酒には飲む温度を変えて楽しむという方法がある。冷酒（冷蔵庫で冷やしたもの）、常温（室温に戻して置いておいたもの）、燗（酒燗器や鍋などで温めたもの）という温度による差を楽しむ方法である。温度を変えると香りや味の感じ方が変わるので、同じ銘柄の酒でも受ける印象は変わってくる。単に寒くなったから燗を付けるということでは無く、香りや味にアクセントを求めて燗を付ける人もいる。この燗についても、酒造業界では温度帯で名称がつけてあり、日向燗、人肌燗、ぬる燗、上燗、熱燗、飛び切り燗、と名前が変わって行く。この温度も個人の好みで決めてもらえば良いだろう。寒い時期に燗酒を飲むと身体が暖まるので、冬場に燗酒を取り入れてみてはどうだろうか。また、冷酒や常温で飲む場合と、料理との相性が変わる場合もあるので、料理に合わせて日本酒の温度を変えて楽しむというのも和食に広がりをもたらすことになるかもしれない。

アルコールが飲めない人、アルコールに弱い人にとっては、日本酒に親しむ機会はあまり無いかもしれないが、和食を調理する際に日本酒を調味料として使うということはあるのではと思う。料理のレシピの中にも日本酒大さじ一、などと調味料として加える場合が結構出ている。日本酒には、アルコール以外にアミノ酸、ペプチド、有機酸などが含まれており、素材の臭みを取ったり、香りや旨味を加えたりするのに有効な場合がある。調味料として使用する場合は、吟醸酒よりも本醸造酒などの旨味成分を多く含んだタイプが価格的にも使いやすいのではないかと思われる。

## 4　米と和食

第Ⅰ部では「作る」が取り上げられ、本章は「酒と米」ということで、主に日本酒を中心軸にして、日本酒の主原料である米に焦点をおいて解説してきた。第Ⅱ部では「食べる」について展開されるのだが、日本酒の主原料でもあり、和食の中ではご飯にもなる「米」について、次の部のつなぎとして、本章の最後にまとめてみたい。和食のコース料理では、「ご飯」は一通り料理が出た後で、味噌汁、漬物と共に出てくることが多い。最後にご飯だけで味わうことになり、急にお米の味を意識することになる。また、普段の昼食や夕食では、ご飯とおかずがセットで登場するが、やはりお米の味について考えることが多い。要は、和食には美味しいお米が必要ということである。

## 米の食味について

米の食味を科学的に分析する方法には、官能試験と理化学試験がある。官能試験は食べて判定するため、個人の好みが出ないような工夫をしている。専門の検査官（トレーニングを受けた人）が実際に炊飯したお米を食べ、外観、味、香り、硬さ、粘りの五項目とその総合値で判定する食味官能検査が検査機関によって行われている。一方、栽培現場では食味計と呼ばれる計測器を用いて、玄米や白米中の澱粉や蛋白質などの食味関連成分の分析と、米粒の物性測定などを行い、食味計メーカーが作成した計算式に当てはめて食味値を算出している。近年、消費者の良食味米志向を受け、人が判定する官能検査と機器計測による食味値を関連付けて評価できないのかという要求が高まってきている。著者はこれまでに、米に含まれる蛋白質の科学的な分析を行い、米の蛋白質と食味との関連性を調査してきた（増村 二〇一〇）。

米に含まれる栄養成分のうち、澱粉に次いで多く含まれるのが蛋白質である。良食味だといわれる「コシヒカリ」や「つや姫」などの品種では玄米中に六～八パーセントの蛋白質が含まれている。米蛋白質の栄養価は、アミノ酸（蛋白質が分解されて生じる）バランスが良いと評価されている。また、米蛋白質の種類と含有量は、食味と関係が深く、食味計の食味値を算出するための重要なパラメーターになっている（増村二〇〇七）。食味計では、蛋白質含量が低いほど数値が良くなるため、栽培現場では肥料の管理により蛋白質含量が高くならないような指導がされ、蛋白質含量が食味を決める指標として一人歩きしていた。

筆者は、量だけでは無く質にも焦点を当てるべきだと考え、米粒中の蛋白質の種類と分布に着目し、分析および検討を行ってきた。保管されている米は乾燥しており、硬すぎるため顕微鏡観察に適した組織切片を作製するのが極めて困難だった。そこで、これまでの切片作製技術を見直し、米から組織切片を簡便に作製する凍結切片作製法を確立した。その方法を用い、米粒における蛋白質の分布を顕微鏡で観察可能にした。その結果、品種によってお米のタンパク質の分布が異なることが明らかになった。例えば、肥料条件を変えて育てた「コシヒカリ」について、タンパク質の成分を分析し、更にタンパク質の米粒内分布を調査し、米の美味しさと蛋白質の関係について考えることにした。

## 米蛋白質の組成について

玄米は、胚芽、糠層、胚乳（糠層の内側部分、白米と呼ばれる）から構成されている。米蛋白質にも名称が付けられており、水に溶解する蛋白質はアルブミン、塩溶液に溶解する蛋白質はグロブリン、アルコールに溶解する蛋白質はプロラミン、希酸または希アルカリに溶解する蛋白質はグルテリンと呼ばれている。米蛋白質の組成を分析するには、米を粉砕し、一定量の米粉末から蛋白質を抽出し、ドデシル硫酸ナトリウム・ポリアクリルアミドゲル電気泳動（ＳＤＳ－ＰＡＧＥ）法で分析すると、複数の蛋白質がバンド状に観察される（図３）。米の主な蛋白質は、グルテリンとプロラミンから構成される。グルテリンは、分子量が大きい順（図の上から順に）に、グルテリン前駆体、グルテリン酸性サブユニット、グルテリン塩基性サブユニットと呼ばれる。一方、プロラミンは、分子量が大きい順に十六キロダルトンプロラミン、十三キロダルトンプロラミン、十キロダルトンプロラミンと呼ばれる（ダルトンDaは質量の単位、図３参照）。「コシヒカリ」などの標準的なイネ品種では、グルテリンが六十〜六十五パーセント、プロラミンが二十〜二十五パーセント、アルブミンやグロブリンが十〜十五パーセントである。図３は、肥料の条件を三段階に変えて栽培した「コシヒカリ」の分析例を示している。施肥量は十アール当たりの窒素量として示した。この実験では、標肥条件は六キログラム／十アール、少肥条件は五キログラム／十アール、多肥条件は八キログラム

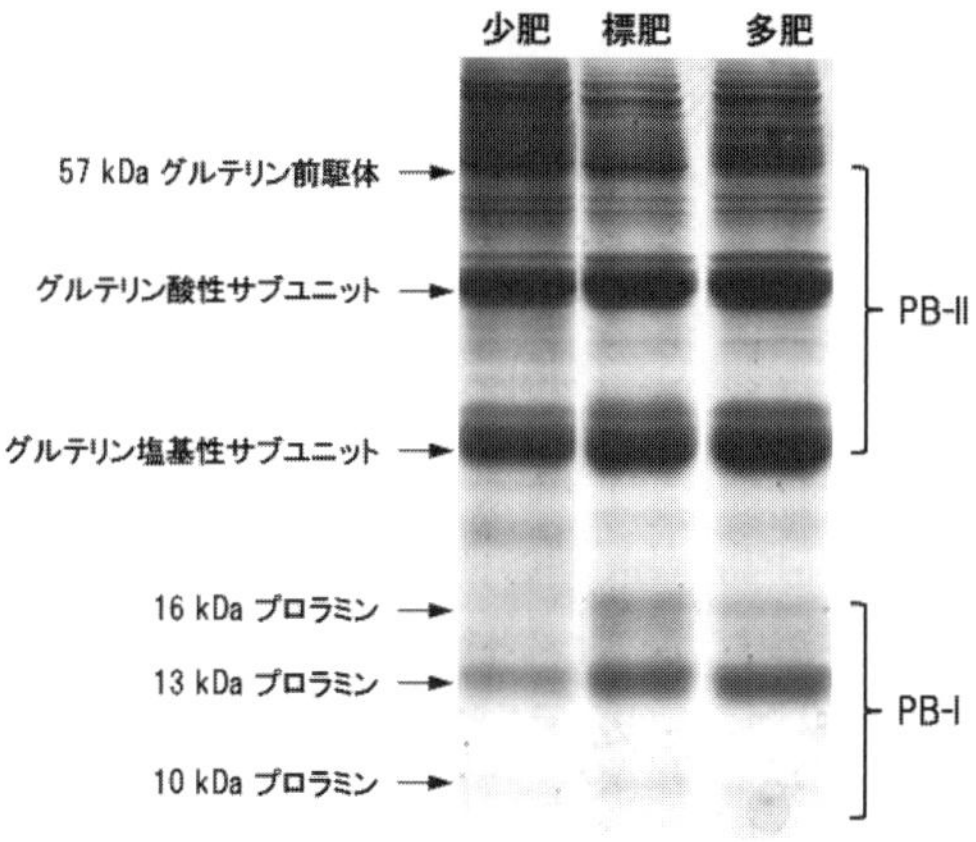


図３　米蛋白質の電気泳動像。米蛋白質を電気泳動により分析した。左側は、それぞれの貯蔵蛋白質に付けられている名称を示した。Daは質量の単位（炭素$^{12}$Cの質量の1/12）であり、ここでは分子量に対応する。標肥条件は6kg/10a、少肥条件は5kg/10a、多肥条件は8kg/10aとした。

／十アールとした。バンドの濃さを観察すると、施肥量を増やすと、米タンパク質全体も増加すると共に、グルテリン、プロラミンの個々のバンドも増大していた。この方法は量の変化を簡便に調査できるが、蛋白質の米粒内局在部位は判らなかった。

## 米粒中の蛋白質分布について

私は蛋白質が米の味と関係があるなら、米粒中の蛋白質分布を明らかにすれば、何の蛋白質が米の味と関係が深いかがわかるはずだと考えた。米は乾燥して硬いため、破損のない薄い切片を作製するのは極めて困難だった。筆者らは、骨などの硬い組織の切片作製用に開発された粘着フィルム法を改良し、免疫染色法に使える良好な切片作製法を確立した（齊藤二〇一一）。赤色蛍光色素を結合したプロラミン抗体を米切片上で反応し、蛍光顕微鏡で観察を行った（図4．A、C、E）。グルテリンについても同様に緑色蛍光色素を結合したグルテリン抗体を用いて観察を行った（図4．B、D、F）。その結果、米粒中のプロラミンとグルテリンの分布が明らかになった。

蛋白質を多く含む米は炊飯時の吸水性が下がり、炊飯後のご飯が硬くなり、粘りが低下する傾向があった。しかし、食味に強い影響を与えているのは、プロラミンかグルテリンかは判っていなかった。小肥・標肥で栽培した「コシヒカリ」では、プロラミンの蛍光シグナルは弱かった（A、C）が、多肥にすると米粒周辺部で増大した（E）。グルテリンも同様に、多肥にすると蛍光シグナルが増大した（F）。画像解析ソフトを用いて蛍光シグナルを数値化すると、米粒外周部におけるプロラミンの

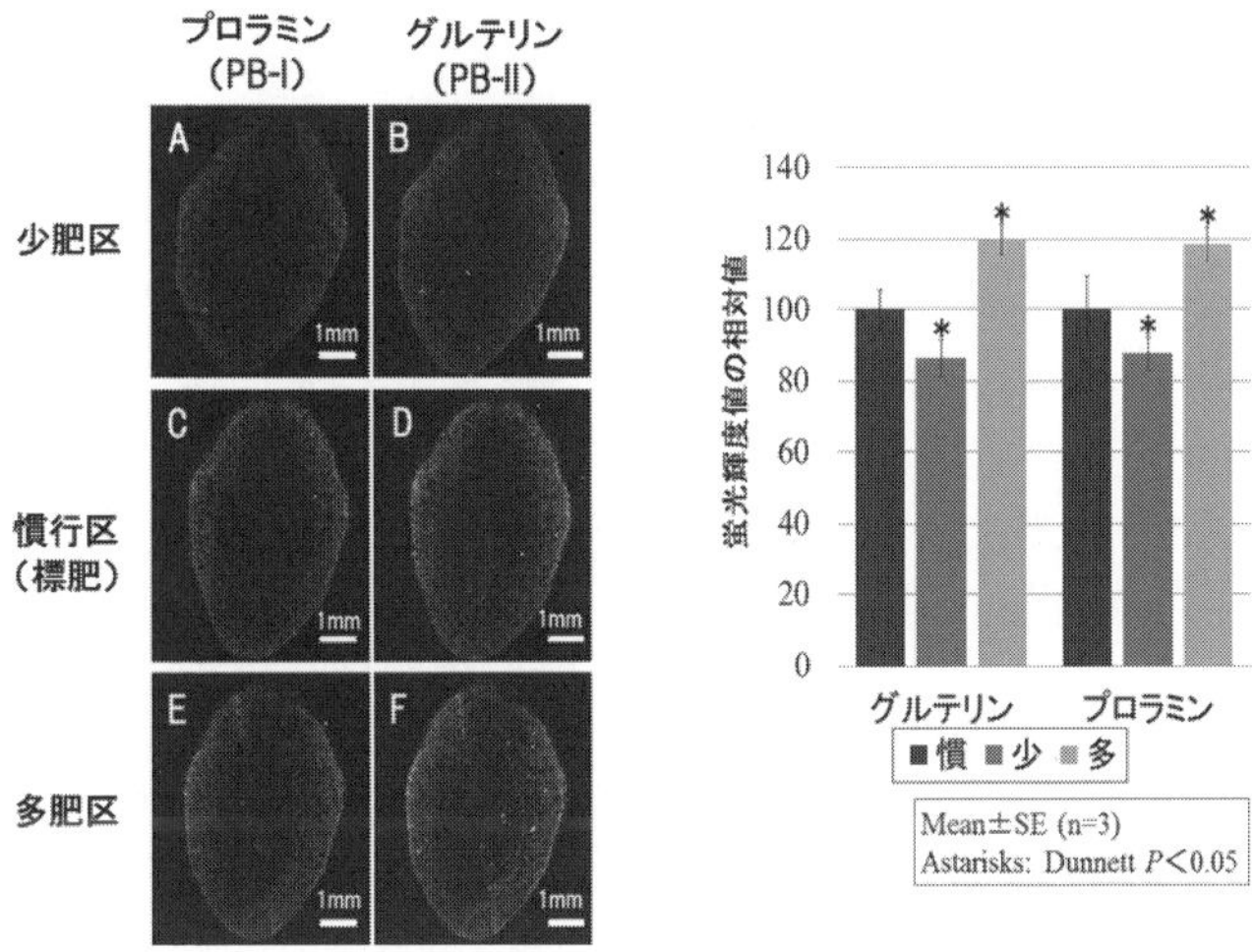


図４　米粒中のプロラミン、グルテリンの分布の観察像

肥料条件は図３と同様である。

左図：米切片に、赤色蛍光色素を結合したプロラミン抗体、緑色蛍光色素を結合したグルテリン抗体を用いて免疫染色法を行った。この図は白黒のため、蛍光シグナルは白色で表示されており、プロラミンとグルテリンの分布を示している。

右図：画像データから蛍光シグナルを数値化し、グラフ化した。慣行区（標肥）を 100 として、小肥区と多肥区を相対値で示している。多肥区では蛋白質が増加していることが判る。

分布の偏りが、グルテリンよりも大きいことがわかった。

## まとめ

これまでの知見を総合すると、米の食味が低下する主な原因は、アルコール可溶性で水を嫌う性質のプロラミンが米粒の外周部を取り囲むことで、米の吸水性を低下させ、その結果、硬さが増加し、澱粉同士の粘着を妨げることで炊飯米の粘りが低下すると考察した。今後の研究の進展により、蛋白質と米の味との関係がより明確になることが期待される。

【参考文献】

齊藤雄飛・増村威宏（二〇一一）「バイオテクノロジーシリーズ」植田充美（監修）『食のバイオ計測の最前線―機能解析と安全・安心の計測を目指して―』CMC出版、三一一―三一五頁。
増村威宏・齊藤雄飛（二〇一〇）「米の外観品質・食味研究の最前線〔3〕―米の食味に関与する貯蔵タンパク質の米粒内分布の解析―」『農業および園芸』八五、一二三五―一二三九頁。
増村威宏・田中國介（二〇〇七）「コメの品質、食味向上のための窒素管理技術〔3〕―イネ種子タンパク質の合成・集積と米粒内分布に関する分子機構」『農業および園芸』八二、四三―四八頁。

# 5章　「食」と出版文化—近世前期における文芸と料理書を中心に—

藤原　英城

## 1　商業出版の幕開け

都《みやこ》の錦《にしき》作の浮世草子『元禄大平記』（元禄一五年〈一七〇二〉三月刊）は元禄期（一六八八～一七〇四）の出版界の内情を暴露的に著した作品として知られるが、当時の本屋（通常、近世における本屋は出版と小売り業を兼ねる）の様子を次のように記す。

京都の本屋七十二間《けん》は中古よりさだまりたる歴々の書林。孔門七十二賢にかたどり、其中に、林、村上、野田、山本、八尾、風月《ふうげつ》、秋田、上村《うへ》、中野、武村、此十間を十哲と名付て、もつぱら世上にかくれなく、いづれもすぐれし人々なり。（巻六—三）

（京都の本屋七十二軒はやや昔から創業の代々の本屋。孔子の門下で例えれば、優れた七十二名の弟子に相当するが、その中でも林和泉掾、村上勘兵衛、野田庄右衛門、山本長兵衛、八尾助左衛門〈勘兵衛・甚四郎〉、風月庄左衛門、秋田屋平左衛門、上村次郎右衛門、中野市右衛門、武村市兵衛の十軒を十哲と名付て、世間では知らない者もなく、いずれも秀でた人たちである。）

右によると、元禄期にはおよそ一〇〇店ほどの本屋が京都で営業していたことが窺えるが、その中でも特に十哲と称される本屋に言及される。十哲は慶長期（一五九六～一六一五）の末頃から、遅くとも寛永期（一六二四～四四）には創業していたことが推測される老舗であり、元禄期の出版界の隆盛は寛永期にその源流があるとの認識が示されている。寛永期になり、それまで行われていた木活字を使用した活字印刷から、大量印刷が可能な版木を使用する整版印刷へと印刷法が変化し、本格的な商業出版が確立することになる。

## 2　『料理物語』の誕生

歌学書では寛永一五年八月に『三部抄之抄』が十哲の一人風月宗智（庄左衛門）から出版され、寛永一九年一〇月には版元不明ながら『和歌秘々鈔』が刊行される。「三部抄」（藤原定家の歌書とされた「詠歌大概・秀歌之体大略」「百人一首」「未来記・雨中吟」の三部、計五書のこと）の伝授は堂上《どうじょう》（公家）方の秘伝であったが、その注釈書である『三部抄之抄』や歌学の秘伝書が次に述べる『料理物語』とほぼ同時期に公刊されていることは注目される。特に『和歌秘々鈔』は秘伝をうたう現存最古の出版歌学書であり、その刊行は伝統的な歌学の世界において、秘伝に対する地下《じげ》（民間）の需要が見込まれていたことを示唆する。

そうした中で、寛永二〇年一二月に『料理物語』（一巻一冊）が整版印刷（彫刻された版木を原版とした印刷）で出版される（慶長版が存在した可能性も指摘されるが、未詳）。『料理物語』の作者・版元は不明ながら、刊行された最初の料理書であり、近世における出版料理文化の幕開けを飾る作品であった。『料理物語』の内題《ないだい》は「料理物語」であるが、原題簽《げんだいせん》（外題《げだい》）は「料理秘伝鈔」であったとされる。寛永後半期において、出版界では「秘伝」がその内容の真偽はともかく、ある種の商品性を獲得していたことが窺えよう。

『料理物語』は「料理秘伝鈔」と題されるものの、その内容は中世以来の特定の庖丁流派の秘伝を誇示・公開したようなものではなく、むしろ流派にとらわれない自由な立場から日常の実用的な料理知識を提供する。ただし、記事の一部には後述する慶安四年（一六五一）正月刊『万聞書《よろずききがき》秘伝』と重なるもの（「ゆべしのこしらへやうの事」〔「二十　万聞書之部」〕）が見られ、『料理物語』には何かしらの秘伝に類するものが含まれていることも想像されるが、流派の特定や何が「秘伝」なのかは判然としない。

しかし、『料理物語』を商品として見た場合、表紙に貼付される題簽は改題が容易なため、当時の商業出版においては商売上の便法として、内題と相違するキャッチーな外題に付け替えることは珍しくない。そうした事情は次に記す『料理物語』跋文の一部からも見て取れよう。

右料理之一巻は包丁きりかたの式法によらず、唯人之作次第の物なれば、さしてさだまりたる事はなく候へども、先いにしへより聞つたへし事、けふまで人の物かたりをとむるにより、料理物語と名付け侍る歟。……いまきこゆるものあるも、このむまじきは残しをく。又うるはしきを失念も有なむ。只あらましごと、春のながめ旅の空、つれづれのあまり筆にまかせ侍りき。しかあれども、予はくはしくしらず。存知之旁《かたがた》に口伝を相尋らるべき者也。於武州狭山書之。

（この料理書一巻は庖丁流派の切り方の式法によらず、ただ普通の人が作るにまかせて記した物なので、これといった決まり事はありませんが、昔より聞き伝えられた事や今日まで人が物語っている事を書き留めたので、ともかくも『料理物語』と名付けましょうか。……今世間で評判の料理もあるが、望ましくないものは記載していない。また、由緒正しい料理を書き洩らしていることもあろう。ただ概略ばかりを、春の眺めの旅の空の下で、退屈にまかせて書きました。けれども私は料理のことを詳しくは知らない。詳しく知りたい方はよくご存じの方々へ口伝をお尋ね下さい。武蔵国狭山にて、これを書く。）

傍線部より、本書は『料理物語』として当初から企画されていたことが窺えるが、本書には右とほぼ同文の跋文を有し、「寛永十三年二月五日」の識語《しきご》が記される写本の存在が知られている。版本の刊記は「寛永二十癸未歴極月吉日（寛永二〇年一二月吉日）」であるが、波線部に見られるように、跋文が記された時期としては春二月（旧暦では正月から三月までが春）とする写本の日付がふさわしい。また写本には版本にある「於武州狭山書之」の記載もない。

現存の写本は原本ではなく転写本ではあるが、こうしたことから寛永一三〜二〇年の間に草稿（原本）から版本への編集・製作が行われたことが推測される。慶長版『料理物語』の刊否は不明ながら、もし刊行されていたとすると、現存写本は慶長版を写した刊写本（版本を写した写本）であり、その識語も単に転写の日付を示すだけのものである可能性も否定できない。写本と版本の本文に少なからぬ異同が見られることも、慶長版と寛永版との相違に起因する現象かもしれないが、慶長版が確認できない現状においては未詳とせざるを得ない。ただし、慶長版が古活字版であった場合は言うまでもないことながら、たとえそれが整版で出版されていたにせよ、寛永版は慶長版の板木をそのまま使用した後印本《こういんぼん》ではなく、新たに開版《かいはん》（版木を彫刻して印刷すること）されたものであることはまず疑えないところであろう。

## 3　庖丁流派の秘伝書

『料理物語』が刊行された頃、伝統的な庖丁流派では脈々と秘事伝授がなされていたことが『式正包丁料理切形秘伝抄』（八巻九冊）によって知られる[1]。

本書は無刊記（刊行年月や版元名、住所等の刊記を欠く）本であり、正確な刊行年月・版元は不明ながら、万治二年（一六五九）以前の刊行と推測されている。その『三十六之鯉　秘伝』の巻末には「已上三十六の鯉なり。右四条家之秘伝不可有他言者也。（以上、三十六の鯉である。これは四条家の秘伝であり、他言してはいけない。）」の文言に続き、薗部新兵衛尉を始めとする五名の相伝者名が記され、最後に「寛永十九年　午ノ五月廿一日　中村十右衛門殿」との日付・宛名が付せられる。この識語は庖丁流派四条家園部流の秘伝が寛永一九年五月二一日に中村十右衛門に相伝されたことを示す。同様の識語は他の巻にも確認できることから、本書は園部流の秘伝が公刊されたものと見てよさそうである。寛永期末には流派にとらわれない『料理物語』が刊行される一方で、庖丁流派の秘事伝授がなされていたことは好対照ではあるが、大部な本書が「秘伝」をうたい、公刊されていることは、「秘伝」の商品化がますます顕在化してきたことを示そう。

## 4 「雅」から「俗」へ――『仁勢物語』の登場――

そうした趨勢の中、『仁勢《にせ》物語』が刊行される。本書は作者未詳の無刊記本であり、刊行年月・版元は不明ながら、寛永一五～一七年頃に成立し、寛永末年頃に出版されたことが推測されている。『仁勢物語』はその書名からも窺えるように、『伊勢物語』のパロディーであり、『伊勢物語』の「雅」を徹底的に「俗」化した作品であるが、そうした「雅」から「俗」への契機として「食」が多用されていることに特徴がある。次にその一八段を挙げておく。

をかし、なまなりを漬けける女ありけり。男近う有りけり。女、歌詠む人なりければ、心見《み》にとて、菊の花の美しきを敷きて、男のもとへ遣《や》る。

なまなりの鮨《すし》をば五つ白菊の枝になりつつぶらめくと見ゆ

男、知らず詠みに詠みける。

腐りつつ臭ふがうへのなまなりは呉《く》れける人の物《もの》の香《か》と見ゆ

（滑稽なことに、なまなりを漬けた女がいた。ある男が近くに住んでいた。女は歌を詠む人だったので、男の気持ちを試そうと思って、菊の花の美しいのをなまなりの下に敷いて、男のところへ歌を添えて贈る。

なまなりの鮨を五つ贈ります。その鮨は白菊の枝に実った〈男性器の〉ようにぶらぶらと揺れて見えます。

男は女の歌の誘いの意味を理解したが、知らないふりをして歌を返した。

腐っている上に悪臭のするなまなりは、それを贈ってくれたあなたの何か〈女陰〉の匂いかと思われます。）

「なまなり」は『料理物語』の「第三 川魚之部」の「鮒《ふな》」にも料理名として記載されるが、十分に熟成していない熟鮨《なれずし》の状態のこととされる。熟鮨は発酵食品であり、独特の臭みを発するが、女はそれを男性器に見立てて盛り付けて男に贈り、男はその臭みを女陰の悪臭であると切り返す。『伊勢物語』の「雅」は嗅覚を刺激する「なまなり」の生活実感を伴いながら、性的な話題へと転化され、読者はたちまち卑近な「俗」の世界へ引き戻される。そうした日常生活のリアリティーを喚起する要素として、「食」とともに即物的な「性」が出版文芸の世界で前景化されるようにもなったと言えよう。『仁勢物語』は文学史上「仮名草子」に分類されるが、それに続く「浮世草子」の時代において、それらは欠くことのできない重要なモチーフとして成長することになるのである。

## 5 「憂世」から「浮世」へ――『浮世物語』の登場――

寛文五年（一六六五）前後の刊行とされる浅井了意作『浮世物語』は、中世の厭世的な「憂世《うきよ》」観から近世の現世肯定的な「浮世《うきよ》」観への転換を物語る作品として知られる。その巻頭の一章「浮世といふ事」には、その転換が次のように記される（便宜上、会話主をA・Bとして区別する）。

〔A〕「思ふ事かなはねばこそ、うき世なれといふ歌も侍り。よろづにつけて、こころにかなはず、ままにならねばこそ、浮世とはいふめれ。……我ながら身も心も我がままにならで、いな物なり。まして世の中の事、ひとつも我が気にかなふことなし。さればこそうき世なれ」といへば、〔B〕「いや、その義理ではない。世に住めば、なにはにつけて善《よ》し悪《あ》しを見聞く事、みな面白く、一寸さきは闇《やみ》なり。なんの糸瓜《へちま》の皮、思ひ置きは腹の病、当座〳〵にやらして、月・雪・花・紅葉《もみぢ》にうちむかひ、歌をうたひ酒のみ、浮きに浮いてなぐさみ、手前のすり切りも苦にならず、沈みいらぬこころだての、水に流るる瓢箪《へうたん》のごとくなる、これを浮世と名づくるなり」といへるを、それ者《しや》は聞きて、「誠にそれ〳〵」と感じけり。

（〔A〕『心に思う事が叶わないから、憂世〈苦しみに満ちたこの世〉なのだ』という歌もあります。何事につけて、心に叶わず、思い通りにならないからこそ、浮世〈憂世〉というのでしょう。……自分のものでありながら身も心も思い通りにならないのは、おかしなものです。まして世の中の事は、一つも自分の思いに適うことはありません。だからこそ憂世なのです」と言うと、〔B〕「いや、そういう意味ではない。この世に生きていれば、何かにつけて善悪さまざまなことを見聞する事は、すべて面白く、『一寸先は闇〈未来のことはわからない〉』と言われるように、将来のことなどは気にせず、くよくよ心配するのは身体に悪いので、その場その場で適当に対処して、月・雪・花・紅葉を相手に、歌を歌い酒を飲んで、浮かれに浮かれて心を楽しませ、無一文になることも苦にせず、沈み落ち込まない心意気で水に浮かび流れる瓢箪のように屈託なく生きること、これを浮世と名付けるのです。」と言うと、よく物の分かった人物が聞いて、「誠にその通り」と感心したのであった。）

図１　浮世物語　東京都立中央図書館特別文庫室所蔵

話者〔A〕の言う「うき世」は「浮世」とも表記されるが、それは自己の思いが叶わない苦しい「憂世」であり、それに反論する〔B〕の「うき世」が浮きに浮く「浮世」であることは明らかであろう。「浮世」には刹那的ではあるが、現世を貪欲に楽しもうとする人生観が端的に示されていると言ってよさそうである。当該の挿絵（図1）には歌（俗謡・演奏）や酒に興じる享楽的な男女の様子が描かれているが、当時流行の長煙管や一節切《ひとよぎり》の伴奏など、そこに表されるのはまさに近世的な「浮世」の姿であった。

## 6　ジャンルとしての「料理書」

『浮世物語』が世に出た寛文六年頃、現存最古の書籍《しょじゃく》目録『和漢書籍目録』（無刊記）が刊行される。「書籍目録」とは本屋の編纂による刊行書目録のことであるが、自他の版元の区別なく、当時の刊行書が広く収載されている。そうした目録の発行は、それが必要とされるほどに商品としての書籍が大量かつ多様に市場に浸透してきたことを物語る。本書は部類分け目録で、次に挙げる二二の部門にジャンルが分類されている。

一、経
二、天台并当宗
三、法相
四、律宗
五、倶舎
六、真言
七、禅　洞家・済家
八、浄土并一向
九、外典
十、詩并聯句
十一、字集
十二、神書
十三、暦書
十四、軍書
十五、医書
十六、歌書
十七、和書并仮名類
十八、連歌
十九、俳諧
二十、舞并草紙
廿一、往来物并手本
廿二、釣物并絵図

本書は書名と冊数のみが記されるシンプルな目録であったが、その「十七、和書并仮名類」には次のように料理書が掲載されている。

一冊　料理抄
一冊　同半切
九冊　同切方
一冊　庖丁抄

右の「料理抄」には「同半切」とも記され、書型の違う大・小二種類（小は大の「半切〈半分〉」の大きさ）が刊行されていたことが窺えるが、「料理抄」は先に紹介した『料理物語（料理秘伝鈔）』のことと思われ、事実『料理物語』には大本《おおぼん》とそれを半分にした大きさの中本《ちゅうぼん》の二種類の書型が知られる。また「同切方」も、その冊数などから『料理切形秘伝抄』のこととして間違いなく、「庖丁抄」は未詳ながら、慶安五年正月に刊行された林羅山著『庖丁書録』と推測される。それらの料理書は僅か四点に過ぎないが、先述した『浮世物語』（「五冊　うき世物語」として本書に掲載される）などの仮名草子類とともに同ジャンルに分類されていることは興味深い。

『和漢書籍目録』に次いで寛文一〇年に刊行された『増補書籍目録』（江戸・西村又右衛門、京・西村又左衛門版）は部門も三六に増加し、ジャンルがさらに細分化されるが、本書において初めて料理書が「躾《しつけ》方附料理書」として立項される（図2・3）。

躾方附料理書
一冊　初学文章　　一冊　料理書　大本・小本
五冊　同増補　　九冊　同切形　高橋五左衛門作

一冊　初学文章
五冊　同増補
七冊　諸礼集　小笠原家ノ書
十七冊　大諸礼　同
七冊　簡礼集　碧雲道人桐子作
七冊　同増補
一冊　小笠原百ヶ条

図２　増補書籍目録　慶應義塾図書館所蔵

七冊　諸礼集　小笠原家ノ書
十七冊　大諸礼　同
七冊　簡礼集　碧雲道人桐子作
七冊　同増補

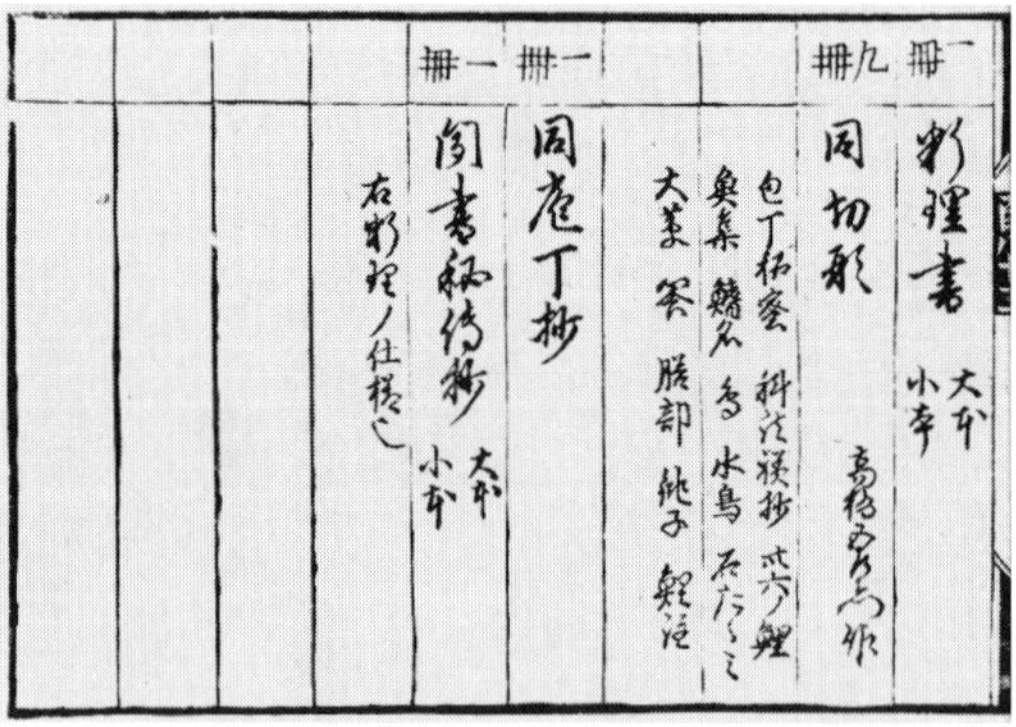
一冊　料理書　大本　小本
九冊　同切形
庖丁秘密・料法躾抄・卅六ノ鯉・魚集・鰭名・鳥・水鳥・石たゝみ・大草・饗・膳部・銚子・鯉注
一冊　同庖丁抄
一冊　同書秘伝抄　大本　小本

図３　増補書籍目録　慶應義塾図書館所蔵

庖丁秘密・料法躾抄・卅六ノ鯉・魚集・鰭名・鳥・水鳥・石たゝみ・大草・饗・膳部・銚子・鯉注
一冊　同包丁抄

一冊　聞書秘伝抄　大本・小本
　　右料理ノ仕様也
一冊　小笠原百ケ条
　　右何も躾方を記ス　書礼ノ次第

「料理書」「同切形」「同包丁抄」が先に見た『料理物語』『料理切形秘伝抄』『庖丁書録』であることは明らかであろうが、新たに追加された「聞書秘伝抄」は『万聞書秘伝』のことと見てよかろう。『万聞書秘伝』は慶安四年正月に大本で刊行されたが、内題は「万聞書秘伝」ながら、原題簽には「聞書秘伝抄」と記されており、承応元年（一六五二）一〇月には中本で異版が出されている。『料理物語』と同様、『万聞書秘伝』の書型にも大本・中本という大・小二種類のものが出版されていたのである。

『増補書籍目録』において『万聞書秘伝』は料理書に分類されているが、当該書は料理に特化したものではなく、後述するように染織や植栽など、家事一般について記された実技書であり、料理はその一部門として収載されているに過ぎない。しかし、先にも触れたように『万聞書秘伝』は『料理物語』の「二十、万聞書之部」と重なる記事も見られ、『料理物語』を補う料理書としての要素は十分に備えていると言えよう。

さらにジャンルとしての料理書が「躾方」の付録として誕生していることにも留意したい。『料理切形秘伝抄』には『料法躾抄』なる一冊が含まれていたが、その巻末には「四条家俎《まないた》板之名所」の図とともに、宛名を「小笠原刑部丞殿」とする伝授奥書が記される。『料法躾抄』と小笠原礼法、四条家との関係性についてはなお検討すべき課題が残されるものの、料理書は礼儀作法の一環としてようやく独り立ちすることになったと言えそうである。「料理書」が「躾方」からさらに独立して立項されるのは、貞享二年（一六八五）正月刊『広益書籍目録』(2)（西村市郎右衛門、他三店相合版〔共同出版〕）まで待たねばならなかった。

## 7　料理書における上方版と江戸版――『料理物語』から『料理献立集』へ――

『料理物語』には大本と中本の二種類があることは先に述べたが、江戸の書肆松会《まつえ》市郎兵衛から寛文四年（一六六四）七月に刊行された中本型において、菱川師宣風の挿絵が初めて施される。それは僅か半丁一図に過ぎなかったが、それまで挿絵のなかった『料理物語』にとっては画期的なことであった。師宣風の挿絵は、上方版（京・大坂での刊行書）と目されるそれまでの『料理物語』との差別化を図る江戸の地本屋（主として江戸出来の草紙類を製作・販売する本屋）松会の販売戦略でもあったが、それは上方出来の『料理物語』がある種の娯楽性と広域的な商品性を獲得したことを示唆する。寛文期以降、絵師菱川師宣は時代の寵児として江戸の出版界をリードすることになるのである。

『増補書籍目録』において「躾方」の付録ながらも「料理書」がジャンルとして認識されつつあった寛文一〇年頃、献立集としては現存最古の刊行書『料理献立集』が出版される。本書には寛文一〇年版があったとされるが、現在確認できるのは寛文一一年九月刊の上方版（版元未詳、二巻二冊）が最も古く、同一二年四月刊の江戸版（松会版）がそれに次ぐ。この二種は別版ながら、それぞれに次のような挿絵が施されている（丁付の順に私にイ・ロ・ハ……を付して区別する）。

上方版（図4）

（イ）魚・鳥を調理する料理人〔見開き〕

（ロ）婚礼〔見開き〕

江戸版（図5）

（ホ）魚・鳥を調理する料理人〔見開き〕

（ヘ）婚礼〔見開き〕

図4　料理献立集　上方版（イ）　京都府立京都学・歴彩館京の記憶アーカイブから

図5　料理献立集　江戸版（ホ）　西尾市岩瀬文庫所蔵

（ト）本膳〔半丁〕
（チ）菓子膳〔半丁〕
（リ）献立師や配膳する小姓など〔見開き〕
（ハ）本膳〔半丁〕
（ニ）菓子膳〔半丁〕

上方版の挿絵は上方を代表する絵師吉田半兵衛風で統一されているが、江戸版（ヘ）（ト）（チ）は上方版（ロ）（ハ）（ニ）を踏襲するものの、（ホ）（リ）は江戸を代表する絵師菱川師宣風の挿絵への差し替え、増補がなされている。すなわち江戸版には吉田半兵衛風挿絵と菱川師宣風挿絵が混在しており、そのことは江戸版の出自が上方版であることを示すと同時に、師宣の挿絵が『料理物語』同様、江戸版特有の商品性を獲得していたことを物語る。

『料理献立集』には寛文一〇年版があったとされることは先に述べたが、同年九月に『料理秘伝抄』(伊兵衛版)[3]なる書が刊行される。『料理秘伝抄』は『料理物語』の原題簽外題『料理秘伝鈔』と同じではあるが（「抄」と「鈔」は通用）、その後印本ではなく別書である。しかし、その内容は『料理献立集』の「祝言引渡之次第」と吉田半兵衛風の婚礼（ロ）・本膳（ハ）・菓子膳（ニ）の挿絵を巻頭に転用し、さらに『料理物語』から「第一　生だれだしの部」以下一一の項目を抜粋・再編集したものであった。そうした内容からすれば、この『料理秘伝抄』はほぼ『料理物語』のダイジェスト版とも言え、『料理物語』の原題簽外題を踏襲することにも一理はありそうではあるが、そこに『料理献立集』からの転用があったことは見逃せない。寛文一〇年版以前にも『料理献立集』が刊行されていた可能性は否定できないが[4]、遅くとも寛文期後半において、『料理献立集』が『料理物語』と並ぶ商品性を獲得していたことが窺えよう。

さらにそうした献立に関する関心は、延宝期（一六七三〜八一）においても引き継がれることになる。延宝二年頃刊行の『増続書籍目録』（西村市郎右〔衛〕門版）には前掲の寛文一〇年刊『増補書籍目録』に掲載されていた料理書四点に加え、新たに次の二書が追加される。

二 料理献立集

七 同増補

これによると、『料理献立集』の増補版が七巻仕立てで刊行されていたことが窺えるが、『料理献立集』の増補を銘打つような書物は現在確認できない。しかし、当該書は寛文九〜延宝二年の刊行と推測される『古今料理集』（版元未詳、七巻八冊）を示すものとしてよさそうである。

『古今料理集』は献立に特化したものではなく、実用的な料理知識を広く収載した百科全書的料理書として知られる。本書は延宝二年五月に出版された改竄《かいざん》本『江戸料理集』（鈴木太兵衛版、六巻六冊）が広く流布したが、両書いずれにおいても「四季献立」の一巻が収録される。『増続書籍目録』に『料理献立集』の増補版として掲載された背景には、「献立」へのニーズを意識した書肆の思惑が予想されるが、『古今料理集』では巻之四に配されていた「四季献立」が、広く行われた『江戸料理集』では巻之一に改編され、全篇の巻頭に位置していることも記憶されてよかろう。

## 8　料理書と重宝記

都の錦は先に見た『元禄大平記』において、京と大坂の本屋の会話を通じて元禄期の出版界の状況を次のように述べる。

京本屋「……当世はたゞかたひ書物をとり置いて、あきなひの勝手には、好色本か重宝記の類《たぐひ》が増《まし》じや」といへば、大坂本屋「仰《をしや》ればそふじや。すでに大坂におゐて、家内重宝記《かないてうほうき》が出来《でけ》はじめしより此かた、其類《るい》棟木にみち牛に汗するほどあり。……」

（京本屋「……今の時代は内容の難しそうな本は始末して、商売の上では、好色本か重宝記のようなものがよいのじゃ」と言うと、大坂本屋「仰る通りじゃ。すでに大坂では、『家内重宝記』が出版されて以来、そのような重宝記類が世に溢れるほどある。……」）

元禄期において、好色本と重宝記というジャンルが業界にとってのドル箱商品であったことが窺えるが、天和二年（一六八二）に西鶴が浮世草子の嚆矢《こうし》とされる好色本『好色一代男』を世に送り出したその前年、『男女日用重宝記』（京・水田甚左衛門版）が刊行され、重宝記というジャンルも事実上誕生する[5]。上記のタイトルに「日用」が特記されるように、重宝記とは日常生活に資する豆知識を提供する通俗的な百科事典類のことである。都の錦によると『家内重宝記』の出版が重宝記の画期と見なされているようであるが、当該書は元禄二年（一六八九）二月に西鶴本の出版でも知られる大坂の書肆森田庄太郎から刊行されている。

『家内重宝記』はその名が示す通り、家庭生活上必要と思われる簡便な知識が収録されているが、「料理のこん立」が初めて重宝記に立項されていることが注目される。目録の当該箇所を次に記す（私に漢数字を付す）。

（一）正月より十二月迄毎月汁のこん立いろ〳〵
（二）精進正月より十二月迄毎月なますのこん立いろ〳〵
（三）精進正月より十二月までにものこん立いろ〳〵
（四）精進毎月さしみのこん立いろ〳〵
（五）毎月あへ物こん立いろ〳〵
（六）あへまぜ
（七）すあへ
（八）すひもの
（九）さかなのるい
（一〇）たびみそ
（一一）ゆべしの仕やう
（一二）いりさんせうの仕やう

右の（一）〜（九）が献立に関する記事（一五丁半、三一ページ）であり、（一〇）〜（一二）にわずかながら三品のレシピが記載（二丁、二ページ）されている。献立とレシピの記述量の差は、料理についての庶民的関心事がどこにあったかが窺われて興味深いが、これらの記事はすべて先行する料理書からの転用であった。管見の限りでは、（一）〜（九）は『料理献立集』、（一〇）〜（一二）は『万聞書秘伝』からの抜粋としてよさそうである。

先にも述べたように慶安四年正月に刊行された『万聞書秘伝』は料理書ではなく、家事全般の実技書として広く行われた。染物・しみ抜き・絹練りなどの衣類に関する事項や草木の植え方などとともに、料理は家事一般の一領域として立項される。家庭生活全般に関わる刊行実用書という意味では、『万聞書秘伝』は『家内重宝記』の先蹤と言えなくもないが、『家内重宝記』と比べてやや専門的な技術書としての色合いが強く、料理に関する記事はレシピが比較的豊富な反面、献立に関しては全く言及がない。『家内重宝記』が『料理献立集』を利用せざるを得なかった一因をそこに見出すこともできようが、同時に『料理献立集』それ自体の影響力を窺い知る一例ともなろう。

『家内重宝記』における右の事実は、献立に関するニーズが寛文期以降元禄期にかけて、日常生活上急速に人々に高まったことを示唆しようが、同時に日常的なレシピへの要求も拡大することになる。『家内重宝記』が刊行される一月前の元禄二年正月、『合類日用料理抄』（西村市郎右衛門、他二店相合版、五巻五冊）が出版される。本書は僅かに巻之五の一部に料理献立にページを割くものの、それ以外は全巻多種多様な料理法で占められており、日常的なレシピ百科と称すべき料理書であった。『古今料理集』が料理知識一般に関する百科事典であったとするなら、『合類日用料理抄』はその書名に「日用」が強調されているように、重宝記的な領域に接近した実用的レシピ百科事典と位置付けることができよう。元禄二年に時を同じくして、料理献立に比重を置く重宝記『家内重宝記』、料理法に重きを置く料理書『合類日用料理抄』がジャンルを異にしながらも相互補完的に誕生したことは注目すべきことであろうが、両書を結び付ける紐帯こそがまさに「日用」であった。(6)

## 9 おわりに

重宝記と時を同じくして誕生した浮世草子は、その名が示す通り「浮世」に根差した文芸であり、「食」は人々の日常を映すリアリズムの小道具、また一篇の趣向として数多く登場することになる。本稿においては詳しく言及できなかったが、浮世草子は誕生からおよそ一〇〇年間、ジャンルとしての命脈を保ち、文芸の世界においても「食」は特別なものとしてではなく、「日用」の、言わば普段使いのモチーフとなって定着して行くことになる。

そのことはエンターテインメントとしての文芸と実用としての料理書との境界に、ある種の流動化をもたらす一因となったことが想像できる。「料理書」が実用から大きく遊び・読み物へとシフトする「料理本」へと変貌するようになるのは、一八世紀の中頃、文化・経済の中心が上方から江戸へと移行する「文運東漸《ぶんうんとうぜん》」と称される時代のことであった。上方由来の出版料理文化は新たな段階を迎えることになるのである。

【注】

1 書名は後印本の題簽による。全八巻統一の書名『式正包丁料理切形秘伝抄』を有する後印本と相違して、初印本にはそのような全巻統一の書名はなく、八巻それぞれに個別の題簽（『包丁秘密　上・下』『料法躾抄』『三十六之鯉　秘伝』『魚集　鰭名』『鳥　水鳥』『石たゝみ　大草　饗』『膳部』『銚子　鯉注』）が貼付されるが、それらには「包丁秘密」や「三十六之鯉　秘伝」のように「秘密」や「秘伝」が明示されている。

2　西村市郎右衛門は早くから料理書に着目し、『合類日用料理抄』（元禄二年正月刊）や『料理網目調味抄』（享保一五年正月刊）などの注目すべき料理書を刊行している。

3　版元名は入木の可能性があり、同版の無版元本も存在する。また別版の貞享元年刊「平野町　本や五兵衛」版も確認できる。

4　寛文一〇年版『料理秘伝抄』には、先述の上方・江戸版『料理献立集』とは異なる「魚・鳥を調理する料理人」（イ・ホに相当）と「献立師や配膳する小姓など」（リに相当）の挿絵があり、現在未詳の寛文一〇年版もしくはそれ以前に刊行された別版『料理献立集』からの転用の可能性がある。

5　ただし、『男女日用重宝記』は承応元年版系『万聞書秘伝』と同一内容であり、その改題本と称すべきものである。

6　『家内重宝記』の「四　万病食物よしあしの事」は寛永一〇年九月刊『日用食性』（貞享元年八月に『増補日用食性』も刊行されている）「諸疾宜禁集　諸薬通用禁物」の転用でもあった。

【引用文献】（※は図版も含む）　引用に際しては、表記を適宜改めたところがある。

『和漢書籍目録』※『増補書籍目録』『増続書籍目録』（一九六二）『江戸時代書林出版書籍目録集成』一、井上書房。

『仁勢物語』（一九六五）『日本古典文学大系』九〇、岩波書店。

『料理物語』※『料理献立集』（一九七八）『翻刻江戸時代料理本集成』一、臨川書店。

『元禄太平記』（一九八九）『都の錦集』叢書江戸文庫六、国書刊行会。
※『浮世物語』（一九九九）『新編日本古典文学全集』六四、小学館。
『家内重宝記』（二〇〇四）『重宝記資料集成』一、臨川書店。
※『料理献立集』（京都府立京都学・歴彩館蔵、貴319）。

【参考文献】

吉井始子編（一九八一）『翻刻江戸時代料理本集成』別巻、臨川書店。

平野雅章編（一九八五）『日本料理秘伝集成』一、同朋舎。

原田信男（一九八九）『江戸の料理史』中公新書。

長友千代治（二〇〇五）『重宝記の調方記』臨川書店。

飯塚容子・國分暁子・吉井始子（一九七六）「萬聞書秘傳についての研究（その一）」『東京家政学院大学紀要』一六。

松下幸子・山下光雄・冨成邦彦・吉川誠次（一九八二）「古典料理の研究（八）」『千葉大学教育学部研究紀要』三一。

藤原英城（二〇一六）「二代目西村市郎右衛門の出版活動」『京都府立大学学術報告　人文』六八。

同（二〇二〇）『伊勢物語』から『料理物語』『仁勢物語』へ」母利司朗（編）『和食文芸入門』臨川書店。


【付記】本稿はＪＳＰＳ科研費１７Ｋ０２４５８による研究成果の一部である。

# コラム1　日本のなかの牧畜文化

諫早　直人

## パンとミルク

カタカナ英語であるパンとミルクを和食と思う人はまずいないだろうが、現代日本に住んでいて、それらを口にしたことのない人もまたほとんどいないだろう。好き嫌いこそあれ、パンとミルクが現代日本の食文化にしっかりと根付いていることに異論はあるまい。このパンとミルクの定着に、アメリカの援助によって始まった戦後の学校給食が一役買っていることは、よく知られた話である。もちろん両者はヨーロッパの食文化として、明治維新以降、その程度はさておき日本の食卓に並びはじめていたし、個々の出現時期はさらに遡っていくわけだが、ここで扱おうとしているのはそういった類の話ではない。

これから少し考えてみたいのは、いま述べたような欧米経由のパンとミルクの伝来の話ではない。およそ九〇〇〇年前、パンとミルクという欧米の食文化の基盤となる生業、すなわち農耕と牧畜が西アジアで生まれてから、ユーラシア大陸の東に向かって徐々に広まっていき、やがて日本列島に伝来するまでの話である。その長い東漸過程において、農耕や牧畜の中身は変容しつくしてしまったわけであるが、だからといってまったく伝わらなかったわけではない。やや前置きが長くなったが、それでは日本にまで伝わる過程を具体的にみていくことにしよう。

写真1　パンとミルク（尾崎作撮影）

## 農耕と牧畜のはじまり

そもそも「日本のなかの牧畜文化」というタイトルなのに、なぜパンが何度もでてくるのか、こう疑問に思われる方もいるかもしれない。実はパンの主たる材料であるコムギやオオムギといったムギ類の栽培化と、最初の牧畜動物であるヤギ・ヒツジの家畜化は、前者は前八千年紀、後者は前七千年紀に西アジアで相次いで始まったことが、植物学・動物学・考古学などの地道な研究の蓄積によって明らかとなっている。もちろんドメスティケーション（栽培化・家畜化）自体は地球上のいくつかの地域において多元的に展開したのであろうが、とりわけムギ類の栽培化とヤギ・ヒツジの家畜化に関しては西アジアではじまり、そこを起点として世界中に拡散していったとみてほぼ間違いないだろう（図1・2）。

ドメスティケーションについては、植物種や動物種ごとに個別のストーリーがあるけれども、人類が初期にそれを試みた動植物の多くは食用であった。ムギ類もヤギ・ヒツジもしかり。ムギ類の中でもコムギを食べるためには、鋭い芒《のぎ》や硬い外皮を除去する必要がある。私たちが頭に思い描くような

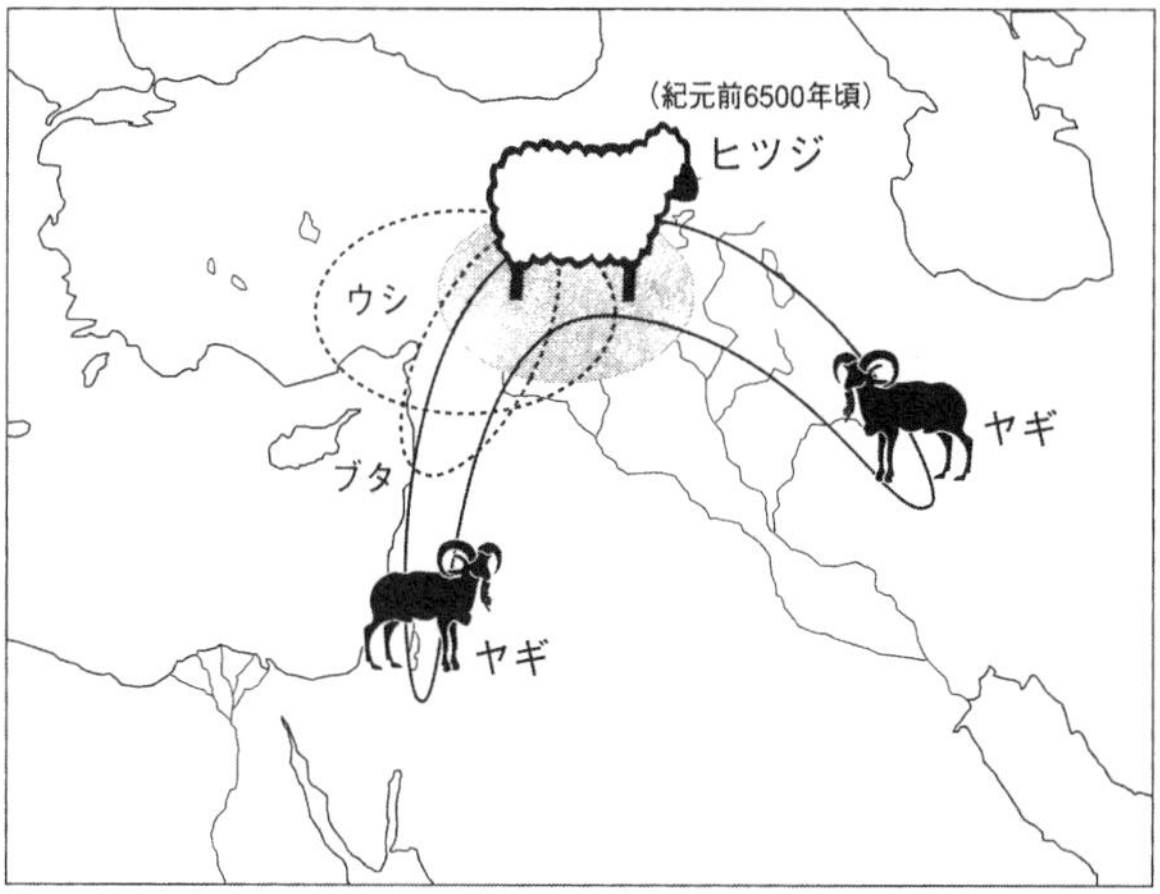


図１　ヤギ・ヒツジ・ウシ家畜化の先行地域（藤井純夫 2001、図 50）

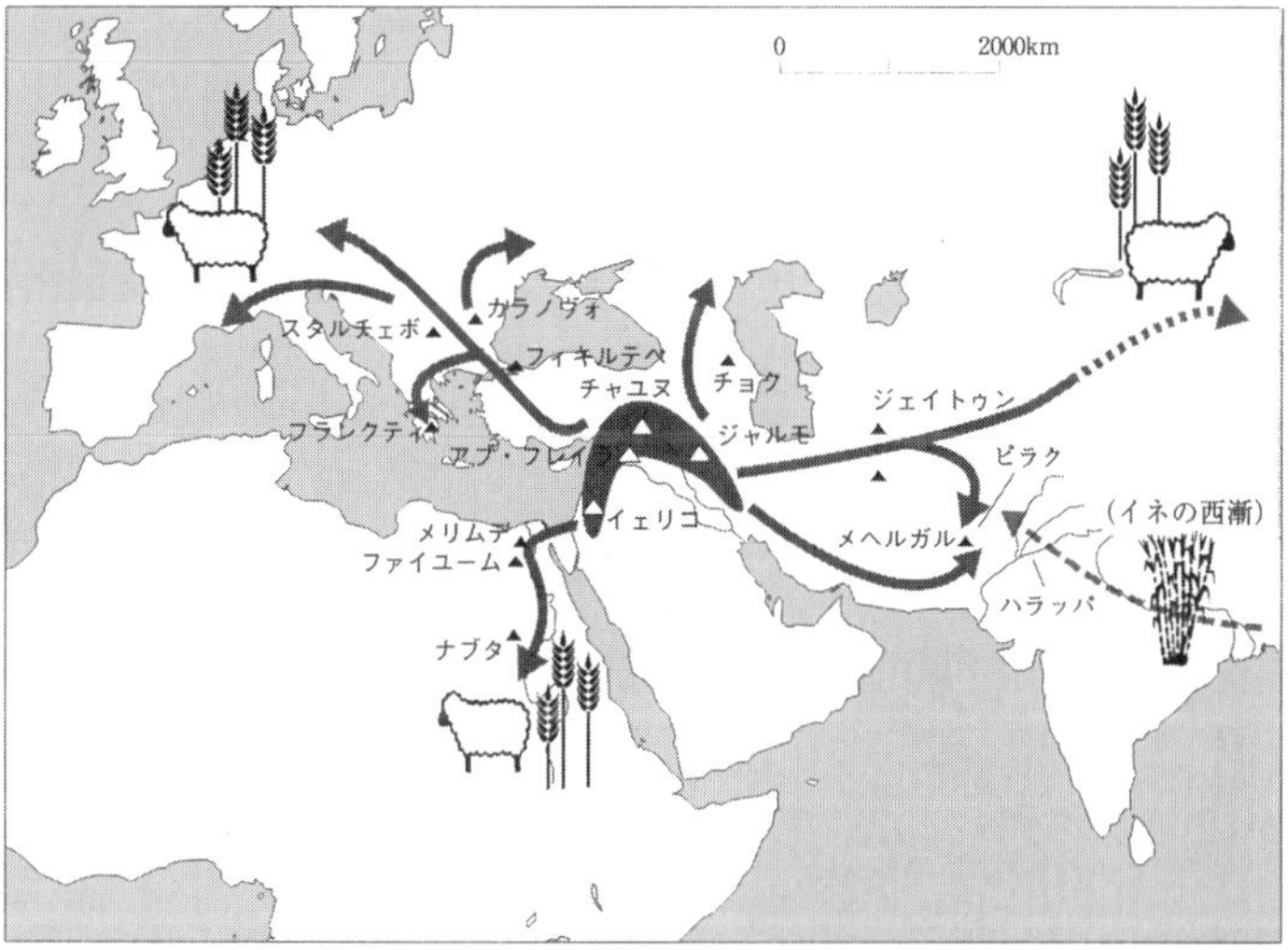


図２　ムギとヒツジの拡散（藤井純夫 2001、図 80）

ふっくらとした（発酵した）パンであったかはさておき、西アジアではムギ類の栽培化直前、野生種の食用が始まった初期の段階から、コムギを粉にして焼いて食べていたであろうことが、製粉具（石臼）の出現などから推測されている。ヤギ・ヒツジの肉は、それまで狩猟によって獲得していたガゼルなどの野生動物にかわる貴重なタンパク源となったに違いない。糖質（炭水化物）やタンパク質、脂質といった生存に不可欠な栄養素を狩猟・採集、すなわち自然環境に大きく依存することなく、ヒトが管理し、生産する。これが農耕・牧畜の基本である。定住を促し、都市形成や文明誕生の呼び水となる農耕・牧畜の開始は、西アジアに限らず人類史上における大きな画期と考えられている。

食とのかかわりでいえば、ミルクの利用（バターやチーズなどの乳製品も含む）も重要だ。肉は一度食べてしまえばおしまいだが、ミルクは家畜を適切に飼養することによって継続的な利用が可能である。おまけに栄養価も高い。動物のミルクの利用開始時期をめぐっては、証拠が残りにくいこともあり、まだ一致した見解はないが、少なくとも野生動物からの搾乳は考えがたい。すなわちその上限は家畜化後であり、近年ではヤギ・ヒツジの家畜化とほとんど時間差なく始まった可能性も指摘されている。ミルクの利用自体はウシやウマなど他の動物にも認められるけれども、それらはいずれもヤギ・ヒツジに遅れて西アジアやその周辺で家畜化された動物たちである。文化人類学の知見もふまえれば、ミルクの利用が西アジア起源の家畜飼養に特有の伝統であることは動かないだろう。

## 「ムギとミルクのパッケージ」

本書の編者のひとり、佐藤洋一郎氏の言葉である。今日、世界の主要な食文化の一つとなっている「ムギとミルクのパッケージ」が、約九〇〇〇年前の西アジアに起源することをここまでみてきた。この食のパッケージがどこまで遡るかはミルク利用の開始が明らかでない現状では不問とせざるを得ないが、少なくとも西アジアにおいてはムギ類やマメ類を中心とする農耕の開始と、ヤギ・ヒツジなどの牧畜の出現は一連のプロセスとして捉えられ、その後も相互補完的な関係にあり続けた。この地で現代まで脈々と受け継がれてきた両者の強固なセット関係やそれによって形成された食文化が、世界中の様々な地域に変容しながらも根付いていった過程を詳述する紙幅はないけれども、いま私たちの頭に真っ先に思い浮かぶのは、残念ながら西アジアの食文化ではなく、それらをパッケージのまま受容し、洗練させた欧米の食文化であろう。現代日本の「パンとミルク」は、この延長線上にある。

ムギ農耕や牧畜は東方にも波及している。たとえば西アジアとほぼ同時期に農耕が始まった中国では、前三千年紀には確実にムギ類やヒツジが出現している。畠作物であるムギ類は温暖湿潤な長江流域でイネにとってかわることはなかったものの、冷涼で乾燥した黄河流域ではやがてアワ・キビといった在来の穀物をおしのけて、主たる農作物となっていく。その出現時期や野生種の生息範囲からみて、これらは中国で独自に栽培化、家畜化されたものではなく、前漢代の「張騫鑿空《ちょうけんさくくう》」よりもはるか昔に西方から波及した外来の動植物である。

元来同根であるはずの西アジアや欧米とまったくの無関係に思えてしまうほどに違いがあるとすれ

ば、やはり食文化だろう。たとえば中国ではムギ出現当初から粉にしたものを焼いてパンにすることは普及せず、煮たり、蒸して食べたと考えられている。中国で先行して栽培化されていたアワ・キビやコメにみられる調理方法である。ブタやニワトリを先行して家畜化していたので肉はもちろん食べるが、ミルクを積極的に利用した形跡は牧畜受容後も希薄である。日本の食卓に並ぶ中華料理の代表的な主食といえばチャーハンとラーメンなどの麺類であろうか。これに中国では主食としての地位を占める饅頭や餃子を加えてみると、西方由来のムギ類が現代中国の伝統的な食文化の基層を構成していることがよくわかる。中国で六畜といえばウマ、ウシ、ヒツジ、ブタ、イヌ、ニワトリのことであるが、殷周代の中国では大量のウシ、ヒツジ、ブタの肉が王朝の祭祀儀礼で消費されたという。馬車とともにもたらされたウマも含めると、半数は西方由来の家畜である。そしてこの中国で大きく変容したムギ農耕と牧畜に由来する食文化が、ついに海を越えて日本にまで到達することとなる。

## 日本への渡来

近年、日本列島の植物栽培の歴史は、土器圧痕レプリカ法によって大きく塗り替えられつつある。栽培の規模や生業全体に占める割合、栽培植物の種類、栽培化の過程などの吟味はこれからだが、かつて懐疑的な見解が大勢を占めていた「縄文農耕」は、確かに存在する。ただし、縄文時代にムギ類がもたらされた形跡は今のところみいだせない（表1）。ユーラシア大陸の東の端に位置し、日本列島に最も近い朝鮮半島において前二千年紀後半、青銅器時代早期にはムギ類がイネやアワ・キビなど

表1　縄文時代の栽培食物の原産地と渡来時期（小畑弘己2016、表2をもとに筆者作成）

| 栽培植物 | 原産地 | 栽培化時期 | 日本列島での出現時期と地域 |
|---|---|---|---|
| ヒエ | 日本 | 8000年前 | 縄文早期（北海道・東北北部） |
| アサ | 中央アジア | 10000年前 | 縄文早期（関東） |
| ヒョウタン | アフリカ | 16000年以上前 | 縄文早期（北陸） |
| ゴボウ | 中国 | ？ | 縄文前期（北陸・東北） |
| アブラナ科 | 東北アジア | ？ | 縄文草創期（北陸） |
| シソ属 | 中国・インド | 8000年前 | 縄文早期（北陸・中部） |
| アズキ | 日本・中国 | 7000年前 | 縄文前期（中部・西関東） |
| ダイズ | 日本・中国 | 7000年前 | 縄文前期（中部・西関東） |
| イネ | 中国南部 | 10000年前 | 縄文晩期末（九州・中国） |
| アワ | 中国北部 | 8000年前 | 縄文晩期末（九州） |
| キビ | 中国北部 | 8000年前 | 縄文晩期末（近畿・東北） |
| オオムギ | 南西アジア | 10000年前 | 弥生早期（北部九州） |
| コムギ | 南西アジア | 10000年前 | 弥生前期（北部九州） |

とともに出現していることは、日本列島への伝来の上限年代を考える上で参考になるだろう。出土資料からは弥生時代前半からムギ類が散発的に渡来していた様子がうかがえるが、その本格的な普及は後五世紀以降、古墳時代中期にまで下る。

ムギ類普及の画期となる可能性がある後五世紀は、朝鮮半島から日本列島に大量の人びとが移住し、高度な鉄器加工技術や須恵器に代表される窯業《ようぎょう》技術、土木技術といった新しい技術が伝えられた技術革新の世紀である。大型家畜動物であるウマやウシが本格的に渡来する時期でもあり、ムギ類はそれらの飼料として広まった可能性も指摘されている。資料の断片的なウシはひとまずおくとして、少なくともウマに関しては古墳時代の間に、北海道と琉球列島を除く日本列島の広範な地域にまたたくまに定着していった。この時期に牧畜や乗馬の風習が、時の権力者の明確な政治的意図のもとに導入されたことは、古墳に副葬された金銀の装飾馬具が雄弁に物語っている。しかし彼らウマ・ウシは江戸時代に至るまで、ほぼ一貫して騎乗や駄載《ださい》、牽引《けんいん》、農耕などの労役に用いられた役畜《えきちく》であり、大陸にみられるようなミルクや肉の利用を主目的とする牧畜が日本列島に根付くのは明治時代を待たねばならなかった。

## 日本のなかの牧畜文化

西アジアに起源する「ムギとミルクのパッケージ」は、中国に定着する過程で、ミルク利用が欠落し、ムギ類の調理方法も大きくアレンジされた。日本列島にはこの中国で変容した食文化がムギ類や、家畜動物とともに弥生時代以降、波状的に伝わり、一部は定着する。広大な放牧地を必要とすることもあって、近世以前の日本ではミルクや肉の利用を主目的とする牧畜が根付くことはなかった。たしかに古代の日本にも牛乳や「蘇」などの乳製品が存在したが、それらは天皇や貴族といったごく限ら

①「牛乳煎人一口米七合五夕(勺)　受稲万呂」

②「牛乳持参人米七合五夕(勺)　受丙万呂　九月十五日」

③「近江国生蘇《そ》三合」

写真２　平城京から出土した牛乳関係木簡（奈良文化財研究所提供）
①・②：平城京左京三条二坊一・二・七・八坪長屋王邸
③：平城宮内裏北方官衙地区

れた人だけが口にすることのできる貴重な滋養薬であった（写真2）。

一方で、ムギ類についてはコメにとってかわることこそなかったものの、古墳時代以降、水田をつくれないような丘陵地でも栽培可能な畠作物の一つとして日本列島の広範な地域に定着していく。古代以前にムギ類をどのように食べていたのかはよくわからないが、後5世紀以降普及する甑《こしき》（蒸し器）や竈《かまど》を用いた新たな調理スタイルはムギ食とも関わる可能性がある。古代になると「麦形」と呼ばれるドーナッツのような揚げ物や、「索餅《さくべい》」と呼ばれるうどんのような麺類など、中国由来のムギ料理があったことが史料からうかがえる。うどんやそうめんなどの麺類はもちろん、味噌、醤油、飴に麦焼酎、その後の日本でのムギ類の活躍は言うまでもない。

「和食」というと、ついつい日本の自然豊かな風土のなかで独自に育まれたものと思われがちであるが、実のところそれを構成する要素（材料、調理方法など）の多くが外来であり、大陸との交流のなかで時間をかけて形成されたものである。和食のなかにムギ類をみつけたら、西アジアから東回りでもたらされたムギ類の長い旅路のことを、少し思いおこしてみてほしい。

主要参考文献

鋳方貞亮（一九七七）『日本古代穀物史の研究』吉川弘文館。
大庭重信（二〇一〇）「渡来人と麦作」大阪大学考古学研究室（編）『待兼山考古学論集Ⅱ』大阪大学考古学友の会。
岡村秀典（二〇〇八）『中国文明　農業と礼制の考古学』京都大学学術出版会。
小畑弘己（二〇一六）『タネをまく縄文人　最新科学が覆す農耕の起源』吉川弘文館。

在来家畜研究会（編）（二〇〇九）『アジアの在来家畜【家畜の起源と系統史】』名古屋大学出版会。

佐藤洋一郎（二〇一六）『食の人類史　ユーラシアの狩猟・採集、農耕、遊牧』中公新書、中央公論新社。

設楽博己・藤尾慎一郎・松木武彦（編）（二〇〇九）『弥生の考古学5　食糧の獲得と生産』同成社。

庄田慎矢（編著・訳）（二〇一九）『アフロ・ユーラシアの考古植物学』クバプロ。

関根真隆（一九六九）『奈良朝食生活の研究』吉川弘文館。

常木晃（編）（一九九九）『食糧生産社会の考古学』朝倉書店。

廣野卓（一九九五）『古代日本のミルクロード　聖徳太子はチーズを食べたか』中公新書、中央公論社。

藤井純夫（二〇〇一）『ムギとヒツジの考古学』同成社。

藤本強（二〇〇七）『ごはんとパンの考古学』同成社。

森川実（二〇二〇）「麦垸と索餅―土器からみた古代の麺食考―」『奈文研論叢』一。

# 第II部

# 食べる

# 語り2　命は食にあり

櫻井　要［語り］・母利司朗［記録］

## 最初に

昔の日本人の残した言葉の中に「命は食にあり」という言葉がある。もともとは中国の古い言い回しに由来する言葉である。人が、咀嚼や消化によって、食べ物を外から体内に取り込み、それを栄養とすることによって「命」を維持しなければならない存在であることを端的に表した言葉であるが、現代では、これを教訓的、教育的にとらえ、食育について記される文章の中で使われることが少ない。この言葉一つをとっても、「食べる」ことには、栄養学的・生理学的な見方から、教育的・社会的な見方まで多様な見方があり、それだけ学びの幅の広いことがわかる。

第Ⅱ部では、「食べる」について、このような多様な視点からの論考を集めたが、「食べる」という行為の多様性をあらためて確認するきっかけにもなればと、様々な食教育を実践されている管理栄養士の櫻井要さんに「食べる」を語っていただいた。以下は、当日インタビューに参加した執筆者との質疑応答を取り入れる形での要約であり、実際のインタビューの進行とは異なったものとなっていることをお断りする。

## 食教育にとりくまれる立場は？

市町村に属さない管理栄養士として、自治体の垣根をこえ、民間の立場から実践的な食教育をおこなっている。一方的に、こうあるべきだ、という押しつけではなく、文字だけ・話だけにならず、体験を通して自ら考えてもらえるよう心がけている。また、食の健康や栄養といった面だけではなく、食を通して、歴史や文化を伝えたいとも思っている。

## 特徴的な実践例にはどのようなものがありますか？

平成二七年に農林水産省の「消費者ニーズ対応型食育活動モデル事業」の補助を受け、京都府北部三市を対象に、世代を七つのカテゴリーに分け、世代ごとのニーズにあった食育のありかたを探る活動をおこなった。食育といえば小さな子ども向けのイメージがあるが、一番必要を感じているのは、労働力の中心である青壮年の世代である。青壮年は自分で食をコントロールできる世代であり、この世代こそが食にたいする知識と考え方をしっかりともってほしいと願っている。実践の中では、世代があがるほど、また女性よりも男性の方が、食、とくに食の「味」については、かたくなで保守的である。味は、家庭の味と強くむすびつく思い出だからであろうか。

**食に直接関わる言葉として「食べる」と「食う」、「食べ物」と「食い物」という言葉がある。現代では、後者は卑しい言葉と見られていると思うが、食育の中で、このような言葉の選択について話さ**

**れることがあるか。**

一方的に、価値判断をおしつけるようなことはしていない。また小学校低学年までの世代ではそのようなことを考えること自体がむずかしい。

【質疑応答の中よりピックアップ　※アルファベットは当日参加の執筆者】

〔A〕現代では、もはや「食べる」という言葉も卑しい言葉とみなされ、それが「いただく」という言葉に置き換わっているようだ。

〔B〕小さな子どもは一般的に大根の味（苦み）が苦手であるが、高齢になると大根を好きになる人が多い。食物学を専門にしている者からみれば、ある食べ物を食べたいと人が思うのは、その食物に含まれている成分を、その人が必要としているからではないか。世代や性別によって食べ物の好みや嗜好が異なるのは、そのような理由があるのではないか。

## 最後に

当日のインタビューでは、このほかにも、食べ方による糖代謝の増加の異なり、幸せホルモン、和食を論じるさいにアプリオリに使われる「和食は健康にいい」という言説への疑問など、実にいろいろな視点からのやりとりがなされた。「食べる」ということは、時にはその人となりまでをも表すことさえある、やっかいで、また実に楽しい問題であることを実感した次第である。しばしば脱線気味にやりとりされた質疑応答にも真摯に答えていただいた櫻井要さんに、お詫びと、心よりの感謝を申し上げる。

# 6章　俳諧の季語と和食―夏の甘酒、冬の甘酒―

母利　司朗

## はじめに

甘酒がブームである。大手の食品メーカーや酒蔵、手作り・無添加を売り物にする小さな麹屋、味噌蔵まで、様々な所で作られた甘酒が、工夫をこらした容器に入れられ、スーパーやコンビニの冷蔵コーナーの一角に並べられている。筆者が小さかったころ家で飲んだ甘酒は、ツブツブの感触の気持ち悪い苦手な飲み物（食べ物？）の一つであった。それにたいし、スーパーで売られている今の甘酒は、生姜や柚子を加えたり、ツブツブ感をなくしたりと、工夫がほどこされた、同じ甘酒とは思えないほど飲みやすくおいしい甘酒である。

現代人にとっての甘酒とはどのようなものであるのかを、よく使われる情報辞典でみてみよう。

酒粕で作るものと、米麹で作るものの2種類がある。米麹を発酵させたものはノンアルコール。ビタミン、ミネラル、アミノ酸を多く含み、滋養強壮が期待できる。冬に飲むイメージがあるが、夏の季語でもあり、なじみのある発酵飲料。東日本大震災の節電時に熱中症予防のドリンクとして見直され、新商品が多く発売されるようになり、夏の甘酒市場はすっかり定着した。発酵食品を積極的に食し、腸内の善玉菌を増やし、より健康的な生活を目指す菌活という言葉もよく使われるようになった。家庭の炊飯器でも作れ、そのまま飲むほか、ヨーグルトや果物と混ぜてスムージーにしたり、濃厚な甘みを生かした調味料として使うこともできる。

（『現代用語の基礎知識２０１９』）

甘酒の栄養をとりあげ健康に役立つことが強調されているが、甘酒と夏との関係も強調されている。甘酒が夏の季語であることは、たとえば『日本国語大辞典（第二版）』の「甘酒」の項目の中に「《季・夏》」と書かれてあることによって確かめられる。「《季・夏》」とは、和歌・連歌・俳諧のような短詩型文学の世界で、甘酒が夏の季節の言葉としてあつかわれてきたことを示している。甘酒は、現代では冷やした状態で飲むものも多く（「冷やし甘酒」という商品名もある）、夏の飲み物というイメージはかなり定着している。その意味で、「《季・夏》」という文芸上のあつかいに違和感はない。

しかし、詩歌における夏の季語としての甘酒は、現代の私たちがスーパーの冷蔵コーナーで見る甘酒と同じイメージで本当に考えてよいものなのだろうか？　昔の人にとって甘酒とは何だったのだろうか？　日本の文芸の中での甘酒の描かれ方を通して、昔の甘酒、ことに江戸時代の甘酒のイメージをさぐってみることとしよう。

## 1　甘酒の作り方

甘酒は中国では「醴」という。日本の文献の中に「甘酒」という言葉がはじめて登場するのは、九世紀なかばに編まれた『令集解』である。(1)

造酒司

正一人酒醴ヲ醸ルヲ掌ス。〈以下割注〉甜酒ヲ醴ト謂フ。(中略)鄭玄周礼注ニ云ク、甘酒ナリ。(中略)古記云ク、醴甘酒、多キ麹ト少シノ米ニテ作ル。一宿ニシテ熟スナリ。(巻五　原漢文体)

一〇世紀はじめの『延喜式』には、「甘酒」という表記そのものはないものの、「醴」について、簡単な作り方と作る時期が、

醴酒ハ、米四升、糵二升、酒三升、和合シテ醸造シ、醴九升ヲ得。此ヲ以テ率トナス。日ニ造ルコト一度。六月一日ニ起リ、七月三十日ニ尽ク。供スルコト日ニ六升。(巻四〇　原漢文体)

と記される(ただし、酒を加えるという点で、『延喜式』の醴は白酒を指していると思われる)。

祭事などの儀礼用に主に使われていた甘酒であるが、時代がくだると日常的にも飲まれるようになる。しかし、作り方までもが詳しく記されるようになるのは意外に遅く、一番早い資料は、江戸時代最初に出版された料理書『料理物語』の原本とされる「逸題料理本」(写本　寛永一三年〈一六三六〉成　慶応義塾大学蔵)(松下　一九八二)の中の次の記事であろう。

あまざけの早作り　だうみやうじのほしいひ一升に、かうじ一升を、水一升五合入、かうじをす

りばちにてよくすり、すいのうにてこし、右三色なべに入、とろとろとねり候へば、一時のまによくなり申候。しろざたう入候へばいよいよよし。ほしいひを、はじめにまづゆにてあらひ、あげてをきよし。

甘酒の主原料である「だうみやうじ」とは干飯《ほしいい》の道明寺粉のこと。もともとはモチ米である。道明寺粉を湯で洗い、糀に水を加え擂鉢でよく擂ったものをすいのう（すくい網）で濾す。以上三品を合わせて鍋でゆっくり煮ながら練るとすぐに出来る、と記されている（後に出版された『料理物語』では、言葉の順序が少し入れ替わるものの内容はほぼ変わらない）。

ところで、甘酒と同じようにモチ米を糖化させて作られるものに水飴というものがある。その作り方を書いた古い文献には、次のように甘酒の作り方と共通した内容が見える。

大白飴　　餅米一升こわ飯に蒸し、花糀一升、右二品を甘酒に作りなれし時分、布にて漉し、右の甘酒を煎ずれば水飴に成。能せんじ詰、能程のおり、手にて引廻し引廻し度々すれば、其内段々とかたまり、本飴に成るなり。

（『今古調味集』東京都立中央図書館加賀文庫蔵　天正八年〈一五八〇〉元奥書　写本）（江後 一九九六）

源ノ順ガ曰ク、米蘖煎ナリ。今ニ数種有リ。水飴、一名ハ、湿飴《しるあめ》、白飴、膠煎等。倶ニ麦蘖・糯米ノ成ス所ナリ。其ノ法、糯米舂白ナル者一升ヲ用フ。多ク造ル者ハ三四升、或ハ一斗余モ亦之ニ準ズ。倶ニ洗浄シテ煮熟シ、軟飯ト作シ、略冷ルヲ□テ、人ノ膚ノ温ヲ要スルヲ度ト為ス。麦蘖粉一合、冷湯八合ニ合シテ、拌□シテ桶ニ入テ、醴ノゴトクニス。一刻半許時ヲ過テ、取出シ、布嚢ニ盛テ、漉濾汁ヲ取ル。其ノ濃汁ヲ用テ、砂糖ヲ入テ、徐々ニ之ヲ炭火ニ煉ル。之ヲ煉テ、海蘿煎汁ノ如キ者ヲ名ケテ水飴・湿飴ト曰フ。

（『本朝食鑑』巻二「飴」元禄一〇年〈一六九七〉刊　元漢文体）

しるあめの方

一　水弐升三合入。

一　餅米壱斗、めし焼。一　かうじ二合。

右常の甘酒のごとく作込て甘味指たる時分、□《（嚢？）》にて越、其汁を煮詰申也。

（『食物相伝記』元禄一三年〈一七〇〇〉九月付写本を嘉永一年〈一八四八〉七月に転写した写本　筆者蔵）

糀のかわりに「麦蘖《もやし》（麦芽）」を用いる『本朝食鑑』以外は、水飴を作る前段階としての甘酒を作るところまで、逸題料理本の甘酒の作り方と同じである。甘酒も水飴も、モチ米から糀を用いて作られる兄弟のようなものであった。

## 2　甘酒の季節

ところでこの甘酒。『延喜式』では、それを作るのに、六月から七月という夏から秋のはじめにかけての季節性が認められるが、江戸時代ともなると、一年を通して作られ飲まれるようになる。人が集まる神社仏閣の門前町や人のいきかう街道の茶屋では、所々の名物の餅や豆腐田楽と並び、甘酒は小腹満たしの定番の一つとなっていた。

大雲寺右にみゆる。此所、あまざけ名物也。発句に、しゐてもれ御油にとまりの一夜酒

（『諸国海陸道中記』延享四年〈一七四七〉刊）

こゝに、いなりの社をふしおがみつゝ、（北八）「なんとそこらで一ツぷくやろうじやあねへか」（弥次）「よかろふよかろう」ト、よしずたてかけたるちやみせにはいりて、（弥次郎）「ヲヤ、あまざけがあるの。ばあさん、一ツぱいくんな」

（『東海道中膝栗毛』六篇　文化四年〈一八〇七〉刊）

しかし、この甘酒にもやはりある程度の季節性はみとめられた。たとえば、現在の甘酒ブームの担い手の一つである酒造会社のホームページに目を通してみると、さきほどの情報辞典に書かれてあったのと同じく、甘酒は冬の飲み物というイメージがある一方で、体力の衰えた夏場の栄養補給に最適である、と書いてあるものが多い。

甘酒に関する歴史秘話（白鶴ホームページ）(2)

甘酒は一般的に冬の飲み物だと思われがちです。ところが今、季語辞典などで甘酒を引くと、甘酒は夏の季語になっているのをご存知ですか？　答えはなんと江戸時代へと遡ります。

当時の生活様式を漫画風に描き、説明を加えた古文書が『守貞謾稿（もりさだまんこう）』ですが、その「甘酒売り」の項には、「江戸京坂では夏になると街に甘酒売りが多く出てきて甘酒を売っている。一杯四文である」というようなことが書かれてあります。

じつは江戸時代は夏の死亡率が一年中で一番高く、病人や老人、子供を始め、大人でも仕事などで無理が続くと暑さで体力が一気に低下し、亡くなる人が多かったようです。

そんな時、栄養たっぷりの甘酒は体力回復に非常に効き目があり、それまでの冬の飲み物としてではなく、夏の必需品として人気が高まり、夏の風物詩として季語にまで詠まれるようになったのです。


他には、もう少し現実的な理由を加えたものもある。

　夏の甘酒仕込み（池亀酒造ホームページ(3)）

冬のイメージのある甘酒。でも本来は夏の飲み物。

俳句では夏の季語にもなってます。

栄養豊富な甘酒は、夏バテ予防にピッタリなんです。皆さんご存じでしたか？

冬に日本酒の仕込みで忙しい酒蔵も、夏はヒマなもの。

そこで昔の酒蔵は、夏の仕事として麹（こうじ）を造り、甘酒を仕込んでいました。

最近は健康志向の高まりで、甘酒や塩麹がブーム。

弊社でもこだわりの「生」甘酒の仕込が復活しました。


現代のような器械による温度管理のできない江戸時代、発酵具合の調整がむつかしい夏場の酒蔵では酒を造ることができず、かわりに甘酒を作っていた、というのである。

夏場の酒蔵の様子を彷彿とさせる一七世紀はじめころの俳諧がある。

ひき窓をあけながらをく風まちて
　いきりこそすれ酒べやのうち
（『寛永一四年熱田万句〈甲〉』・一〇四）

　どつとぬくたき古ぐらの内
ぎやうさんにわき過にけり酒のもと
（『寛永一四年熱田万句〈乙〉』・五七）

置き貯めていた酒のことなのか、仕込み中の酒のことなのか、どちらともわからないが、気温があがり発酵の進みすぎた様を詠んだものであることはまちがいない。発酵を止めるための「火入」は、「煮酒」という言葉で夏四月の季語となっていた（『毛吹草』無刊記本）。

発酵の盛んになることを逆手にとり、それを利用した様々なものが夏場に作られたことは、俳諧撰集『毛吹草』の中に、六月の言葉として、「朝生酒《あさじ》　甘酒　醤油　ひしほつくる」という言葉が並べられていることによってもうかがえる。

江戸時代、蔵元「千代倉」のブランドで知られた尾張鳴海宿の下里（下郷）家二代目吉親の日記[4]をたどってみると、六月の初旬は、きまって夏作りの「ひしほみそ」の仕込みがはじめられる時期であった（残念ながら甘酒作りについての記事は確かめることができない）。

二日《みそ煮ル。》　曇ル　地大豆六石七斗つく。みそ大桶一つこねる。井戸水六升、塩三升。
三日《はんげ。》　昼迄《みそつく。》曇ル昼より晴天　米一升売丁五十六文。両ニ七斗弐三升。餅斗り立一石五升。
四日《みそつく。》　西風　今日みそつき仕廻。〆二日。（以下略）
（元禄九年六月）

朔日　晴天　宮原善兵衛殿返状使ニ渡ス。男女畑へ行。弥助壱人、七つ比よりみそこね用意。松平讃岐守様、御直通り下り。
二日　晴天　みそ三渡しこねる。井戸水。
（略）
七日《みそたく。》　照《拾石五斗つく。》　此夜なごやみその丶下火事有。壱丁四方百軒斗焼ル。
八日《みそつく。》　照　子ごや六太夫方煩ニて見廻。夜ルなごやより針立来ル。彦三郎雇。伝助同断。
九日《同断。》　照《仕廻。》　伝助、彦三郎、久助雇。みそ仕廻。二日大豆廿壱石にる。松山善兵衛殿、九右へ御越泊り。
（元禄一四年六月）
朔日《ミそたく。》　雨降　味噌煮ル。下女しを子六太夫殿へ田植ニ遣ス。仙台拾三俵、地大豆十表づ丶煮ル。
二日《みそ煮ル。》　天晴　しを昨日田得不植、今日又六太夫殿へ遣。
三日《ミそ煮ル。》　曇ル少雨　大工次左衛門殿、金三郎、材木買になごやへ行。
四日《ミそにる。》　曇ル
五日《ミそ仕廻。》　曇ル　（以下略）
（元禄一五年六月）

『歌仙ぞろへ』（延宝四年〈一六七六〉刊）という俳諧連句集の中には、

水がらか味あしからぬひしほみそ
作りすまさん例の甘ざけ
（『歌仙ぞろへ』「獣」元隣）

という付合も見える。「ひしほ（醤）みそ」と「甘ざけ」は、夏場に作られる縁の深い食品であった。

一七世紀終わりころの『雍州府志《ようしゅうふし》』（貞享三年〈一六八六〉刊）という京都の地誌には、「山川酒」という白酒が記されている。酒、焼酎、味醂と甘酒をまぜたものであるが、そこにも「夏日造レ之」（巻六「土産」）とある。

また、夏場に酒作りの少ない背景に、そのころが米の端境期であったという事情もあったのだろう。さきほどの「逸題料理書」の中の甘酒の作り方に、道明寺粉を用いる、と記すのも、わざわざ干飯を砕くのではなく、干飯の自然に砕けた残り粉を用いたのだ、と考えれば納得がいく（佐藤洋一郎氏ご教示）。

甘酒は、糀をあつかうような所では一年を通し、どこででも作られるものであったろうが、酒作りを休む蔵元で、甘酒が夏場大量に作られることにより、甘酒と夏のむすびつきが次第に定着していったのであろう。

たくさん作られれば、それを売り、それを飲む人たちが夏場に多くなるのも自然である。酒造会社のホームページにも引用されていた一九世紀なかばの百科事典『守貞謾稿』（嘉永六〈一八五三〉年成）には、「夏月専ら売巡る者」の中に、「甘酒売」という者のあったことが記されている。

> 甘酒売　醴売也。京坂は専ら夏夜のみこれを売る。専ら六文を一椀の値とす。江戸は四時ともにこれを売る。一椀値八文とす。けだし其扮相似たり。ただし江戸は真鍮釜を用ひ、あるいは鉄の釜をも用ふ。鉄釜の者は京坂と同じく筥中にあり。京坂必ず鉄釜を用ゆ。故に、釜皆筥中にあり。
> （巻六）

街道の茶店、あるいは町中の、

> 山下通り、車坂の下、かめやといふ奈良茶屋の前より右の方へまつすぐに行くと、三国一といふ甘酒の看板あるを（中略）「あらア、あんだんべい」「あれは甘酒さ」「甘酒たア、飯でこさへた酒のこんであんべい。それをみこくふとつと言ひやすか。がいにさあ、ながつたらしい名でござらア。わしどものくにさあでは、なべじりもちのつつつきつぶし酒といひやすはハ」
>
> （『金草鞋』初編　文化一〇年〈一八一三〉刊）

と描かれる名物店のように、一年を通して飲ませる店もあった（大関綾氏のご教示による）が、京大坂ではもっぱら夏の夜の飲み物であったという。『守貞謾稿』には、この記述の前に、『塵塚談』（文化一一年〈一八一四〉成）という随筆が引用されている。

> あま酒は冬のものなりと思ひけるに、近頃は四季ともに商ふ事になれり。我等三十歳頃迄は寒冬の夜のみ売廻りけり。今は暑中往来を売ありき、却て夜は売もの少し。浅草本願寺門前の甘酒店はふるきものにて、四季にうりける。其外に四季に商ふ所、江戸中に四五軒も有りしならん。

『塵塚談』の作者小川顕道は元文二年（一七三七）の生まれ。作者の三十歳頃までの江戸では、甘酒は冬の夜にだけ売られるものであったが、今は季節を問わず売られ、かえって夜に売るものは少なくなったと記されている。「今は暑中往来を売ありき」というところには、自分が若かったころには冬のものであったはずの甘酒が、夏にも、という驚き、変われば変わるものだ、という感慨がこめられているのであろう。今でいえば、本来夏のものであるはずのアイスクリームが冬にこそよく食べられる、という類である。

江戸時代といっても一括りにはできないが、甘酒と夏をむすびつける原点は、このように、酒蔵が夏に甘酒を大量に作り、それがまわりまわって人々の夏の娯楽、楽しみとなったことが大きいのであろう。

## 3　文芸の中の甘酒

ところでこの甘酒は、「甘酒」という言葉では和歌や連歌には詠まれない。日本文学WEB図書館の「和歌&俳諧ライブラリー」というデータベースで検索できる膨大な古典和歌の世界を見渡しても、わずかな時間でできるという意味での「一夜酒」という言葉の形で、

夏祝
君がためそなふるからや一夜ざけなつさへながきためし成らん
（『後大通院殿御詠』一五世紀後半）

のわずか一例が見いだされるにすぎない。膨大な連歌作品をおさめた「連歌」データベース（国際日本文化研究センター）によっても、「甘酒」「一夜酒」ともに一例も見いだせない。

「甘酒」や「一夜酒」が短詩型の文芸に本格的に登場するのは、江戸時代の俳諧である。最も早いものは、

一　醴酒《ひとよざけ》　六月一日也。応神天皇御宇始。
（『誹諧初学抄』寛永一八年〈一六四一〉刊）

という俳書の季語を解説したところ（このようなものを「歳時記」という）に見える記述で、「末夏」すなわち六月のところに置かれている。

季語を並べたものでは、ともに六月の詞として、

朝生酒《あさじ》　甘酒　醤油　ひしほつくる（『毛吹草』）

一夜酒　こざけ。あまざけ、俳。

ひとよざけとは、けふつくればあすは供する故也。貞徳云、醴《ひとよざけ》の字をかけり。あまざけともよめば、あまざけも夏也。六月一日より七月晦日迄日毎に奉ると、公事根源にあり。（『増山井』寛文三年〈一六六三〉刊）

と見える。

由来を重んじる歳時記の世界では、わずかではあるが和歌に詠まれたことのある歌語としての「一夜酒」を主とした解説となっている。「甘酒」は俗語としてのあつかいなのであろう。

実際に詠まれた俳諧では、甘酒よりは一夜酒という言葉を使ったものの方が圧倒的に多い。作者は、

取あへず作れるしかも出来物に
さてさて味のよき一夜酒（『毎延誹諧集』天理図書館綿屋文庫蔵）

と、甘酒の「取あへず作れる」（ただちに作ることができる）特徴を「一夜」という言葉に託し句に詠んだ。

また、

のめや名もどぶ六月の一夜酒　　草津住　重道　（『鸎鶏集』万治一年〈一六五八〉刊）

という句からは、通常の酒でまったく粕をしぼっていないものをいう「どぶろく」ともよばれることのあったことがわかる。白くにごった状態が似ていたからであろう(5)。

甘酒という言葉を詠んだ俳諧は多くないが、

今日は常よりくまん甘酒
名残たゞ田舎下りに惜みあひて　（『寛永二一年俳諧千句』追加　重頼）

という一七世紀はじめ（寛永二一年〈一六四四〉）の例が早い。時代が下るにつれて、

あま酒《ざけ》　一。ひとよさけに折嫌。酒に面をきらふ。　（『久流留』慶安三年〈一六五〇〉刊）

献醴酒《あま》　付　麻地酒

甘酒や息もつきあへず一すすり　　大坂一六　（『続境海草』寛文一〇年〈一六七〇〉刊）

水がらか味あしからぬひしほみそ
作りすまさん例の甘ざけ　（『歌仙ぞろへ』延宝四年〈一六七六〉刊）

と、一夜酒とならび、江戸時代の俳諧の夏の言葉として定着していく。

さきほど見たように、『毛吹草』の中で夏六月の言葉としてあつかわれて以後、歳時記における甘酒（一夜酒）の季のあつかいは、江戸時代末、滝沢馬琴の書いた『俳諧歳時記栞草』（嘉永四年〈一八五一〉刊）にいたるまで常に六月の言葉であった。

甘酒（一夜酒）が夏六月の季として扱われた理由は、歳時記によれば、『公事根源』や『延喜式』

などの故実によるものであった。しかし、繰り返し言うように、夏場における酒蔵の甘酒作りによって、夏、大量に甘酒が出回るようになったという現実も、文芸の上で、甘酒と夏をむすびつける大きな要因であったのではないかと思われる。

## 4　甘酒は冬のものか？

しかしここで、さきほどの『塵塚談』にもう一度もどってみよう。「あま酒は冬のものなりと思ひけるに、近頃は四季ともに商ふ事になれり」とある。江戸時代後期、一九世紀はじめころにこれを書いた作者が昔（一八世紀中頃）を思い出し、甘酒はもともと冬のものであった、と言っている。山東京伝の絵本『四季交加』（寛政一〇年〈一七九八〉刊）の冬のところには、「醴酒《あまざけ》のあたゝかさには、雪の達磨も舌うちすべし。」とあり、甘酒と冬のむすびつきが見える（大関綾氏のご教示による）。

冬の甘酒は現在も健在である。大晦日の夜をまわった神社では、初詣に訪れた参拝者に甘酒をふるまうことが少なくない。神社本庁のホームページ(6)にも、甘酒のことが、

甘酒といえば、「寒い冬に体を温めてくれる飲み物」というイメージの方も多いでしょう。実際、初詣の頃、ご参拝の皆様に暖を取ってもらおうと振る舞う神社も多くあります。

と記されている。

江戸時代の元禄ころの俳諧には、次のようなものがある。

ふつふつなるをのぞく甘酒　　荳

霜気たる蕪喰ふ子ども五六人　　沾

（『続猿蓑』元禄一一年〈一六九八〉刊）

この連句では、前句の「甘酒」から付句の「霜」と「蕪」が導かれていて、甘酒は冬の季語としてあつかわれている。しかも、その甘酒は「ふつふつ」と温められている。さきほどの『塵塚談』の作者の記憶の中でも、甘酒は冬の飲み物であり、現代の初詣のさいの甘酒振る舞いのそれと同じようにほかほかと温められたものだったのだろう。

『東海道中膝栗毛』の中に、「うぬが田町で甘酒をくらつて、口をやけどした」（三篇下・享和四年〈一八〇四〉刊）という一節がある。前後を読んでも、甘酒を飲んでやけどしたのがいつの季節なのかはわからないが、甘酒を熱く温めて飲んでいたことがわかる。江戸時代の人たちの頭の中の連想を知るのに便利な『俳諧類船集《るいせん》』（延宝四年〈一六七六〉刊）という付合語辞典の中では、「温《アタヽカ》」という言葉から「醴《アマサケ》」が連想されている。甘酒はあたためて飲むものなのであった。

冬の甘酒ならば、「ふつふつ」と温めて飲むのはごく自然である。では、夏場の甘酒はどうだったのだろうか？　スーパーの冷蔵コーナーで冷やされた甘酒を目にする現代の私たちにとって、ここが一番感覚的にわかりにくいところである。

北尾政美《きたおまさよし》（鍬形蕙斎《くわがたけいさい》）の描く職人の絵に山東京伝が詞を書き入れた有名な『近世職人尽絵詞』（国会図書館蔵）には、「あつくあたゝめてさう（候う）。あまざけかはせたる人、しやうがもいれて候ぞ」と売り歩く、袖をまくった男（甘酒売）が描かれている。季節は夏のように見えるが、それでも「あつくあたゝめてさう」と触れ歩いている。

『守貞謾稿』に載せる甘酒売の絵には、江戸と京大坂の間で真鍮か鉄かの違いはあるが、甘酒を温める釜の絵も描かれている（図　国立国会図書館デジタルコレクション）。甘酒は、冬に飲む場合は当然ながら、もっとも飲まれた夏場においても、熱く温めたものを飲むものだったようなのである。

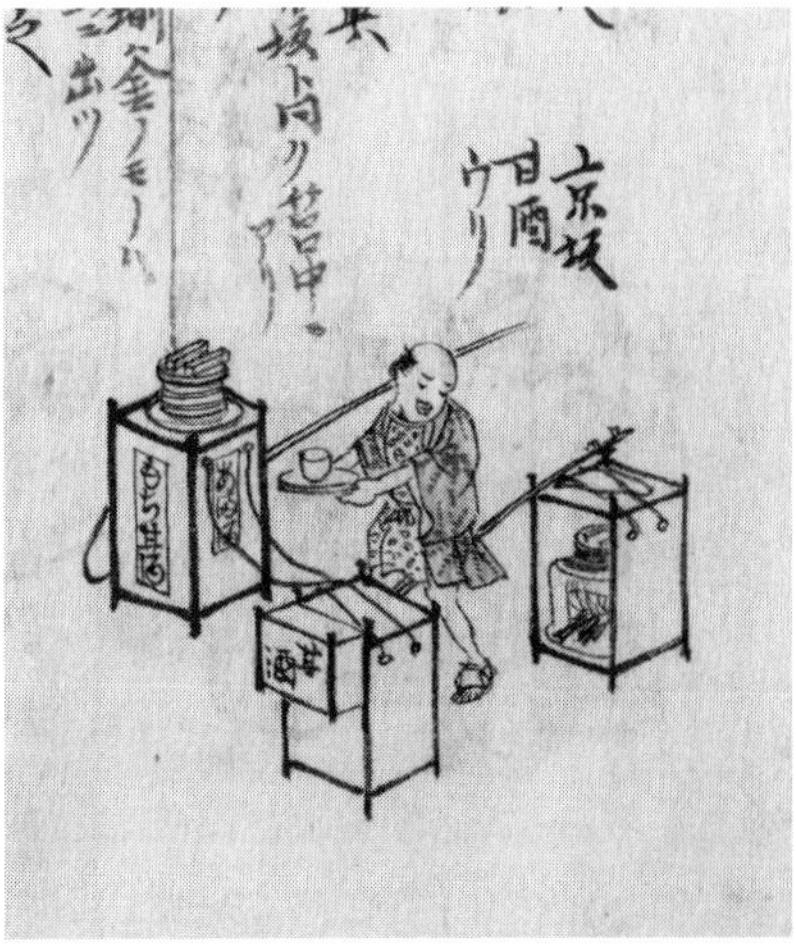


## おわりに

俳諧には、季節季節の食べ物や飲み物が、かなりの割合で季語としてあつかわれている。本来、食べ物や飲み物への嗜好は、人がそれをどの季節に口にしたくなるか、という生理的な欲求によるものが大きかったはずであるが、実際には、ここであつかった甘酒のように、作り手側の事情が大きく関わっていたものもあったのであろう。

本来の日本では、蒸し暑い夏には瓜を代表とする冷やし物が好まれたし、底冷えのする冬には燗をした酒や、甘酒、河豚汁が好まれた。ところが、家庭での電気式エアコンの普及が昭和三〇年代よりはじまり、ぎんぎんに冷えた室内では暖かい飲み物が好まれ、暖かい冬の室内では濃厚な冷たいアイスクリームが人気になる、という、従来の飲食物と季節との関係を逆転させるような現象も一般化してきた。甘酒もまたその例外にもれない。もともとは、冬だけでなく、うだるような暑さの中でも、ふうふう汗をかきながら、あつい甘酒を飲み干すのが甘酒の季節感であったが、今や、きりりと冷えた甘酒を飲むのが夏の甘酒の主流となりつつある。甘酒はこれからどう変わっていくのであろうか？(7)

【注】

1　『日本国語大辞典（第二版）』に「甘酒」の初出として指摘される。

2　http://www.hakutsuru.co.jp/amazake/history.shtml

3　https://ikekame.com/archives/747

4　森川昭（二〇一三）『下里知足の文事の研究　第一部　日記篇』和泉書院。

5　『日本国語大辞典（第二版）』の「甘酒」の項には、山梨県南巨摩郡、奈良県吉野郡、和歌山県日高郡の方言として、濁り酒、どぶろくを、甘酒と呼ぶことが記されている。

6　https://www.jinjahoncho.or.jp/

7　令和二年度京都府立大学前期授業「和食文芸入門」の期末レポートで、受講生の山本貴大君は、日経ＰＯＳ情報「２０１０年からの販促策が花開く冷やし甘酒ブーム」（二〇一七年八月二九日）を引用し、全体として販売量が増える中で、なお冬の販売量の方が多いことを指摘している。

【引用文献】引用に際しては、表記を改めたところがある。
『令集解』国立国会図書館蔵　慶長三年写本本（WA16-37）。　※国立国会図書館デジタルコレクション
『延喜式』早稲田大学図書館蔵　享保八年刊本（ワ 03 06370）。　※早稲田大学古典籍総合データベース
『本朝食鑑』味の素食文化センター蔵　元禄一〇年刊本（DIG-AJNM-166）。　※国文学研究資料館新日本古典籍総合データベース
『諸国海陸道中記』早稲田大学図書館蔵　延享四年刊本（ル 03 01184）。　※早稲田大学古典籍総合データベース

『東海道中膝栗毛』『新編日本古典文学全集　八一』小学館、一九九五。

『寛永十四年熱田万句〈甲〉』熱田神宮庁、一九九〇。

『寛永十四年熱田万句〈乙〉』熱田神宮庁、一九九四。

『毛吹草』『初印本　毛吹草　影印篇』ゆまに書房、一九七八。

『歌仙ぞろへ』『日本俳書大系　貞門俳諧集』日本俳書大系刊行会、一九二六。

『雍州府志』国立公文書館蔵　貞享三年刊本（172-0146）。　※国立公文書館デジタルアーカイブ
『守貞謾稿』国立国会図書館蔵　写本（寄別 13-41）。　※国立国会図書館デジタルコレクション
『金草鞋』初編　早稲田大学図書館蔵　文化一〇年刊本（へ 13 01346）。　※早稲田大学古典籍総合データベース
『塵塚談』大洲市立図書館蔵写本（14-88）。　※国文学研究資料館新日本古典籍総合データベース
『誹諧初学抄』『古典俳文学大系　貞門誹諧集　二』集英社、一九七五。

『増山井』同右。

『鸚鵡集』国立国会図書館蔵　万治一年刊本（148-51）。

『寛永二十一年俳諧千句』西日本国語国文学会翻刻双書刊行会、一九六二。

『久流留』『京都大学蔵潁原文庫選集　第四巻』臨川書店、二〇一七。

『続境海草』『古典俳文学大系　談林俳諧集　一』集英社、一九七五。

『四季交加』国立国会図書館蔵　寛政一〇年刊本（京乙-340）　※国立国会図書館デジタルコレクション
『続猿蓑』『新日本古典文学大系　芭蕉七部集』岩波書店、一九九〇。

『俳諧類船集』『近世文藝叢刊1　俳諧類船集』般庵野間光辰先生華甲記念会、一九六九。


【参考文献】


松下幸子他（一九八二）「古典料理の研究（八）―寛永十三年「料理物語」について」『千葉大学教育学部研究紀要　第二部』三一。

江後迪子他（一九九六）「中世料理書の研究―今古調味集について（1）」『別府大学短期大学部紀要』一五。

【付】

本稿は、二〇二〇年度公益財団法人三菱財団人文科学研究助成（「江戸時代の古典籍に描かれた和食文化の研究」）による研究成果の一部である。

# 7章　和食材の食品機能性

中村　考志

## はじめに

食品機能性という言葉が一般にも知られるようになってから久しいが、これは、食材を、食べる人を主体として考えたときの概念であり、栄養素としての食品一次機能、味や香りをかもす食品二次機能、健康増進のためにはたらく食品三次機能に大別される。それぞれの機能は食品に含まれる成分が担っており、一つの成分が複数の機能を担っていることも多い。たとえば食品二次機能成分の香気成分が、食品三次機能成分の抗酸化成分としてもはたらいていることなどが報告され、その事例は研究成果の蓄積とともに増加してきている。

さて、近年は、食品機能といえば食品三次機能のことを指すことも多くなった。それにともない、食品三次機能を担う食品三次機能成分は、「食品機能性成分」や「機能性成分」という言葉でよく紹介され、その成分の効果は「食品機能性」や「機能性」と最近ではよく呼称される。

日本の食品市場においては、消費者の食品機能性への関心の高まりとともに、これを表示した商品も流通している。許可制の特定保健用食品と、登録制の機能性表示食品がその例であり、それらの数は年々増加しており、二〇二〇年には、それぞれ一〇七二品目と二五一五品目に達している。和食材を含む生鮮食品にも機能性の表示を可能としている機能性表示食品には、五五品目の野菜と果実が登録されており、この数も今後、増加してゆくと予想される。このような背景を考慮すると、現代日本において、和食材に機能性を見いだす研究への注目と期待は高まると考えられる。和食材の機能性の研究を始めるときには、「和食材の特徴を把握するとともに、どのような機能性がいつどこで求められるのか」についてあらかじめ調査し、ときには予測をしておくことは重要である。

さて、機能性は、がん予防、糖尿病予防、心疾患予防、脳血管疾患予防、腸内環境改善作用、脂質代謝改善作用、免疫賦活作用、抗炎症作用、認知症予防、抗酸化作用、抗菌作用等さまざまであるが、日本人の死亡原因の第一位で、日本で患者数が一〇〇万人いると推測されている「がん」の抑制は、現代日本が求める機能性の上位であるかもしれない。また、日本で予備軍も含めると二〇〇〇万人、将来さらに増加が予想されている「糖尿病」への関心も高い。がんと糖尿病の発症予防には、定期検診の受診と生活習慣の改善が必要である。特に野菜と果実を主とした植物性食材の適切な摂取は有効であるが、現実には既に、がんと糖尿病の患者は多いことから、疾患の予防だけではなく、疾患の発症後にも効果があることを示し、患者に生活の質（ＱＯＬ：Quality of Life）の向上をもたらす、つまり、がん患者にはがん進行抑制効果があり、糖尿病患者には摂取しても血糖値を上げない、和食材を見いだすことは重要であるかもしれない。

## 機能性には相反する二つの考え方がある

「ある和食材はある機能性をもつ」と聞いたとき、その和食材には、ある機能性に関与する成分、つまり、何らかの機能性成分が含まれていると考えることが妥当であろう。では、「ある和食材にある成分がない（あるいは少ない）」と聞いたとき、その和食材は劣っていると考えてよいであろうか。答えは否である。例えば、ある成分が人にとって毒であったり、毒でないまでも、多量に摂取すると健康面で何らかの不具合を生じるものであったりした場合がそれである。

日本では古くからよく利用してきた菜種油についても、菜種油の原種に多く含まれていたエルカ酸（脂肪酸の一種：$C_{22:1}$、n−9）が心臓のポンプ機能を低下させる障害をおこす可能性もあり、エルカ酸量の低い菜種の品種であるキャノーラ種が選抜されて、現在では菜種油といえば多くはキャノーラ種が使われている。エルカ酸の過剰摂取を気にせずに、虚血性心疾患の予防効果や高血圧の改善効果をもつ菜種油に含まれる機能性成分n−3系脂肪酸（α−リノレン酸）を摂取できるならば、これも広義では、機能性を高めた菜種と考えることもできるのである。

### 必須脂肪酸

食べないと健康を維持できない成分はよく必須栄養素と言われ、脂質にも必須脂肪酸であるn−6系脂肪酸とn−3系脂肪酸がある。必須のn−6系脂肪酸のリノール酸を食べると、体内で必要なγ−リノレン酸、アラキドン酸に生合成される。必須のn−3系脂肪酸のα−リノレン酸を食べると、体内で必要なエイコサペンタエン酸（ＥＰＡ）、ドコサヘキサエン酸（ＤＨＡ）に生合成される。ＥＰＡは心疾患を予防し、ＤＨＡは脳の働きを活性化してくれる機能性成分であるため、α-リノレン酸からの生合成にたよるだけでなく、成人ではＥＰＡとＤＨＡあわせて1日1グラム以上の摂取が望ましいとされている。ＥＰＡ、ＤＨＡは、サバなどの青魚を1日1回食べることにより、無理なく摂取できるため、和食材の一つである魚の摂取を意識した食生活を実践するだけでも、健康増進へとつながってゆくのである。

## 機能性は国によってさまざま

さて、「和食材の機能性を研究するためには、和食材の特徴を把握し、どのような機能性がいつどこで求められているかをあらかじめ調査しておくことは重要である」と述べた。どの機能性がどこで求められているかについての概念は視野を広げて考えてみよう。特に、三大栄養素である、炭水化物、タンパク質、脂質については、人が食べると1グラムあたり、それぞれ4ｋｃａｌ、4ｋｃａｌ、9ｋｃａｌのエネルギーとなるため、世界の多くの国で問題となっている栄養失調の解決には、三大栄養素の十分な供給は重要である。

一方、日本に目を向けると、その様子は真逆でもある。日本は飽食の国のひとつであり、デスクワークを主とする労働環境もあり、摂取エネルギーが消費エネルギーよりも継続的に多い生活を送る人の中には、肥満を原因とする健康障害が問題となっている。肥満は、生活習慣病と呼ばれる、糖尿病、高血圧、高脂血症を発症する原因の一つである。特に、糖尿病は、糖尿病予備軍といわれる人も含めると日本には二〇〇〇万人もその対策が必要な人が存在していることから、エネルギーとなる三大栄養素が低値である食材も健康にはよいと見ることもできる。

しかし、タンパク質と脂質の中には、それぞれ必須アミノ酸と必須脂肪酸と呼ばれる、ヒトが食材から摂取しないと健康を維持できない成分があるため、タンパク質と脂質の摂取量を減らすときであっても、ゼロとするのではなく最低限の摂取は必要である。一方、グルコース等の細胞に必要となる糖質は人の体内で生合成されるため、必須糖と呼ばれる成分は存在しない。必須成分の有無の点からみると、糖で構成される炭水化物からの摂取エネルギーを減らすときには、タンパク質と脂質の摂取量を減らすときほどの慎重さは必要ないかもしれない。

### 「栄養のある食べ物」はからだによいのか？

「栄養のある食べ物」をうたう商品はこれまで数多く販売されてきた。栄養にはカロリーとなる三大栄養素、これにビタミンとミネラルを加えた五大栄養素について、含有量の高さを「栄養のある」と示していることが多い。第二次世界大戦終戦前後の日本では、「栄養のある食べ物」はまさに生命を維持する能力の高い食品であり、現代でも世界の多くの国では同様に考えられている。しかし、現代日本を含む多くの先進国に住む人にとっては、「栄養のある食べ物」は、肥満による不健康を助長し、ときには命をおびやかす物とも考えられる場合もある。

どのような機能性がどこで求められているかを念頭におくことの重要さは、ここにあり、たとえば先進国と、食料不足の問題をかかえる国とでは、求める機能性が対極にあることもある。

## 日本の地理がはぐくむ和食材

日本は南北に長い山地に富んだ国土と4つの海流と複数の潮目をもち、亜寒帯性から亜熱帯性の海の幸から山の幸まで食材として利用できる自然環境が散在することで、多様な食材を日本各地に見ることができる。さらなる多様性は日本の四季が食材に旬を与えることで、同じ地域であっても季節により食材が変化する。

日本に住んでいるとあたりまえのことで見すごされるのであるが、この多様な和食材の中に、研究して解明するとおもしろいテーマがある。そのテーマは外国人から和食材に対する意見を聞いてみたり、海外にでかけて他国の食材に触れてみたりすると、おのずと見えてくるものである。

さて、ここからは、理科実験系の和食科学の視点として、先に述べた「機能性には相反する二つの考え方もある」ことについて、研究例をもとに紹介していこうと思う。

## 相反する二つの機能性：たし算の機能性とひき算の機能性

ある和食材のある機能性成分に注目した場合、その含有量の多い食材が少ない食材よりも優れているであろうことは容易に想像できる。これはたし算の機能性と呼べるのかもしれない。そうであればもう一つはひき算の機能性である。食材に本来含まれている成分ではあるが、時と場合によっては、その成分が少なかったり、含まれていなかったりした方が健康によいこともある。食材の機能性を考える上で、これまでひき算の機能性はあまり注視されてこなかったため、たし算とひき算のふたつの機能性をあわせて和食材を研究することは、これまで見過ごされていた和食材の機能性を、発見できるきっかけとなるかもしれない。

### 現代日本の健康事情の改善に必要な機能性

ここでは機能性として、がんと糖尿病の発症予防とＱＯＬの向上に注目しようと思う。健常者には、がん予防と糖尿病予防の効果を与え、がん患者にはがん進行抑制効果を、糖尿病患者には摂取しても血糖値を上げない効果を与える食材を見いだすことは、現代日本の健康事情の改善に必要である。また、がんと糖尿病の発症予防には適切な運動が推奨されているため、運動した時の疲労を軽減してくれる食材があれば、これも機能性と考えてよい。

これらの機能性を見いだすことを目的として研究を進めた和食材は、京都の伝統的な野菜である、桂《かつら》瓜《うり》である。

## 和食材のひとつ桂瓜

桂瓜は京都の伝統野菜であり、日本の文化や歴史との関係も深い（図1）。日本の三大祭の一つである祇園祭は、七月におこなわれる京都市内にある八坂神社の祭礼である。八坂神社の紋のひとつが、きゅうりの断面と似ることから、祭礼期間中、きゅうりを食べることを恐れ、桂瓜を食べる、「きゅうり断ち」と呼ばれる風習の歴史がある（図1C、D、E）。また、桂離宮は、一七世紀に皇族により、京都市西京区桂に建造された。桂に広がる桂瓜畑を観賞する目的で桂離宮を訪れる、いわゆるうり見会が開催されていた歴史もある。このように、桂瓜は日本の文化や歴史とも深く関係する伝統野菜であり、日本の食文化や歴史を後世に継承する上でも、価値のある和食材である。

桂瓜は伝統的にその未熟果や中熟果が酒粕漬の材料として利用され、肉質が緻密で、漬物にしても形が崩れず、酒粕漬（図1A、F）の材料として最高級品とされてきた。しかし食の多様化や消費者の低塩分健康志向が高まるにつれ、その栽培面積も縮小の一途をたどった。

京都市とその近郊における桂瓜の栽培は、一九四二年の生産ピーク時には桂地区を中心とした一〇・三平方キロメートルの地域まで広がっており、栽培面積としては〇・三平方キロメートルであった（Sasaki, 2017）。しかし、二〇一一年には、栽培面積は一〇〇平方メートル（一九四二年の三〇〇〇分の一）にまで減少し、商業的栽培はすでに終焉し、七〇歳代の男性が営む一戸の農家による採種栽培のみであったことから、何らかの対策を講じなければ採種栽培ですら終焉してしまう、栽培終焉が危惧されていた。栽培作物は野生の植物とは異なり、人の手による栽培の終焉を経て、種子の残存が確認されない「絶滅」に至るため、価値のある作物であれば、栽培終焉を迎えさせないように対策が必要であるし、すでに栽培終焉が危惧されている情報をつかめば、早急に何らかの対策を講じることができる。その対策の一つが、現代日本が必要とする食品機能性を、その栽培作物に見いだす研究を始めることであってもよい。

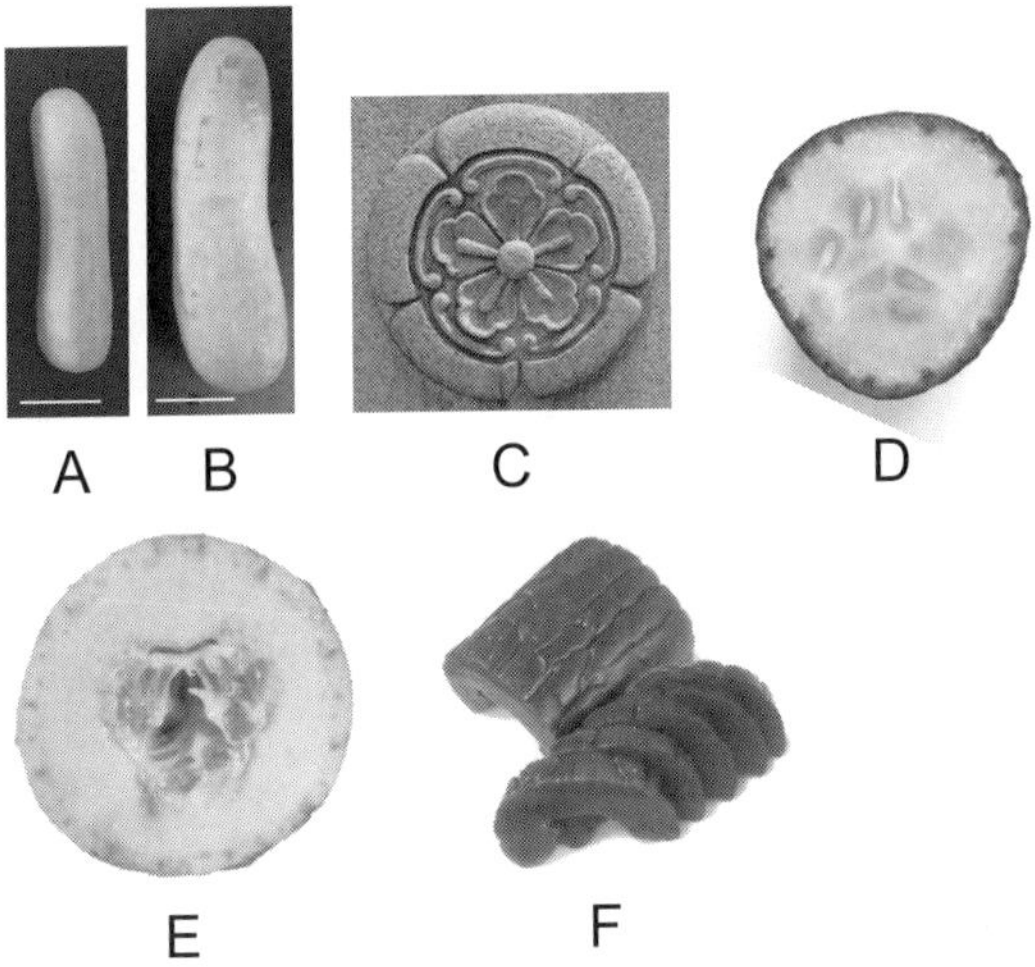


図1　桂瓜の外観と酒粕漬

A：未熟果実、B：完熟果実、C：八坂神社の紋のひとつ、D：きゅうりの断面、E：桂瓜の断面、F：桂瓜の伝統的な酒粕漬
AとBのスケールは10cmをあらわしている。

## 絶滅した和食材

日本では、第二次世界大戦終戦（一九四五年）以降、農産物の流通経済機構は、大量生産、遠距離輸送、大量消費へと移行した。それにともない、多収、耐病虫、耐輸送、長期保存、高い食味、よい外観にいたるまで改良品種の開発が進められ、改良品種の圃場占有率は増加し、その対極にあった伝統品種のそれは減少し、栽培終焉を経て絶滅に至った伝統品種もある。京都の伝統野菜のうち、一九四二年頃に郡大根、一九七五年頃に東寺蕪の栽培が終焉した（高嶋、２００３）。その後の調査で種子の残存が確認できないことから、これら二品目は絶滅したとされている。郡大根は多くの大根のような直根ではなく、らせん状の根をしており、その形態上のユニークさもあって正月の飾りつけに使われていた。東寺蕪は千枚漬けの材料として重用されていたが、根の上部が緑色をしていることから廃棄する部分もあったため、根のほとんどが白色の聖護院蕪にその地位を譲った。

## 桂瓜のたし算の機能性：抗変異原性と抗酸化性と分化誘導作用

桂瓜の機能性は、これまでに、その完熟果の香気成分に見いだされている（図1B）（Nakamura, 2010）。六種類の香気成分［3-メチルチオプロピオン酸エチル（ＭＴＰＥ）、メチルチオ酢酸エチル（ＭＴＡＥ）、2-メチルチオエチル酢酸（ＡＭＴＥ）、3-メチルチオプロピル酢酸（ＡＭＴＰ）、酢酸ベンジル（ＢＡ）、オイゲノール（ＥＵ）］のうち、ＢＡ以外の五種類の成分は、発がん抑制作用に関する抗変異原性と抗酸化性と分化誘導作用のうちの一つまたは複数の活性を示すことが、化学物質、微生物、人のがん細胞を使った試験で明らかとなっている（図2）。動物に食べさせた試験でも活性が明らかとなりつつある成分もあり、将来、人が食べて健康増進につながることへの期待もある。

図2の成分の化学構造式に注目すると、点線の内側が共通した化学構造である。それぞれの化合物を図形としてながめた場合、共通するかたちは多いが、その作用は異なる。これらを見比べてみると、化合物のどの部分がどの作用を発揮するために必要であるのかなど、新たな発見のチャンスがある。

| 成分 | 化学構造式 | 抗変異原性 | 抗酸化性 | 分化誘導作用 |
|---|---|---|---|---|
| MTPE | 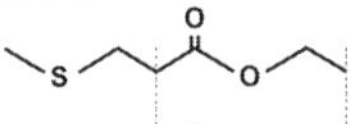 | × | ○○ | ○ |
| MTAE | 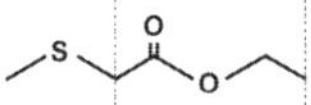 | ○ | ○ | ○ |
| AMTE | 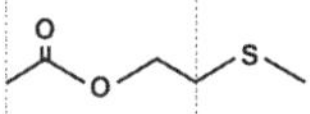 | × | ○ | × |
| AMTP | 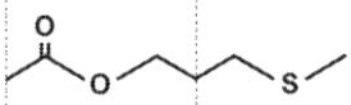 | ○○ | ○ | × |
| BA | 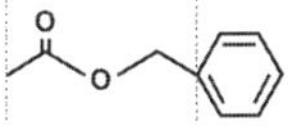 | × | × | × |
| EU | 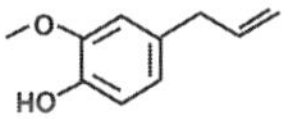 | × | ○○○ | × |

図２　桂瓜の香気成分の機能性

○が多いほど作用は強い。×は作用なし。

点線の部分は共通する化学構造を示している。

3-メチルチオプロピオン酸エチル（MTPE）、メチルチオ酢酸エチル（MTAE）、2-メチルチオエチル酢酸（AMTE）、3-メチルチオプロピル酢酸（AMTP）、酢酸ベンジル（BA）、オイゲノール（EU）

例えば、図2で、MTPEとAMTPは点線の外側の部分もかたちは同じであるが、違いは点線の左側につくか右側につくかだけなのに、分化誘導作用の有無の差になってあらわれるのはなぜか？　などの問いを自分で見つけて、考えてみることである。このように、和食材の成分の化学構造式にも興味をもちながら、和食材を見つめてもよいと思う。

## 機能性が発揮される仕組み（作用機構、作用機作）

機能性を深く理解する上では、機能性が発揮される仕組み（作用機構または作用機作という）を理解しておく必要がある。がんの抑制にどのように、図2で示した成分が関わって機能性を示しているのか、その

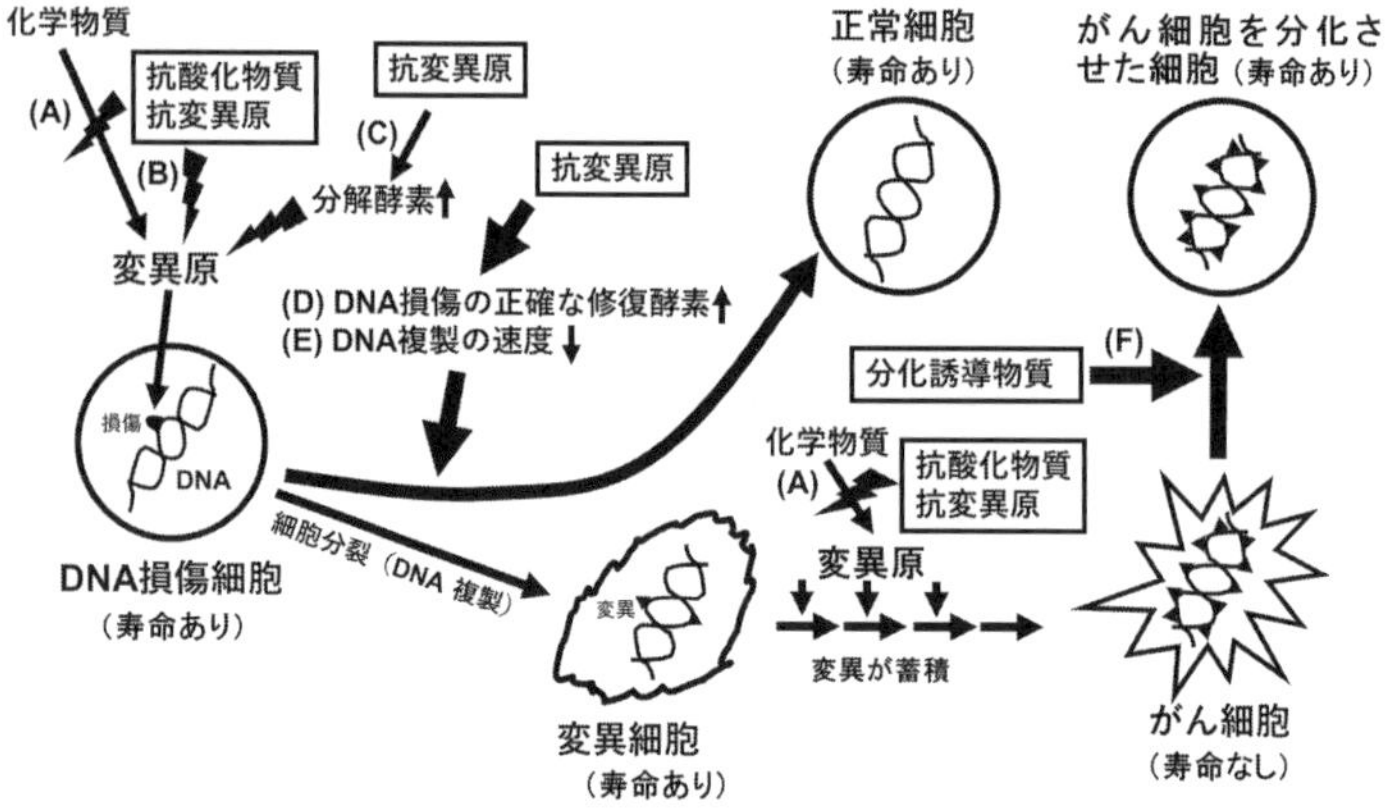


図３　抗変異原と抗酸化物質と分化誘導物質が関わるがんの抑制の概念図

概念を図３に示している（Nakamura, 2008, 2015）。がんの抑制にかかわる機能性はこれだけではなく、研究が進めば、機能性の概念も変わってゆくし、その数も増えてゆく。和食材の機能性を研究するときには、研究したい機能性についての過去の記述と、最新の論文などの情報を集めて、自分の頭の中で機能性の概念を構築しておくとよいと思う。

## がんを抑制する機能性

からだの中で正常細胞からがん細胞が発生して無限に増殖し、現代でも治療の難しい疾患が、がんである。がん細胞は、正常細胞のＤＮＡが発がん物質の一つである変異原によって傷つけられること（ＤＮＡ損傷）がきっかけとなって発生する。図３の（Ａ）―（Ｃ）は、変異原が正常細胞のＤＮＡに傷をつけないようはたらく仕組みである。無害の化学物質が化学変化により変異原となることがあり、この化学変化を抑制する（Ａ）ことはがん予防につながる。例えば、この化学物質が体の中にある栄養素のひとつ、脂質であったときには、脂質が酸化されて過酸化脂質と呼ばれる変異原になることがある。この化学変化（酸化反応）を抑制する抗酸化物質は発がん抑制成分の一つと考えることができる。（B）は変異原を化学的に分解し、（C）は解毒酵素を肝臓に作らせることで、変異原を酵素的に分解する。（A）―（C）にはたらくこれらの成分は変異原を消去するはたらきから、消変異原（desmutagen）と呼ばれる。

（A）―（C）の段階で変異原の生成阻止と分解を完全に遂行できればよいが、ここをすり抜けた変異原は細胞の中に入ってDNAを損傷させることがある。DNA損傷は私たちのからだの中でも毎日発生しているものであり、修復もされるため、このままでは恐ろしいものではない。しかし、DNA損傷が修復されなかった細胞が細胞分裂する過程で、損傷は変異となり、変異細胞が生まれる。一旦変異細胞となると正常細胞には戻れないため、細胞分裂の前にこの損傷を修復することが重要である。ここで発がん抑制作用を発揮する成分は、（D）DNA損傷を正確に修復する酵素（DNA修復酵素）を誘導したり、（E）DNA修復に十分な時間を与えるために細胞分裂時間を延ばしたりする抗変異原で、（D）と（E）にはたらくこれらの成分は細胞にはたらきかけることから、生物的抗変異原（bioantimutagen）と呼ばれている。

（A）―（E）の段階をすり抜けると変異細胞となり、変異細胞にさらに変異原がはたらき、変異が繰り返されてがん細胞となるため、この段階を抗酸化物質と抗変異原により抑制することも、がん細胞の発生を阻止することにはたらく。

さて、がん細胞は寿命がない未分化細胞でもある。人体でみられる正常な未分化細胞は、発生初期の受精卵と様々な細胞に分化する能力をもつ幹細胞であり、人工的につくられたｉＰＳ細胞も未分化細胞である。一方、分化細胞は寿命をもつため、（Ｆ）分化誘導物質によりがん細胞を分化細胞にして、死ぬ運命を与えることは、がん抑制の作用機構のひとつである。がん細胞が発生した後でもはたらく分化誘導物質は、日々の食事の中に見つかれば、自然とがん予防をしてくれる。桂瓜に見つかった二つの分化誘導物質（ＭＴＰＥとＭＴＡＥ）の他にも、将来、和食材から多くの成分が見つかり、他国の食材におけるそれらの成分の有無や含有量を比較するなどの研究が進み、世界の食材の中で、和食材の食品機能性の面での客観的評価がなされることを期待している。

## 桂瓜のひき算の機能性：低糖質性

さてここからは、食材の機能性を考える上で、あまり注視されてこなかった、ひき算の機能性について、現代日本の健康事情に適合した、低糖質性について紹介しようと思う。栄養のある食べ物や栄養豊富な食材のほか、低糖質性の食材や飲料を宣伝文句とした商品をよく目にするようになっている。栄養豊富の文句は、栄養不足であった時代の名残であり、現代日本では低糖質性の方が生活習慣病の予防として求められている機能性と考えるべきであろう。

| 香気成分 | 含有する食材（類似の香り） | 未熟果実 | 完熟果実 |
|---|---|---|---|
| MTPE | メロン | <10 | 1,510 |
| MTAE | アンズ | <10 | 1,050 |
| AMTE | メロン | <10 | 1,870 |
| AMTP | 蒸かしたじゃがいも | <10 | 6,580 |
| BA | ジャスミン | <10 | 25,560 |
| EU | クローブ（丁子） | <10 | 330 |

図４　桂瓜の未熟果実と完熟果実の香気成分の特性と含有量
香気成分の含有量は桂ウリの新鮮重量100gあたりのngで示している。未熟果実の＜10ngは測定機器の検出限界以下であり、ほぼゼロと考えてもよい。
3-メチルチオプロピオン酸エチル（MTPE）、メチルチオ酢酸エチル（MTAE）、2-メチルチオエチル酢酸（AMTE）、3-メチルチオプロピル酢酸（AMTP）、酢酸ベンジル（BA）、オイゲノール（EU）

## 桂瓜の成分特性をみる

桂瓜の果実の熟度に伴う成分変化について研究していたところ、先に述べた六種類の香気成分は果実が完熟するとそれらの含有量が急上昇することがわかった（図４）（Sasaki, 2020）。

この変化は桂瓜と同じウリ科の果実であるメロンやスイカなどでも見られ、果実様の芳香は、果実の食べごろを示す指標として、人は無意識に使っている。例えば香り高いメロンであればあるほど、甘いメロンであろうと予測するのである。そのため完熟した香りはするが甘くないメロンがもしあれば、それを食べたときはがっかりした感覚を覚えることであろう。

桂瓜の完熟果実を食べたときはこの

ような感覚を覚え、甘いマスクメロンと比較しても、同等かそれ以上の香気成分の含有量を示す一方で、甘味はほとんど感じない特性をもつことがわかった。ウリ科の果実の甘味は主にフルクトース（果糖）、グルコース（ブドウ糖）、スクロース（ショ糖）で構成され、完熟したマスクメロン一〇〇グラムには、これら三つの糖は総量で九グラム含有する（Sasaki, 2018）。一方、桂瓜の完熟果実では、糖の総量は二・八グラムであり、きゅうりのそれと同等であった。

この果実に砂糖をふりかけて食べてみると、なんとも芳醇なメロン様の香気をもつデザートに替わった経験をきっかけとして、桂瓜の完熟果実に砂糖ではなく、非糖質甘味料（カロリーゼロ）を加え、健常者には肥満予防のための低糖質性のドリンクとして、糖質摂取制限が必要な糖尿病患者にとっては食後血糖値の上昇が緩慢で、安心して飲めるドリンクの開発につながっている（Sasaki, 2018, 2020）。

### 食後血糖値の上昇を緩慢にするたし算の機能性

食後血糖値の上昇を緩慢にするたし算の機能性は様々で、主には、消化管からの糖の吸収の遅延を作用点にもつものが多い。柿の葉、ラズベリー果実、プーアル茶に含まれるポリフェノールによる糖分解酵素（α-アミラーゼ、α-グルコシダーゼ、マルターゼなど）の阻害、食物繊維（β-グルカン、難消化性デキストリンなど）による胃内容物の粘性増加がその例である。いずれも特定の関与成分（機能性成分）が「ある」ことによるたし算の機能性であるが、桂瓜ドリンクは、関与成分（糖質）が「ない」

ことによるひき算の機能性である。

### 桂瓜のたし算の機能性：運動時疲労軽減効果

さて、最後にトピックスとして紹介する機能性が、桂瓜の運動時疲労軽減効果である。適度な運動は、がん予防と糖尿病予防の両方に寄与するだけでなく、現代日本においては、健康的な生活を送る上で推奨されている。しかし、疲労は運動を継続する意欲をそぐ。もし運動前に摂取しておくと、運動中の疲労を軽くしてくれる食材があれば、それも機能性食材と考えられる。

サプリメントにもなっているイミダゾールジペプチド（ヒスチジンを含むジペプチド）は、運動時疲労軽減効果があることが、人を対象とした実験でも証明されているが、この開発のヒントは、渡り鳥の長距離連続飛行を可能とする要因は何か？　という問いから始まった。その要因を解明する研究により、鳥の筋肉の他、やはり連続遊泳するマグロなどの回遊魚の筋肉に多く含まれるイミダゾールジペプチドがその機能性成分の候補にあがったのである。

桂瓜の運動時疲労軽減効果の研究を始めるきっかけは、イミダゾールジペプチドの発見の経緯と似ている。昔の交通と通信を担った人力車夫と飛脚は、長距離走における驚異的な体力を発揮していたのであるが、その食事は、現代の栄養学でよいとされる栄養バランスからはかけ離れた、麦のにぎりめし、沢庵漬、酒粕漬を常食にしていたという記述から、それらの原材料の麦、大根、瓜の中に疲労を軽減させるヒントがあるのではないかという発想から、研究を始めたのである。

## 桂瓜の運動時疲労軽減効果：動物実験による作用機構の解明

桂瓜の香気成分であるＭＴＡＥを人が摂取したときには胃内の強酸下で加水分解されてメチルチオ酢酸（ＭＴＡ）となる。ＭＴＡを運動前のマウスに経口投与しておくと、運動後の筋肉のpHの低下が抑制され、血中の乳酸濃度の低下が認められることがわかっている（Aoi, 2015）。その作用機構を研究したところ、ピルビン酸からＴＣＡ回路への有酸素的代謝の効率がＭＴＡにより上昇し、無酸素的代謝産物である乳酸の生成が抑制されたためであると考えた。このような機能性の考察には生化学の知識が必要であるため、作用機構の解明まで機能性研究を深化させるときには、代謝マップと栄養成分の流れについて理解しておくことをすすめる。

## 桂瓜の運動時疲労軽減効果：人の実生活における効果を確かめる実験

人が運動前に桂瓜ドリンクを摂取すると疲労軽減効果がみられることが自転車エルゴメータを用いた運動負荷試験で確認されたことを機に、サッカー部所属の大学生一〇名に被験者となってもらい、桂瓜ドリンクを飲んでから練習試合に臨んだときの疲労軽減効果を測定した、京都府立大学生命環境学部の卒業論文がある（二〇一七）。その結果によると、疲労で高値を示す唾液中のアミラーゼ濃度は一〇人中七人が桂瓜ドリンクを飲むと低くなり、疲労が軽減されていると考えられた。

主観的な疲労度は、Borg Scale と Visual Analogue Scale（ＶＡＳ）法、気分プロフィール検査のＰＯＭＳ２を用いて測定できる。桂瓜ドリンクを飲むと、Borg Scale とＶＡＳ法において、統計学的に有意な効果を示し、ＰＯＭＳ２では統計学的有意差は認められなかったものの、効果のある傾向を示した。以上のことから、桂瓜ドリンクは運動前に飲用しておくと、運動後の主観的な疲労感を軽減させ、生化学的検査数値からも疲労軽減効果を発揮していると考えられた。

この結果をもとに、桂瓜を原材料の一つとしたドリンクが、エナジードリンクとして、機能性飲料の専門店で発売された。昔の人力車夫と飛脚の食事の酒粕漬の材料が桂瓜であったかどうかは不明である。また実験に使った桂瓜ドリンクは桂瓜の完熟果実を用いているため、酒粕漬の材料が桂瓜であったとしても、おそらくそれは未熟果実であっただろうと想像する。しかし、もしかすると人力車夫と飛脚の食事用の酒粕漬にはあえて完熟した桂瓜を材料に使っていたかもしれないと大胆な仮説を立てて、過去の歴史的資料にこの記述を見つけるための調査をしてみてもよいと思う。読者には、読者の視点でおもしろいテーマを見つけて調査や研究をおこない、将来、和食文化学の分野を発展させてほしいと思う。

## まとめ

本章では、理科実験系の和食科学の視点から、和食材の成分が機能性をもつ事例について紹介し、どのような視点と発想から和食科学の研究題材を見つけ、どのような実験によって結果を得て、どのように調査や研究を楽しく発展させてゆくのかについて京都の伝統野菜の桂瓜を例にあげて述べてきた。和食科学の分野の一つである、機能性研究には、現代日本がかかえる健康問題、和食材の歴史、形態、特徴の調査に、研究者の直感や遊び心もエッセンスとして加えながら進めると、世界でこれまで、だれも発想しなかった独創性の高い研究に発展してゆく可能性がある。和食科学分野の研究テーマは、身近なところにたくさん眠っていたり、ころがっていたりする。それに気付いて拾い上げ、磨いてゆくことに興味をもった人に、将来この分野を発展させていってほしいと願っている。

【参考文献】

高嶋四郎（二〇〇三）『歳時記　京の伝統野菜と旬野菜』トンボ出版。

Nakamura Y., Matsuo T., Okamoto S., Nishikawa A., Imai T., Park E. Y., Sato K. (2008) "Antimutagenic and anticarcinogenic properties of *Kyo-yasai*, heirloom vegetables in Kyoto" *Genes and Environment*, 30：41–47.

Nakamura Y., Watanabe S., Kageyama M., Shirota K., Shirota K., Amano H., Kashimoto T., Matsuo T., Okamoto S., Park E. Y., Sato K. (2010) "Antimutagenic; differentiation-inducing; and antioxidative effects of fragrant ingredients in Katsura-uri (Japanese pickling melon, *Cucumis melo* var. *conomon*)" *Mutation Research*, 703：163–168.

Aoi W., Takeda K., Sasaki A., Hasegawa Y., Nakamura Y., Park E. Y., Sato K., Iwasa M., Nakayama A., Minamikawa M., Kobayashi Y., Shirota K., Suetome N. (2015) "The effect of Katsura-uri (Japanese pickling melon, *Cucumis melo* var. *conomon*) and its derived ingredient methylthioacetic acid on energy metabolism during aerobic exercise" *Springerplus*, 4：377.

Nakamura Y., Sasaki A., Park E. Y., Kubo N., Nakamura T., Kubo Y., Okamoto S. (2015) "Expectations of health benefits in plant materials in Southeast Asia based on *Washoku* (Japanese cuisine) study focusing on *Kyo-yasai* (heirloom vegetables in Kyoto)" *Mahidol University Journal of Pharmaceutical Sciences*, 42：47–54.

Sasaki A., Nakamura Y., Kobayashi Y., Aoi W., Nakamura T., Shirota K., Suetome N., Fukui M., Shigeta T., Matsuo T., Okamoto S., Park E. Y., Sato K. (2017) "A new strategy to protect *Katsura-uri* (Japan's heirloom pickling melon, *Cucumis melo* var. *conomon*) from extinction" *Journal of Ethnic Foods*, 4：44–50.

Sasaki A., Nakamura Y., Kobayashi Y., Aoi W., Nakamura T., Shirota K., Suetome N., Fukui M., Shigeta T., Matsuo T., Okamoto S.,

Park E. Y., Sato K.（2018）“Preparation of contemporary dishes and a functional drink using Japan’s heirloom vegetable, *Katsura-uri*” *Journal of Ethnic Foods*, 5： 60–65.

Sasaki A., Nakamura Y., Kobayashi Y., Aoi W., Nakamura T., Shirota K., Suetome N., Fukui M., Shigeta T., Matsuo T., Okamoto S., Tashiro Y., Park E. Y., Sato K.（2020）“Contribution of *Katsura-uri*（Japan’s heirloom pickling melon, *Cucumis melo* var. *conomon*） at the completely ripe stage to diabetes control” *Journal of Nutritional Science and Vitaminology*, 66： 262–270.

# 8章　ご飯を主食とした和食における「糖代謝」を考える

岩﨑　有作

## 和食の栄養学的特徴

和食の基本的な構成は、米・麦・雑穀などを炊いたご飯を「主食」とし、魚介・肉・卵・豆料理などの「主菜」、野菜・きのこ・いも・海藻料理などの「副菜」、味噌汁などの「汁物」を加えた「一汁三菜」が基本となる。この和食の献立は、世界各国の食事内容と比較しても、栄養学的視点から見て三大栄養素と呼ばれるタンパク質・脂質・炭水化物のバランスの良い食事であり、長寿国日本を支える重要な因子として注目されている。

三大栄養素のバランスを「PFCバランス（タンパク質 Protein のP、脂質 Fat のF、炭水化物 Carbohydrate のC）」、近年では「エネルギー生産栄養素バランス」という。厚生労働省が五年ごとに改訂／発表する科学的根拠に基づいて策定された「日本人の食事摂取基準」によると、人間の健康保持・増進を図る上で望ましいエネルギー生産栄養素バランス（%エネルギー）は、どの年齢においても、タンパク質が一三～二〇%（五〇歳以上は一四～二〇%、六五歳以上は一五～二〇%）、脂質が二〇～三〇%、炭水化物は五〇～六〇%とされている(1)（表1）。また、厚生労働省と農林水産省の共同により二

表１　推奨されるエネルギー産生栄養素バランス

日本人の食事摂取基準（2020 年版）[1)]

エネルギー産生栄養素バランス（%エネルギー）

| 性別 | 男性 | | | | 女性 | | | |
|---|---|---|---|---|---|---|---|---|
| 年齢等 | 目標量[1,2] | | | | 目標量[1,2] | | | |
| | たんぱく質[3] | 脂質[4] 脂質 | 脂質[4] 飽和脂肪酸 | 炭水化物[5,6] | たんぱく質[3] | 脂質[4] 脂質 | 脂質[4] 飽和脂肪酸 | 炭水化物[5,6] |
| 0～11(月) | — | — | — | — | — | — | — | — |
| 1～2(歳) | 13～20 | 20～30 | — | 50～65 | 13～20 | 20～30 | — | 50～65 |
| 3～5(歳) | 13～20 | 20～30 | 10 以下 | 50～65 | 13～20 | 20～30 | 10 以下 | 50～65 |
| 6～7(歳) | 13～20 | 20～30 | 10 以下 | 50～65 | 13～20 | 20～30 | 10 以下 | 50～65 |
| 8～9(歳) | 13～20 | 20～30 | 10 以下 | 50～65 | 13～20 | 20～30 | 10 以下 | 50～65 |
| 10～11(歳) | 13～20 | 20～30 | 10 以下 | 50～65 | 13～20 | 20～30 | 10 以下 | 50～65 |
| 12～14(歳) | 13～20 | 20～30 | 10 以下 | 50～65 | 13～20 | 20～30 | 10 以下 | 50～65 |
| 15～17(歳) | 13～20 | 20～30 | 8 以下 | 50～65 | 13～20 | 20～30 | 8 以下 | 50～65 |
| 18～29(歳) | 13～20 | 20～30 | 7 以下 | 50～65 | 13～20 | 20～30 | 7 以下 | 50～65 |
| 30～49(歳) | 13～20 | 20～30 | 7 以下 | 50～65 | 13～20 | 20～30 | 7 以下 | 50～65 |
| 50～64(歳) | 14～20 | 20～30 | 7 以下 | 50～65 | 14～20 | 20～30 | 7 以下 | 50～65 |
| 65～74(歳) | 15～20 | 20～30 | 7 以下 | 50～65 | 15～20 | 20～30 | 7 以下 | 50～65 |
| 75 以上(歳) | 15～20 | 20～30 | 7 以下 | 50～65 | 15～20 | 20～30 | 7 以下 | 50～65 |
| 妊婦　初期 | | | | | 13～20 | 20～30 | 7 以下 | 50～65 |
| 中期 | | | | | 13～20 | | | |
| 後期 | | | | | 15～20 | | | |
| 授乳婦 | | | | | 15～20 | | | |

1　必要なエネルギー量を確保した上でのバランスとすること。
2　範囲に関しては、おおむねの値を示したものであり、弾力的に運用すること。
3　65 歳以上の高齢者について、フレイル予防を目的とした量を定めることは難しいが、身長・体重が参照体位に比べて小さい者や、特に 75 歳以上であって加齢に伴い身体活動量が大きく低下した者など、必要エネルギー摂取量が低い者では、下限が推奨量を下回る場合があり得る。この場合でも、下限は推奨量以上とすることが望ましい。
4　脂質については、その構成成分である飽和脂肪酸など、質への配慮を十分に行う必要がある。
5　アルコールを含む。ただし、アルコールの摂取を勧めるものではない。
6　食物繊維の目標量を十分に注意すること。

〇〇五年に策定された、望ましい食生活を示した「食事バランスガイド」においても、主食（ご飯・パン・麺類などの炭水化物）、そして、野菜を含む副菜を多く摂取することが推奨されている[(2)]。以上より、健康を維持するために我々が摂取すべき栄養素の約半量は「炭水化物／糖質*」であり、和食の献立は炭水化物を含む栄養素のバランスが整った食事であるといえる。

## 日本のエネルギー生産栄養素バランスの変化と諸外国との比較

歴史的にみても、日本は米・ご飯を中心とした食事である。終戦直後の一九四六年より開始された我が国の栄養調査の結果をみると、一九五〇年頃のエネルギー摂取量は現在の推定エネルギー必要量を満たしていたが、エネルギーの質の面では炭水化物の摂取バランスが約八〇％と偏っていた[(3)、(4)]（図1）。一九五〇年代半ばより始まった高度経済成長期を経て食生活は急速に改善し、一九八〇年代には現在推奨されるエネルギー生産栄養素バランス（タンパク質一五％、脂質二五％、炭水化物六〇％）となった（図1）。その背景には、「食の欧米化」と言われる肉類や乳製品の摂取量増加があり、それに伴い脂質の摂取量が増加し、炭水化物の摂取量が減少した。脂質の摂取量増加が懸念されているが、現在（二〇一九年の国民健康・栄養調査の結果）のエネルギー生産栄養素バランスはタンパク質一五・一％、脂質二八・六％、炭水化物五六・三％であり、全ての数値が推奨値の範囲内である。

諸外国のエネルギー生産栄養素バランスをみてみると、中国や韓国などのアジアにおいては日本と類似の値を示す（表2）。一方、北米のアメリカやカナダ、南米のブラジルやアルゼンチン、ヨー

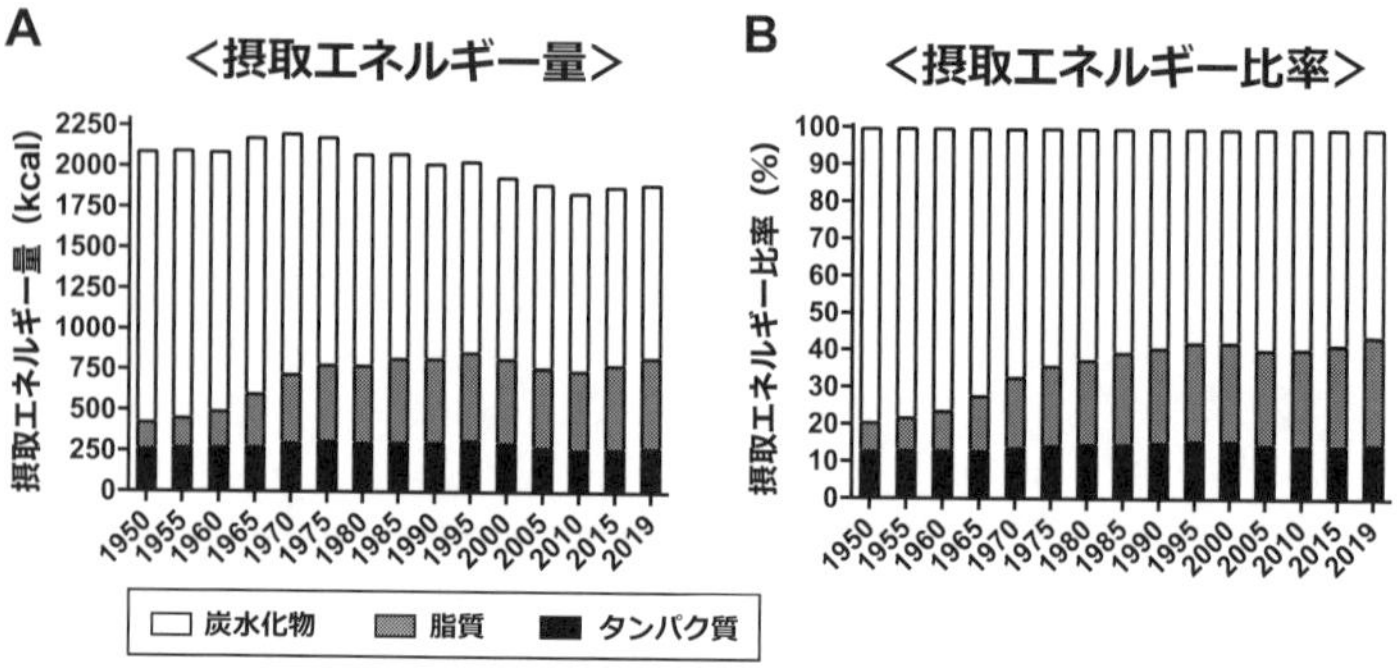


図１　日本のエネルギー生産栄養素バランス（PFC バランス）の経時変化

厚生労働省の国民健康・栄養調査、及び国民栄養の調査報告書より[3]、[4]作図。（A）摂取エネルギー（kcal）、（B）摂取エネルギー比率（%）

表２　日本と諸外国のエネルギー生産栄養素バランス

国際連合食糧農業機関（FAO）の 2017 年の食料需給表（Food Balance Sheet）のデータより作図[18]

| | タンパク質(%) | 脂質(%) | 炭水化物(%) |
|---|---|---|---|
| 日本 | 12.8 | 29.3 | 57.9 |
| 中国 | 12.7 | 27.5 | 59.8 |
| 韓国 | 11.5 | 28.7 | 59.7 |
| タイ | 8.6 | 20.4 | 70.9 |
| インド | 10.4 | 20.3 | 69.3 |
| インドネシア | 9.5 | 17.2 | 73.3 |
| ロシア | 12.1 | 29.4 | 58.5 |
| アメリカ | 12.1 | 40.0 | 48.0 |
| カナダ | 11.6 | 39.5 | 48.9 |
| ブラジル | 11.2 | 34.5 | 54.3 |
| アルゼンチン | 12.7 | 32.6 | 54.8 |
| イギリス | 12.1 | 37.0 | 50.8 |
| フランス | 12.6 | 39.9 | 47.5 |
| イタリア | 12.1 | 38.7 | 49.2 |
| オーストラリア | 13.1 | 41.8 | 45.1 |
| ニュージーランド | 11.5 | 33.2 | 55.3 |
| 南アフリカ | 11.1 | 24.6 | 64.2 |
| エジプト | 11.6 | 15.4 | 73.0 |

ロッパ（イギリス、フランス、イタリア）、オセアニア（オーストラリア、ニュージーランド）のエネルギー生産栄養素バランスは脂質摂取比が高く、炭水化物摂取比が低い（表2）。

## 糖質・グルコースのエネルギー源としての重要性

生命活動に必要なエネルギー（主にアデノシン三リン酸：ATP）は、食物として摂取した栄養素（糖質、脂質、タンパク質）の酸化分解によって供給される。糖質、脂質、タンパク質を含む食事を摂取した際、糖質がまず優先的にエネルギー産生に利用され、次いで脂質が利用される。タンパク質・アミノ酸は基本的に体タンパク質、酵素、ペプチドホルモンなどを作る材料として利用され、一部が状況に応じてエネルギー源としても利用される。食物を摂取しすぎた場合、余ったエネルギーは主として脂肪に変換されて体内に貯蔵エネルギーとして蓄えられる。

食物由来の主な糖質は、生体内ではグルコースとして機能する。そして、グルコースがエネルギー源として重要である理由として、あらゆる臓器・細胞で最も優先的に利用されるエネルギー源であることがあげられる。特に、脳・神経系や赤血球においては、特別な場合を除き、グルコースしかエネルギー源として利用できない。そして、グルコースはその後のエネルギー産生代謝経路（解糖系→TCA回路→電子伝達系による酸化的リン酸化）で利用されやすい形態：小分子で、直ちにエネルギー産生をすることができる。そのため、食事摂取基準においても炭水化物の推奨摂取比が約六〇%であることが理解できる。一方、脂質（主に中性脂肪）はグルコースに次いで利用されるエネルギー源である。貯蔵エネルギーである中性脂肪は、グルコースと比較すると大きな分子で、そして、一gあたり約九キロカロリーという高エネルギー（高カロリー）を有する物質である。尚、炭水化物（グルコース）とタンパク質（アミノ酸）のエネルギーは約四キロカロリー／gである。従って、中性脂肪をエネルギー産生代謝経路に利用するためには分解（脂肪酸のβ酸化）する必要があるために、グルコースを用いたエネルギー産生よりも代謝過程が多く、時間を要する。脂質を利用したエネルギー産生は、空腹時／飢餓時や持久的なエネルギー供給（心臓や骨格筋運動）に重要である。

糖質はエネルギー源になる以外、アミノ酸、脂肪、核酸の生合成に必要なリボース、解毒作用を担うグルクロン酸、タンパク質や脂質を修飾する糖鎖の材料にもなる。一方、脂質は、細胞膜の構成成分、生理活性物質（ステロイドホルモン、胆汁酸、ビタミンDなど）の材料にもなる。

## 食物中の糖質と体内利用

食物中の主な炭水化物・糖質は「デンプン」である。デンプンとは、多数のグルコース（単糖：これ以上加水分解されない最も小さな糖）が結合した巨大な分子で、多糖類として分類される。デンプンは植物が作る貯蔵エネルギーで、穀物やいも類に多く含まれる。植物細胞中の生デンプン（β-デンプン）は水に溶けない性質であり、このまま摂取しても消化・吸収されにくい。しかし、生デンプンに水を加えて加熱調理することで、柔らかく粘りのあるデンプン（α-デンプン）に変化する。この現象を糊化（α化）という。糊化したデンプンは、消化管内の唾液酵素、膵液酵素、小腸膜上皮膜酵素の働きで最終的に単糖のグルコースまでに分解され、小腸から吸収される。

「砂糖（スクロース）」も身近な食物中の糖質として挙げられる。スクロースは、グルコースとフルクトース（果糖）が結合した二糖である。スクロースは果物に多く含まれる他、サトウキビや甜菜（サトウダイコン、ビート）、サトウカエデ（メープルシロップの原料）に多く含まれ、調味料としての砂糖の原料になっている。スクロースは水に溶けやすく、摂取後は速やかにグルコースとフルクトースに消化され、小腸にて吸収される。従来は、小腸吸収上皮細胞に吸収されたフルクトースは、グルコースと同様、代謝されずに毛細血管に取り込まれると考えられていた。二〇一八年、果物から摂取するレベル（適量）のフルクトースは、小腸吸収上皮細胞内へ吸収された後、この細胞内でグルコースや有機酸へ変換／分解されて、毛細血管へ移行することが明らかとされた[5]。近年では、清涼飲料水や菓子・スイーツに多くの砂糖、もしくは異性化糖*（果糖ブドウ糖液糖）が含まれており、そのためフルクトースの摂取量が増加している。また、和食においても、醤油や味噌を使用する料理には多くの砂糖が利用されている。一度に多くの砂糖を摂取した際には、過剰なフルクトースが小腸吸収上皮細胞内へ取り込まれるが、そのフルクトースは完全に変換／分解されず、フルクトースのまま毛細血管へ移行する。吸収されたフルクトースは、門脈へ合流した後、直ちに肝臓へ運ばれ、フルクトースからグルコースへ変換される。過剰なフルクトース摂取による肝臓への直接作用が脂肪肝や高脂血症の発症に関わることが分かってきた。そこで、世界保健機構（ＷＨＯ）が二〇一五年に、一日の砂糖摂取量の目安を、一日のエネルギー総摂取量の五～一〇％未満（砂糖二五～五〇ｇ）に減らすことを推奨している。

消化・吸収された単糖は、門脈から肝臓へと移行し、グルコース以外の単糖は肝臓でグルコースに変換される。肝臓から循環血へ流出したグルコースは、全身の組織に運ばれてエネルギー源として利用される。エネルギー源として使用されなかったグルコースは貯蔵糖質のグリコーゲン（動物デンプン）として肝臓や筋肉で蓄えられる。さらに過剰なグルコースは脂肪組織や肝臓にて脂肪に変換され蓄積される。ヒトの体内には三つのエネルギー貯蔵庫があり、それは肝臓、骨格筋、脂肪組織である。肝臓と骨格筋は主にグリコーゲンを貯蔵し、その量は一〇〇g（四〇〇キロカロリー）と三〇〇～五〇〇g（一二〇〇～二〇〇〇キロカロリー）である。脂肪組織は主に脂肪を貯蔵し、体重六〇kgで体脂肪率が二〇%とすると、一二kg（八四〇〇〇キロカロリー、七キロカロリー／g脂肪組織で計算）の脂肪が貯蔵されている。

## 血中グルコース濃度：血糖値とその恒常性維持システム

グルコースは、生命の維持や活動のエネルギーを作り出すための最も重要なエネルギー源で、全ての細胞は細胞外液（血液、組織液）から得ている。従って、血中グルコース濃度（血糖値）は常に八〇～一〇〇mg／dℓに維持されるように、生体は血糖値維持システムを有している。血糖値の低下は、生体にとって極めて危険な状態となる。特に、中枢神経においては、グルコースが唯一のエネルギー源であることから、最も顕著な障害が生じる。血糖値が二〇～三〇mg／dℓ以下になると、意識障害、痙攣、昏睡状態へと陥る。一方、血糖値が高すぎることも障害が生じる。一時的な血糖上昇の場合は、一時的に尿中へグルコースを排出することで解決される。しかし、糖尿病のように高血糖が長時間高値を示すと、神経や血管に障害を与え、臓器機能低下や組織障害を誘導する。

血糖値が低くなると、肝臓に蓄えられたグリコーゲンが少しずつ分解されてグルコースとなり、血中へ放出される。肝臓中のグリコーゲンが枯渇した際には、骨格筋のタンパク質を分解して肝臓でグルコースを産生したり、脂肪組織の脂肪を分解して肝臓でグルコースを産生したりする「糖新生」というシステムが駆動する。これら血糖上昇システムは、多種類のホルモン（グルカゴン、アドレナリン、糖質コルチコイド、成長ホルモン）によって調節されている。

高血糖時は、膵臓のランゲルハンス島β細胞によって高血糖が認識され、β細胞よりインスリンが分泌される。インスリンは人体で唯一の血糖低下ホルモンとして自明であり、高血糖を改善する作用がある。骨格筋は人体最大の臓器で、最も糖取り込み能力を有する臓器でもある。高血糖時に分泌されたインスリンは、骨格筋に発現するインスリン受容体に作用し、骨格筋細胞表面にグルコース輸送体（ＧＬＵＴ４：glucose transporter 4）を速やかに発現させ、積極的に血中グルコースを骨格筋細胞内へ取り込ませる。ＧＬＵＴ４は、インスリンの刺激時のみに細胞膜表面に移行してグルコース取り込みを促進させる、インスリン依存型グルコース輸送体である。ＧＬＵＴ４は脂肪組織にも発現するため、骨格筋と同様のメカニズムで、インスリンは脂肪組織にも作用して糖取り込みを促進させる。インスリンにはグリコーゲン合成促進作用がある。インスリンは肝臓や骨格筋のインスリン受容体に作用し、取り込んだグルコースからグリコーゲンを合成し、貯蔵する。肝臓も糖取り込みに重要な臓器である。肝臓細胞の表面には、インスリンの有無に関わらず、グルコース輸送体（GLUT2）を多く発現している。食後は、小腸で吸収されたグルコースがまず肝臓に流入する。この時にグルコースが肝臓細胞内に取り込まれ、さらにインスリンの作用により取り込まれたグルコースはグリコーゲンとして貯蔵される。インスリンは血糖低下作用に加えて、アミノ酸取り込み促進とタンパク質合成促進作用（肝臓と骨格筋）、そして、脂肪合成促進作用（脂肪組織と肝臓）がある。従って、食事による高血糖刺激によって分泌される膵臓インスリンは、血糖を低下させるだけではなく、各臓器の糖・タンパク質・脂肪の合成（同化作用）を促進して、エネルギーを貯蔵する役割がある。加えて、インスリンは、中枢神経系にも作用し、食欲抑制作用や学習記憶向上作用、自律神経系を介した肝糖新生抑制作用など様々な機能が知られている。

## 糖代謝の異常：糖尿病とインスリン抵抗性

一九五〇年以降、日本における肥満者数、および糖尿病罹患者数は増加の一途をたどっている。この動向は日本のみならず、経済発展を遂げている諸外国でも同様である。原因は様々考えられるが、その中でも食生活はこれら生活習慣病と深く関係する。

糖尿病とはインスリンが十分に働かないために、血糖値が異常に高い状態が続く病気である。血糖値が高いこと自体は直ちに生命に関わるものではないが、高血糖は血管を傷つけ（酸化ストレス、タンパク質の糖化による炎症）、毛細血管障害からの臓器機能不全（腎臓障害、網膜症）の原因となり、大血管障害は脳梗塞や心筋梗塞など生命に関わる疾患の原因となる。糖尿病には大きく1型糖尿病と2型糖尿病がある。1型糖尿病は、自己免疫疾患によることが多く、膵臓ランゲルハンス島β細胞の破壊によるインスリン合成・分泌不足が特徴である。日本において、糖尿病患者の五％以下が1型糖尿病に対して、九〇％以上が2型糖尿病である。2型糖尿病は、インスリンの作用が低下するインスリン抵抗性とβ細胞からのインスリン分泌不全などが原因とされている。

2型糖尿病の初期段階に発症する「インスリン抵抗性」の制御が糖尿病の早期治療及び重度進展を食い止める鍵となる。インスリン抵抗性を発症させる原因としては、内臓脂肪蓄積とこの内臓脂肪細胞から分泌される炎症性サイトカインの異常分泌がある。高脂肪食は、質量当たりのエネルギーが高値であるため、エネルギー摂取過多となり、内臓肥満を誘導しやすい。高炭水化物食はインスリンの過剰分泌を促進し、インスリンの脂肪蓄積促進作用による内臓脂肪蓄積がインスリン抵抗性を誘導する。近年では、「低炭水化物ダイエット」が取り上げられているが、これはインスリンの過剰分泌と脂肪蓄積促進作用を避けるための一つの方法である。

低炭水化物ダイエットが注目された背景には、二〇〇八年に *The New England Journal of Medicine* に発表された成果の関与が考えられる。ヒトを対象とした二年間にわたる研究で、エネルギー制限をした低脂質食摂取群の体重減少効果よりも、エネルギー制限なしでの低炭水化物食摂取群（糖質摂取エネルギ比が約四〇％）の体重減少効果が強いことが報告された(6)。この時、炭水化物摂取量を減らすことでタンパク質摂取量と脂質摂取量が増加し、興味深いことに摂取制限なしでエネルギー摂取量が低下していた。その後も、低炭水化物食は短期間で体重を減少させることが数多く報告された[7]。しかし、糖質は生命活動維持に必要なエネルギー源でもある。また、糖質を制限する分、タンパク質（動物性 vs. 植物性タンパク質）や脂質の摂取量が増加する。そのため、低炭水化物食（高タンパク・高脂質食）の効果や安全性については今も盛んに研究されている。低炭水化物食には極端に炭水化物を制限した食事（一日の糖質摂取エネルギー比が一〇％以下）もあり、これら極端な糖質制限が死亡リスクを高めると警告する報告もある[8]。

## 耐糖能異常による食後高血糖

糖尿病の発症初期（糖尿病予備群）においては空腹時の血糖値が正常域（一一〇mg／dℓ未満）を示す場合が多くみられる。一方、糖尿病予備群ではすでにインスリン抵抗性を発症していることから、食後の血糖上昇がさらに高値となり、また、正常血糖値に戻るまでに時間も要するようになる。これを耐糖能異常という。食後二時間の血糖値が低下せずに一四〇mg／dℓ以上の高い値が続く状態を「食後高血糖」といい、二〇〇mg／dℓ以上となると糖尿病と診断される。耐糖能異常により、空腹時の血糖値は正常であっても、食事以降の高血糖状態が長く続くと、血管内皮への悪影響（酸化ストレス、糖化、炎症）を与える（図2）。従って、インスリン抵抗性を発症した糖尿病予備群は、代謝障害（メタボリックシンドローム）や動脈硬化などの重大な合併症を発症するリスクが上昇する（図2）。一方、

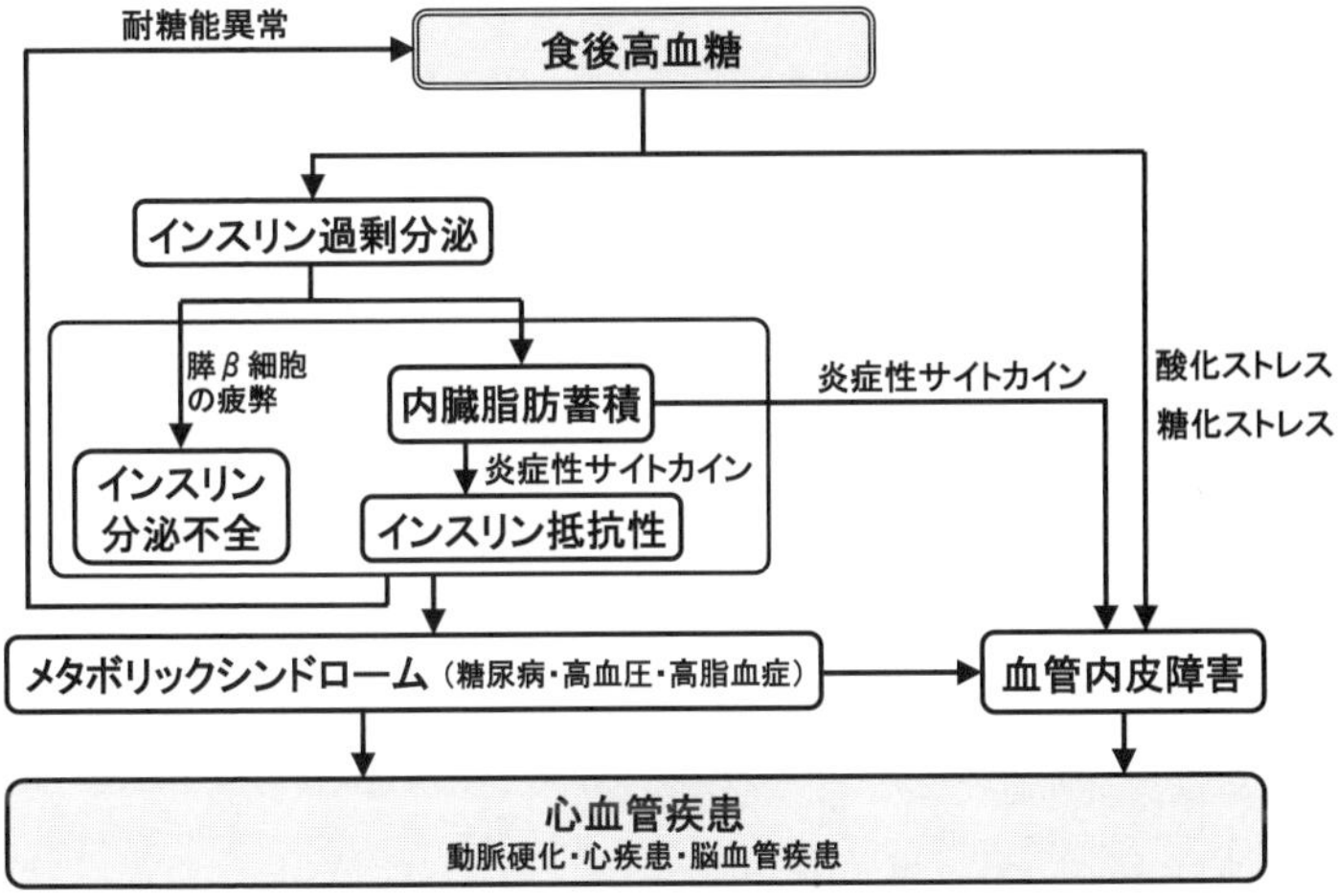


図２　食後高血糖と心血管疾患発症リスクと関連

(19) より一部改変。

食後高血糖を是正することで上記合併症のリスクを低減させることもわかってきた。

## グライセミックインデックス（glycemic index：GI）と低GI食品の代謝疾患予防効果

糖質を含む食物を摂取すると血糖値が上昇する。しかし、同じ糖質量であっても、食品の違い（含有する糖質の種類や糖質以外の成分）によって血糖上昇の度合いが異なる。例えば、精製された糖質を主な原料とする砂糖、白飯、白パンなどは血糖値を上昇させやすく、未精製な玄米や全粒粉のパンなどは血糖値を上昇させにくい。このように糖質を含む食品・食事の食後血糖上昇能をglycemic index（GI）という。GIは、一九八一年にカナダのJenkinsらによって提唱され、国際的に照準化された概念である[9]。耐糖能異常の無い被験者六〜一〇名を対象に、基準食グルコース五〇gの摂

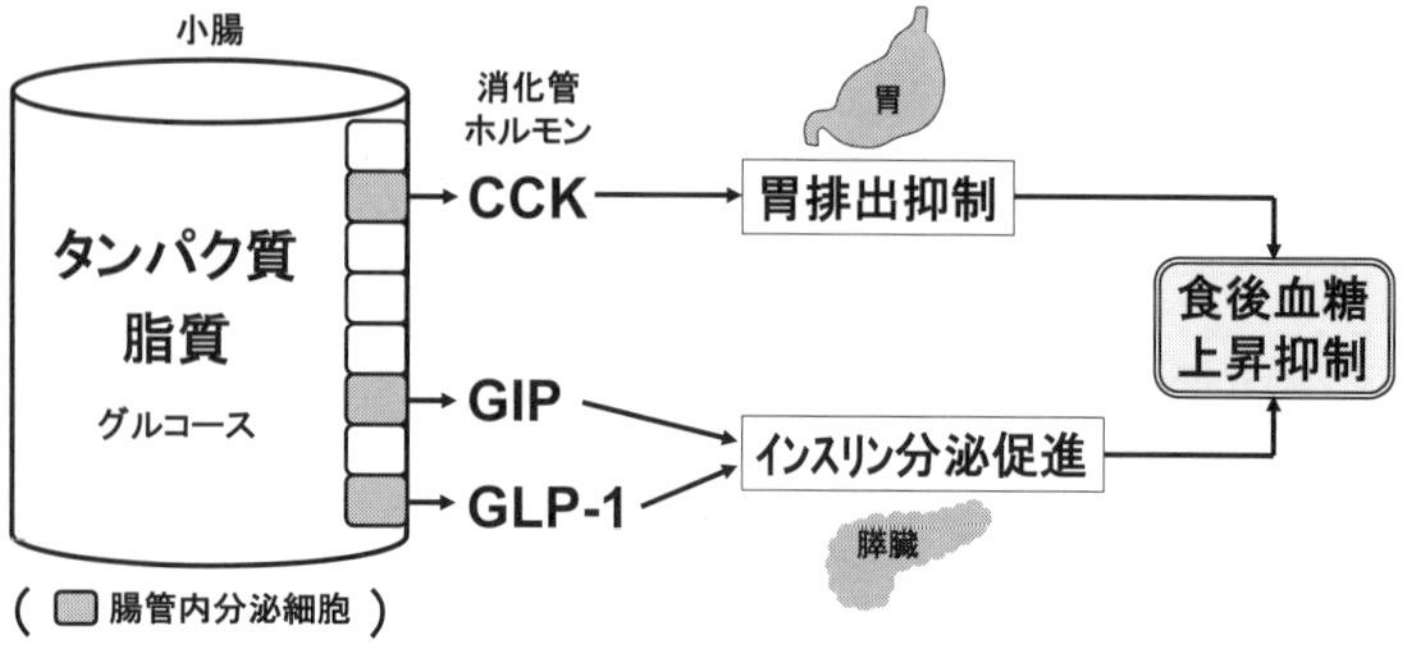


図３　消化管ホルモンによる食後の血糖上昇抑制作用

取二時間後までの血糖上昇曲線下面積を一〇〇としたとき、グルコース五〇ｇ相当量の糖質を含む試験食の摂取二時間までの血糖上昇曲線下面積値の相対値をＧＩと定義する。この原法は一部改変されて、例えば基準食が海外では白パン、日本ではご飯（特定の包装米飯一四七ｇ、糖質量五〇ｇ）が利用されている。[10]

ＧＩに影響を与える因子として、食品中の精製度（白米と玄米）や加工度（粥と飯）、食物繊維含量、脂質／タンパク質含量などが挙げられる。これら食品因子は、消化・吸収、さらには糖代謝を強く制御するホルモン（インスリンや後述する消化管ホルモン）の分泌に影響を与え、最終的に血糖上昇能に違いを生じさせる。

糖質の消化・吸収速度を調節する代表的な食品成分として食物繊維がある。不溶性食物繊維を多く含む玄米ご飯は、精白米のご飯と比較して、食後の血糖と血中インスリン濃度上昇が小さい。[11]水溶性食物繊維である難消化性デキストリンは、消化管の糖質分解酵素と糖吸収輸送体の機能を阻害することで、食後の血糖上昇を小さくする。難消化性デキストリンは無味無臭で様々な食品に添加することが可能であるため、食後の血糖上昇を抑制する効果が期待される食品として、多くの特定保健用食品*が販売されている。

タンパク質と脂質は、食後の血糖上昇反応に大きな影響を与える（図3）。タンパク質と脂質は、消化管内の消化の過程で小腸内分泌細胞に作用し、消化管ホルモンの cholecystokinin（ＣＣＫ：コレシストキニン）の分泌を強く誘導する。ＣＣＫの作用の一つに胃排出抑制作用（胃内容物の輸送を抑制する作用）がある。そのため、タンパク質や脂質と共に摂取した糖質は、胃内滞留時間が延長され、糖質の小腸における消化・吸収も遅延し、食後の血糖上昇が緩やかになる。タンパク質と脂質は、ＣＣＫ以外に、glucose-dependent insulinotropic polypeptide（ＧＩＰ：グルコース依存性インスリン分泌刺激ポリペプチド）と glucagon-like peptide-1（ＧＬＰ-１：グルカゴン様ペプチド-１）という二つの消化管ホルモンの分泌も促進させる。これらＧＩＰとＧＬＰ-１はインスリン分泌を促進させるインクレチンホルモンとして知られている。ＧＩＰとＧＬＰ-１は糖質の摂取でも分泌されるが、脂質は特にＧＩＰの分泌を、タンパク質はＧＬＰ-１の分泌を強く誘導する。糖質と一緒にタンパク質や脂質を摂取すると、ＧＩＰやＧＬＰ-１の分泌が強く促進され、ＧＩＰ・ＧＬＰ-１によるインスリン分泌の促進作用によって食後の血糖上昇が抑制されると考えられている。しかし、近年の報告では、肉や魚（タンパク質と脂質）を摂取すると、糖質摂取による血糖値の上昇だけでなく、インスリン上昇も抑制されることが分かってきた[12]。さらに、腸から分泌されるＧＬＰ-１はインスリン分泌を促進させるだけではなく、インスリン作用を増強させて、高血糖を改善する作用も報告された[13]。従って、インクレチンホルモンの中でも糖尿病治療薬の鋳型ともなっているＧＬＰ-１に関しては、脂肪蓄積を誘導するインスリンの分泌を促進させずに血糖上昇抑制させる効果が、代謝疾患の予防・改善に効果的であると考えられる。

タンパク質単独の摂取においてもインスリン分泌が促進されることが知られている。タンパク質の最終消化産物であるアミノ酸には膵臓に作用してインスリン分泌を促進させる作用がある。タンパク質摂取によるインスリン分泌促進作用は糖質によるインスリン分泌反応の約三〇％と弱いため、タンパク質の摂取によるインスリン分泌促進作用によって低血糖が惹起されることはない。インスリンの生理作用には体タンパク質合成促進作用があるため、タンパク質摂取によるインスリン分泌促進作用も理にかなった生体反応と考えられる。

多くの研究の成果により、耐糖能異常や食後高血糖が循環器疾患の発症リスクを高めることは明らかである。そして、この食後高血糖を薬（αグリコシダーゼ阻害剤：糖質分解酵素阻害剤）で治療することで心血管疾患の発生率が大きく改善される[11]。そこで、食生活においても低ＧＩ食が代謝疾患や肥満の予防・改善に有効となることが期待される[14]。国連食糧農業機関（ＦＡＯ）やＷＨＯ、世界の糖尿病関連学会・協会は、肥満や循環器疾患の予防のために低ＧＩ食の摂取を推奨している。低ＧＩ食にはインスリン必要量を低下させて過剰な脂肪蓄積を抑制する効果や満腹感の持続させる効果が期待される。

## 和食における糖代謝を考える：食べる組み合わせ・順番と食後の血糖上昇

和食は、健康を維持するために必要な栄養をバランス良く含んだ理想的な食事である。和食は、主食であるご飯（炭水化物／糖質）を中心とした食事である。従って、前述したように食後の過剰な血糖上昇については気になるところである。

和食は、主食を中心に、主菜、副菜、汁物と一汁三菜で構成される。主食において、白米だけの摂取はその後の血糖上昇が比較的大きいが、この白米を玄米にしたり、雑穀を混ぜたりすることで、血糖上昇反応を緩やかにすることができる。また、混ぜご飯も有効である。海藻類（ひじき、わかめなど）、きのこ類（しめじ、松茸など）、豆類（そら豆や小豆など）の混ぜご飯は、白米と比較すると、食後の血糖上昇が低い。主菜（メインのおかず）は、肉や魚などのタンパク質と脂質を多く含む食材が使用される。肉料理（豚の生姜焼きやハンバーク）、魚料理（塩焼き、照り焼き、お刺身、南蛮漬け）はご飯のＧＩを低下させる。副菜もご飯のＧＩを低下させる。きゅうり、れんこん、春雨などの酢の物は、ご飯のＧＩを低下させる。納豆や豆腐などの豆類も有効である。さらに、納豆のような粘性食品である長いも（生）やオクラなども血糖上昇を抑制する。汁物に関しては、わかめや豆腐、豚肉など具を加えた味噌汁はご飯の血糖上昇反応を低下させる[(11)、(15)]。以上のことより、栄養バランスの良い和食の場合、様々な食材と組み合わせてご飯を摂取するため、食後の血糖上昇は穏やかとなることが期待される。

上述の食べ合わせの効果以外に、食べる順番も食後の血糖上昇反応に影響を与える。食物繊維を多く含む野菜（サラダ）をご飯の前に摂取すると、食後の血糖上昇とインスリン分泌上昇が有意に抑制される。[16],[17] また、肉や魚をご飯の前に摂取することで、消化管ホルモンのGIPとGLP-1の分泌が促進され、食後の血糖上昇とインスリン分泌促進反応を有意に抑制する。[12] このことから、食事による血糖とインスリン上昇反応を最小限に止めることができる食事の順番として、まずはじめに消化速度を緩やかにする食物繊維の多い野菜類を取り、次に血糖上昇を抑制する消化管ホルモン（CCK、GIP、GLP-1）の分泌を強く促進させる肉・魚類（主食）、最後にご飯（主食）や果物（デザート）を摂取することが良いと考えられる。この食べる順番は、和食の懐石料理と共通する。糖質を多く含まない食材（野菜、きのこ類、魚介類など）が調理された先付けからはじまり、向付やお造り、焼き物ではタンパク質や脂質を含む魚料理がふるまわれ、最後にご飯と水菓子（果物）が提供される。良き食文化として継承されてきている和食の懐石料理の提供方法が、食事の糖代謝においても科学的に理にかなっていると推察される。

【補足説明】

＊炭水化物と糖質について

炭水化物は、糖質（多糖類、オリゴ糖、糖アルコール、糖類など）と糖類（単糖類、二糖類など）、食物繊維などの難消化性糖質を含む最も広い意味。糖類は糖質に含まれ、難消化性糖質は糖質・糖類には含まれない。

＊異性化糖

砂糖の代替品として利用される甘味料のひとつ。グルコースとフルクトースを主成分とする液体状の糖である。トウモロコシやジャガイモ、サツマイモなどを主原料とし、デンプンを酵素を用いてグルコースに分解し、最後に、異性化酵素を用いてグルコースの約半量をフルクトースに変換する。砂糖（スクロース）に匹敵する甘味を有し、砂糖より安価に製造できる。

清涼飲料水を始め多くの食品に利用されており、ブドウ糖果糖液糖や果糖ブドウ糖液糖のように食品表示されている。

＊特定保健用食品

特定保健用食品とは、からだの生理学的機能などに影響を与える保健効能成分（関与成分）を含み、特定の保健の目的が期待できる旨が表示された食品。トクホとしても知られる。各食品の有用性と安全性について国（消費者庁）が審査している。

【注】


1 厚生労働省ホームページ「日本人の食事摂取基準」https://www.mhlw.go.jp/stf/seisakunitsuite/bunya/kenkou_iryou/kenkou/eiyou/syokuji_kijyun.html

2 農林水産省ホームページ「食事バランスガイド」https://www.maff.go.jp/j/balance_guide/

3 厚生労働省ホームページ「国民健康・栄養調査」https://www.mhlw.go.jp/bunya/kenkou/kenkou_eiyou_chousa.html

4 国立健康・栄養研究所ホームページ「国民栄養の現状」https://www.nibiohn.go.jp/eiken/chosa/kokumin_eiyou/

5 Jang C, Hui S, Lu W et al. (2018) The Small Intestine Converts Dietary Fructose into Glucose and Organic Acids. *Cell Metab* 27 (2): 351–361 e353.

6 Shai I, Schwarzfuchs D, Henkin Y et al. (2008) Weight loss with a low-carbohydrate, Mediterranean, or low-fat diet. *N Engl J Med* 359 (3): 229–241.

7 Kirkpatrick CF, Bolick JP, Kris-Etherton PM et al. (2019) Review of current evidence and clinical recommendations on the effects of low-carbohydrate and very-low-carbohydrate (including ketogenic) diets for the management of body weight and other cardiometabolic risk factors: A scientific statement from the National Lipid Association Nutrition and Lifestyle Task Force. *J Clin Lipidol* 13 (5): 689–711 e681.

8 Noto H, Goto A, Tsujimoto T et al. (2013) Low-carbohydrate diets and all-cause mortality: a systematic review and meta-analysis of observational studies. *PLoS One* 8 (1): e55030.

9 Jenkins DJ, Wolever TM, Taylor RH et al. (1981) Glycemic index of foods: a physiological basis for carbohydrate exchange. *Am J Clin Nutr* 34 (3): 362–366.

10 日本 Glycemic Index 研究会ホームページ http://www.gikenkyukai.com/protocol.html

11 細谷憲政ら（二〇一一）『臨床栄養のための Glycemic Index』第一出版。

12 Kuwata H, Iwasaki M, Shimizu S et al.(2016) Meal sequence and glucose excursion, gastric emptying and incretin secretion in type 2 diabetes : a randomised, controlled crossover, exploratory trial. *Diabetologia* 59 (3) : 453–461.
13 Iwasaki Y, Sendo M, Dezaki K et al.(2018) GLP-1 release and vagal afferent activation mediate the beneficial metabolic and chronotherapeutic effects of D-allulose. *Nat Commun* 9 (1) : 113.
14 Brand-Miller J, Hayne S, Petocz P et al.(2003) Low-glycemic index diets in the management of diabetes : a meta-analysis of randomized controlled trials. *Diabetes Care* 26 (8) : 2261–2267.
15 Taniguchi A, Yamanaka-Okumura H, Nishida Y et al.(2008) Natto and viscous vegetables in a Japanese style meal suppress postprandial glucose and insulin responses. *Asia Pac J Clin Nutr* 17 (4) : 663–668.
16 Yagi M, Kishimura Y, Okuda F et al.(2018) Effect of yogurt on postprandial blood glucose after steamed rice intake. *Glycative Stress Research* 5 (1) : 68–74.
17 Imai S, Fukui M and Kajiyama S (2014) Effect of eating vegetables before carbohydrates on glucose excursions in patients with type 2 diabetes. *J Clin Biochem Nutr* 54 (1) : 7–11.
18 国際連合食糧農業機関（ＦＡＯ）“Sheet FB” http : //www.fao.org/faostat/en/#data/FBS/report
19 市川陽子（二〇一一）「食事の Glycemic Index と生活習慣病一次予防」『日本調理科学学会誌』四四—四、二五九—二六二頁。

## コラム2　方言と和食文化

小林　啓治

「あご」の話から始めよう。顎ではなくトビウオである。「あご」の由来については、「あごの落ちるほどうまいからだ」とか、「トビウオのあごが大きいからだ」という俗説があるが、語源ははっきりしないようである（『日本料理由来事典　上』同朋舎）。近年は「あごだし」が普及しているから、「あご」がトビウオであることはかなり認知されていると思われるが、それでも大学生に質問してみると、「あご」がトビウオであることがわからない学生も少なくない。筆者は島根県出身で、出雲地方を中心とする「あご野焼き」はとてもポピュラーだから、トビウオより「あご」の方が魚をイメージしやすい。

では、「あご」という言葉がつかわれているのはどの地域なのだろうか。九州や日本海側で使われるという説明を目にすることがあるが、日本海側といっても東北まで含めて「あご」は一般的なのか、太平洋側では「あご」とは言わないのか、いくつか疑問が浮かぶ。本格的に調べるのは大変だが、インターネットで県名と「あご」で検索してみれば大体の傾向を知ることができる。日本海沿岸といっても、ヒット数は島根県、鳥取県、兵庫県などが中心でそれより東または北に行くと情報量は少なくなる。「あご」の漁獲量に左右されるのであろう。また、太平洋側では、たとえば三重県の県庁ＨＰには、「おさかな雑録№54トビウオ」（２０１1年9月21日）とあり、「あご」は使われていない。「あご」と県名で検索してみると、たしかに太平洋側では「あご」の情報は圧倒的に少ないことがわかる。

海産物は方言の宝庫である。「アカアマダイ」を関西では「ぐじ」と言うが、筆者は全く聞いたことがなかった。「メジナ」は「くしろ」「ぐれ」「くろ」などと呼ばれ、「マトウダイ」は「マツダイ」「マテ」「ばとう」「まとえ」「月の輪」などの名称がある。広域で流通するより地元で費消されるものほど、地域名がつきやすいのではないだろうか。その地域の食べ物は地域で使われている名称を表記することが大切ではなかろうか。

次に味噌汁を取り上げてみよう。味噌汁にはいくつかの言い方があって、すぐに連想されるのは「おみおつけ」だろう。『日本大百科全書』（小学館）の「みそ汁」の項目では、「近年まで、みそ汁を「おみおつけ」とよんでいた。ご飯につけるみそ汁の女房詞（ことば）「おつけ」に、さらにていねい語、尊敬語の「御御（おみ）」をつけて御御御汁（おみおつけ）としたもので、敬語が三つも重ねられているのは、よほどその価値を高く評価したのであろう」と解説されている。

『日本国語大辞典（第二版）』（小学館）で「おみおつけ」を引いてみると、「御味御汁・御味御付」の漢字があてられ、「おみ」は味噌（みそ）のこととされ、味噌汁をいう丁寧語と解説されている。『日本大百科全書』とは異なる説明であり、諸説があると解釈すべきだろう。「おみおつけの」使用事例としては、『守貞謾稿』（一八三七～五三年）の「今江戸にて露と云はすまし也。味噌汁をおみをつけと云也」という事例があがっている。明治以降では、島崎藤村『破戒』（一九〇六年）の「御味噌汁（オミオツケ）も温めてありやすにサ」や、泉鏡花『婦系図』（一九〇七年）の「女中（をんな）が味噌汁（オミオツケ）を装（も）って来る間に」といった事例があがっている（括弧内はふりがな、以下同様）。

一方、『日本国語大辞典（第二版）』で「おつけ」を引いてみると、『守貞謾稿』の「京坂にては『おつけ』とのみも云ことあり」という事例があがっている。こうして「おつけ」という一つの系統がうかびあがってくる。

では、「みそしる」という言い方はどうなのか。『日本国語大辞典（第二版）』で「みそしる」を引くと、井原西鶴『男色大鑑』（一六八七年）の「味噌汁（ミソシル）の餅喰など、人間ゆくすゑの身の程しらぬは浅まし」という事例があがっている。必ずしも、味噌汁が「おみおつけ」という言い方で統一されていたわけではないことがわかる。

『日本方言大辞典』（小学館）で「おみおつけ」を引いてみても項目としては出てこないが、「しる」で引くと、味噌汁の意味で実にさまざまな言い方が現れる。いくつか列挙してみよう。

《おしる【御━】》高知県

《おしー》栃木県／群馬県群馬郡／埼玉県／千葉県夷隅郡／神奈川県中郡／長野県下水内郡／静岡県田方郡／庵原郡／愛知県東部／滋賀県彦根／大阪市／兵庫県神戸市／淡路島／愛媛県

《おっちー》茨城県稲敷郡／千葉県海上郡
《しーし》愛知県知多郡
《おしーし》岐阜県安八郡
《おしろっこ》秋田県南部

「しる」系の言い方は、中部から東日本に多いようであるが、滋賀県、大阪府、兵庫県でも使用例があり、ここから地域的特徴を見いだすことには慎重でなければならない。仮に「おつけ」系統が女房詞から発しているとするなら、京都や江戸を中心とした都市的用語と「しる」系統の非都市的用語の区別を想定してもよいかもしれない（大阪市や神戸市などの例外はある）。

漬物はどうだろうか。よく使われる言葉として「香の物」がある。『日本国語大辞典（第二版）』には、「古くは味噌漬、後には糠（ぬか）、塩、粕などに漬けた野菜類をいう。漬物。おこうこ」とある。とくに大根漬、「たくあん」を指す、という説明もある。後者の意味での方言は多様であるが、一番多く使われているのが「こーこー」という言葉である。『日本方言大辞典』は、「「香の物」の「香」を重ねた語。もと女房詞」と説明している。同書によれば、東北の事例はあがっていないが、北は新潟、西は長崎、南は高知と、広汎に使用されている。東京、京都、大阪も含まれており、「方言」というよりも、言い換えた言葉として理解した方が適切かもしれない。

「こーこー」のバリエーションとしては、近畿およびその周辺部を中心にして「こんこ」「こんこん」という言葉も使われている。島根県出雲市の事例として「かーこ」「かいこ」という言い方があがっているが、これは出雲弁特有の発声がそのように聞こえたものと解することができる。

　一方、今では使用頻度が下がっていると思われるが「くもじ」という言い方もある。その意味を大きく分類すれば、野菜の茎漬けを意味する場合と、漬物そのものを意味する場合とに分けることができる。「くもじ」という言葉は、『日本方言大辞典』によれば、「くき（茎）」の「き」を略し、「文字」を添えた語で「茎漬け」の意、とある。茎漬けを意味する「くもじ」を使う地域としてあがっているのは、岐阜県以西であり、「おくもじ」という言い方も富山県が東端となる。したがって、『日本方言大辞典』に依拠する限りでは、「くもじ」系の言葉は西日本の言い方といってよいかもしれない。漬物一般をさす場合でみても、東日本の事例は全くあがっていない。

　最後に「いりこ」を取り上げる。『日本大百科全書』では、ナマコの煮干しを最初にあげ、次に「イワシの幼魚、カタクチイワシ、カマスの幼魚、その他の小魚の煮干しをいう。主として関西で使われる語」と説明している。『日本語大辞典（第二版）』は、煮干しの意味での「いりこ」が使われる地域として、大阪市、兵庫県、神戸市、鳥取県、島根県、香川県、愛媛県、高知県、大分県、宮崎県などの事例をあげている。バリエーションとしては、「いりじゃこ」や「いりぼし」などがあり、それらもすべて西日本に属する。

　筆者の経験でも、福島県出身の学生に「いりこ」の話をしても、ぽかんとして反応がなかく、はたと気がついて「煮干し」と言い換えてやっと話が通じたことがあった。三重県の学生は三重県に境があるのではないか、と推測を述べてくれた。こうしたアンケートは毎年やってみて、一〇年程度でその推移を比較してみると面白いかもしれない。流通が全国規模、世界規模になると、言葉も標準化されていくであろうことは容易に推測される。あご（トビウオ）や、いりこ（煮干し）などと名称が併記されるのは、その食べ物や食材が広域で流通するようになったことを表現している。

和食と方言の関係を考える軸として、東と西、北と南、江戸と上方（共通性と差異性がある）、日本海側と太平洋側、身分・階層の違い、などがあげられる。さらに、時間という要因も重要である。現代に近くなればなるほど、流通や市場の拡大、情報の共有によって、言葉の標準化・画一化が進んでいく。食べ物を表現する方言は、食が画一化することでどんどん失われていくであろう。グローバルな食の展開を遮断するのは無理だろうが、和食と方言の関係は和食の多様性の反映であるから、方言を大切にすることでその土地の食べ物や食文化を大事にしたいものである。

# 第Ⅲ部　通わせる

# 語り3　料理屋という食のいとなみ

田村　圭吾［語り］、平本　毅［記録］

インタビュー実施日時　二〇二〇年三月二五日
出席者　（インタビュイー）京料理　萬重　田村圭吾氏
（インタビュアー）京都府立大学　宗田好史、山口エレノア、玉井亮子、平本毅

## どんな人に通っていただいているか

**平本**　まず、どんなお客さんに通っていただいているかを教えていただけますか？

**田村**　「萬重」は織物の町西陣の地にあります。ですので、地域の集まりごとでの利用が主でした。たとえば西陣織の団体のような、業界団体の集まりなどです。このような機会に、京都以外の地ではホテルを使うのかもしれませんが、京都では料理屋に集まる習慣があります。うちは観光客向けに京都風情を強調するのではなく、地域の人を対象に季節ごとの旬の料理、ボリューム感がある料理などを提供しています。

うちの店の常連さんが、街中の別のお店の常連さんだったりすることもあります。使う機会が違う

ということなのでしょう。地域によって、また用途によって、通われるお客さんの層が違うのだと思います。

**宗田**　西陣のお客さんの特徴はどんなところにありますか？

**田村**　俗に「西陣で飲食店の商売が成功すれば、どこに行っても成功する」と言いますが、西陣は古くからの商売人の街ですので、とてもシビアな眼をお持ちの方が多いと感じます。値段に見合った料理を出しているか、といったことです。私の祖父は、お客さんの食事が終われば洗い場に行き、何を残したかを見ろと教えてくれました。

## 町の中の料理屋

**平本**　西陣の町でどんな商売をされてきたかについてお聞かせください。

**田村**　西陣は西陣織の産地として繁栄しました。その地で祖父が、「萬又」という料理屋に一五年ほど勤め、大番頭にまでなりました。独立は一九三七年です。「萬又」から「萬」の字をいただき、祖父の名前、「重二郎」の「重」で「萬重」です。のれんわけの元から一文字いただくことは信用になります。

商売としては「廻り」や「仕出し」の仕事がありました。「廻り」はある程度加工した品（おかずなど）を売り歩き、「仕出し」は料理をセットで届けるということです。昔、西陣の家々にはそれぞれ織機があって、いわゆる「ガチャ万」の時代―ガチャンと織機を使えば一万儲かると言われた時代

―などは、女性も家事に専念するより仕事をしたほうが儲かったので、いまでいうケータリングの需要があったわけです。

**平本**　お話を聞いていると、「通っていただく」というテーマではありますが、お店に通っていただくことだけでなく、地域の人々のニーズにあわせて、いまでいう外食から中食、内食まで幅広く提供されてきたということですね。

**田村**　その通りです。私は取材で「料理屋さんとはどういうお仕事ですか？」ときかれると、「料理屋はスウェーデンみたいなものです」と答えます。それこそ「ゆりかごから墓場まで」、地域の人々の生活に寄り添っていく仕事をしています。古くからの料理屋は、「うちはこんな料理屋だからさあおいで」という姿勢ではなく、自分たちの顧客に対してどういうニーズに応えられるか、を考えて仕事してきたのではないでしょうか。

**平本**　お客さんと「心を通わせる」こととも通じますね。

**田村**　そうです。顧客に対してできる範囲の裏方の仕事をするのが料理屋だと思います。これは食のニーズへの対応だけに限りません。たとえば地域の会の役員をさせていただく、寺社仏閣の手伝いをする。そうした地域活動への貢献も行っています。

**平本**　なるほど。でもそうした地域との結びつきは、時代とともに遷り変わるものなのでしょうね。

**田村**　変わります。全国的に、本来の料理屋の役割は、地域や村の風習・習慣と結びついたものであったのでしょうが、その結びつきは時代とともに薄れていきます。ただ、京都は伝統や風習を重んじる土地ですので、まだその結びつきが残っているところがあります。

## 通っていただくための工夫

**平本**　時代の流れにともない西陣の地が変化していくなかで、それでもお客さんに通っていただくための工夫はありますか？

**田村**　まず前提として、昔は地元のお客さん相手の商売で食べていけたわけですが、いまはそうではありません。立地的には京都の上「かみ」の町衆の生活圏内になるので、繁華街や観光地のお店と比べると、同価格であってもワンランク上の料理を提供できるようにしています。また、お客さんの要望をきっちり聞くことも大事です。その一方で、あまり大々的に広告を打つことはしていません。

また、お客さんへのはたらきかけのひとつとして、地域の方々に食事の席での作法を伝えたり、食育に取り組んだりして、地域に和食文化を残すための努力もしています。

## 外国から通っていただく

**平本**　外国人の方は来られますか？

**田村**　インバウンド客向けのＰＲはしていないので、本店にはあまりいらっしゃいません。ポルタ

（ＪＲ京都駅前の地下街）の支店にはいらっしゃいますが、それは立地のおかげですので、ＰＲの結果というわけではありません。支店のお客さんが本店にいらっしゃるかというと、それも難しい。客単価が違いますので。

**平本**　本店に日本語が話せないお客さんがいらっしゃったら、誰が対応するのですか？

**田村**　わたしも多少英語を喋れますし、ほかにも少し英語を話せる店員がいます。

**山口**　外国人にとっての入りやすさということでいうと、お店の入口はどんなデザインになっていますか？私（注：英国出身）が日本に来たばかりのころ、入口だけではお店なのか民家なのかわかりにくいところが多く、入りづらかったのですが。祇園の街を歩いていても、外からでは建物の中がどうなっているのかわからないことが多いですね。

**田村**　うちもそんな感じです（笑）。入口がわかりにくいのは、わかる人にはわかるようになっているからで、たとえば町屋であれば、見る人が見れば格子の形状で何屋かを判別できます。商いの種類によって格子のパターンが違うのです。看板を出さずとも、昔の人が見れば何屋さんかがわかった。その名残があるのだと思います。

**玉井**　あえてインバウンド観光客向けの商売をしないのは、よくあることなのですか？

**田村**　土着で長く商売している店には珍しくないことだと思います。決して観光客を受け入れないということではありませんが、インバウンドの方や観光客が大挙して押し寄せると、元々いらしていたお客さんが席を取れなくなったり、ご要望にも応えきれなくなります。

ただ、外部資本のお店であるとか、古くからのお店であっても観光地に立地するようなお店であれば観光客向けの商売をされますので、どこにターゲットを絞るかだと思います。

一〇年ほど前のことですが、日本版のミシュランガイドが発売されたとき（東京版は二〇〇七年、京都・大阪版は二〇一〇年）、東京では掲載されたお店の電話が連日鳴り止まなかったそうですが、京都で星をとったうちの知り合いのお店では、そんな騒動にはならなかったときききます。やはり京都の料理屋のお客さんは、自分が好きだから通っているという意識が強く、観光で訪れるお客さんとは少し違うのではないでしょうか。もちろん、今は意識が変わってきているところもあるとは思いますが。

ただ、地域のお客さん相手の商売を続ける環境は、やはり年々厳しくなっています。萬重を取り巻く状況も変わってきました。地域のお客さんは減ってきています。セレモニー的な食事の機会がなくなってきたこともありますし、西陣織の織物産業の規模も小さくなっております。その一方では食生活の変化があります。欧米スタイルのレストランが好まれるようになり、和食がそこまで重視されなくなってきました。

**玉井**　田村さんは文化庁の「文化交流使」事業で海外（ニュージーランド、エルサルバドル、ハンガリー、北マケドニア、レバノン、ドバイ）をまわられたと聞きました。普段和食に接する機会が少ない人々に、どう和食を伝えようとされたのですか？

**田村**　日本は四季がはっきりしていて、山、海、川の自然資源に恵まれています。そうした自然の恵みを日本人は大事にしてきましたし、食と季節の儀式・行事が分かちがたく結びついています。そのため日本人の食は、歴史の中で文化的な要素が育まれてきました。こんな説明をしました。

**山口**　今後、ベジタリアン向けの料理も増えていくのでしょうか？

**田村**　お寺には精進料理の伝統があり、昔から肉を使わない料理を提供していました。しかし、野菜だけでこの値段？と言われてしまうところもあるので、ちょっと難しいこともあります。食材に対する対価だけでなく、それを調理し、提供する際の演出のコストなどにも対価をお支払いいただく価値観が醸成されていないのではないかと思います。

## 和食料理屋はどうなっていくのか

**平本**　今までお話しいただいたことから、京都の料理屋がいかに地域に根差したものであるかということがわかりましたし、また萬重での田村さんのお仕事がひとつの店の中で完結するものではなく、地域の人々のために、あるいは国の食の文化のために様々な活動をされていることもわかりました。

**田村**　ですが、地域のつながりが薄れてきたこともあり、料理屋の経営は厳しい局面にあります。おいしいものを食べることができればなんでもよいという人が増えてきています。昔はあったはずの、おいしいものを食べる空間と時間にお金を出すという考え方がなくなってきています。このままでは料理屋が仕事を失ってしまうという危機感があります。お庭を眺めながら食べていただく、器一つに凝る、食材にもこだわる。こうしたこだわりには当然コストがかかりますが、これらに価値を感じていただけなくなると、経営が成り立たなくなります。和食料理屋は日本の食文化（建築物、工芸品、調度品、絵画、器、地元の食材など）をトータル的に感じて頂く空間であるという価値観を共有できないと、難しいのではないかと思います。

ただ単に飲食をする場所ではなく、和食文化のアミューズメント空間とでも申しましょうか。その事にも価値を見出して頂き、対価を頂戴していますので、それが必要ないとお客様に言われてしまうと、難しくなります。

このままでは、料理屋が使っている和風の建造物は維持費用が大変掛かりますので、なくなっていくでしょうね。現に毎年のように無くなっていて、長崎では国の有形文化財指定を受けていた仲間のお店もマンションになってしまったりしています。

ようやく国は食を文化として認めてくださいましたが、現状は和風の建造物を使った料理屋も「外食チェーン店」と何ら変わらない枠組みの中で仕事をしています。和食文化の保護・保全や技術の継承が危機的状況です。そういう意味で学術的な和食文化の発展には大きな期待を寄せています。

**平本**　やはりそこは、お店の側から価値を発信するだけでなく、お客さんの側にもリテラシーが必要で、地域や国の単位で取り組んでいくべき問題かなと思います。お客さんに通っていただくということについて、ためになるお話をたくさん伺いました。田村さん、本日はどうもありがとうございました。

**田村**　ありがとうございました。

# 9章　「おもてなし」と和食の質

平本　毅

## 1　はじめに

年の瀬に料理屋にはいる。座敷に通される。するとちょうどよい具合に部屋が暖まっていて、これはありがたし、と席につく。ちょうどよい具合に部屋を暖めておくには自分が着く頃合いをみはからって暖房をつけておかねばならないから、そのことに思いをめぐらすと、自分がもてなされているのだな、と感じる。

年が明けてから今度は別の小料理屋にはいる。座敷を予約しておいたら、まるでふつうの民家の一室のような、京間で四畳半ほどの空間に通される。部屋の片隅に石油式ヒーターが無造作に置かれているが、火は入っていない。肌寒く感じたので店主に使用許可を求めてみると、あっ、どうぞつけてくださいね、とくる。これはこれで気楽でよい。至れり尽くせりの料理屋とは真逆のやり方ではあるが、こちらもある意味ではおもてなしなのである。

この章では和食料理店のおもてなしについて考える。おもてなしはもちろん、料理屋にだけみられるものではなく、個人の家で客人を迎えるときにも、公共の場で他所の人と接するときにもみられる。

だが、会社であれ、自営であれなんらかの経営主体が行うおもてなしには、重要な特徴がある。それは、おもてなしの技術が**経営資源**（ヒト・モノ・カネ・情報などの、経営主体が利用できる資産）だということである。おもてなしがうまい経営主体は、そうでない経営主体に比べて、競争優位に立つことができる。だから料理屋には、おもてなしをうまく行うための動機が存在することになる。たとえば、安政三年（一八五六年）創業の京料理屋「下鴨茶寮」のホームページをみてみよう。

**おもてなし**に大切なのは、客人を想う強い気持ち。創業以来、その教えを守り続けている茶寮では、ご接客に並々ならぬ想いを注いできました。京都ならではの**ホスピタリティ**が、皆様の滞在時間を、より一層印象深いものにすることをお約束いたします。（下鴨茶寮）

https://www.shimogamosaryo.co.jp/about/omotenashi.html（最終閲覧日：二〇二〇年一二月一〇日）

ここでは、おもてなし（ホスピタリティ）を客に提供できることが、店の強みとして強調されている。つまり、おもてなしの質を経営資源として宣伝しているのである。

しかし、うまく相手をもてなすのは難しい。冒頭で挙げた例のように、暖房をつけておく、放っておいて客に任せる、と、ほとんど逆のことをしても、どちらもおもてなしになりうる。別の言い方をすれば、おもてなしには一律の正解がない。本章の結論を先に言っておけば、一律の正解がないのは、おもてなしが、それを提供する主と受ける客との**相互行為**において成立するものだからである。つまり、主（人）と客（人）の二者が存在し、その間にやりとりがあることによってはじめておもてなしはおもてなしとして成立するわけであって、二者間の関係や、やりとりが置かれた状況等々によって、おもてなしの成否は変わってくる。だからそこには一律の正解がないが、だからといって、適当でよいわけでもない。むしろ主人は、客人がどんな人で、どんなニーズをもっているか等々を考慮したうえで、客の動きにあわせて臨機応変に相手をもてなす。この当意即妙な応対こそがおもてなしの根本であり、おもてなしの出来不出来は、主人と客人の相互行為の能力に依存する。

本章では、まず2節でおもてなしとは何かを考え、その要素を挙げていく。続く3節では、経営資源としてのおもてなし（ホスピタリティ）の技術を売るホスピタリティ産業について簡単に説明する。4節では実際の和食料理店を舞台に、3節までの内容を具体例に紐づけて復習する。

## 2　おもてなしとは何か

まずはおもてなしとは何かについて述べておく必要があるだろう。このことを考えるときに、人が何をおもてなしと感じるか、この素朴な感覚から始めるとよいかもしれない。筆者が受けもっている「ホスピタリティ・マネジメント」という授業の受講生に、「印象に残った接客やおもてなしについて教えてください」と尋ねてみた。なお、印象に残った出来事について尋ねるのは、れっきとした調査法の一種である。これを**クリティカル・インシデント法**（Critical Incident Technique）（Flanagan, 1954）

という。サービスやおもてなしの価値を決定づける重要な出来事（クリティカル・インシデント）がどんなものであったかを被調査者から聞き取っていく手法である。授業で実施したのはこのクリティカル・インシデント法のごく簡易なヴァージョンになるだろう。以下、レポートに記された「重要な出来事」をいくつかみていくことを通じて、人が何をおもてなしと感じるか、その輪郭を描き出していきたい。

## 2. 1. 固定的なサービスと応用的なサービス

まず、次の記述をみてみよう（太字は筆者による強調）。

私は、旅行先で訪れたラーメン屋さんでの接客が印象に残っています。ですが、思い返してみると特別なにかサービスを受けたとか、変わった接客であったというようなことはありませんでした。ではなぜここまで印象に残っているかと考えたとき、それは「フレーズとして固定化された文章」ではなくて、店員さんがそれぞれ自分の言葉で声をかけてくださったからだと思います。例えば、その店はかなり人気で店外で待たないといけなかったのですが、その後お店に入った際や料理の提供の際、「外で長くお待たせしてしまって申し訳ないです」「寒かったですよね？　食べて温まってくださいね～」等、**マニュアルではなく自分の言葉で接客しておられるような感じ**でした。（原文ママ）

この人は店員さんが「マニュアルではなく自分の言葉で」接してくれたことに好印象を抱いている。パートやアルバイトなどの非熟練労働者を雇用する店では、店員用に接客マニュアルが用意されていることが多いが、マニュアルにしたがって接客を行うだけでは、サービスはいつ、どんな状況でも同じものになる。これを**固定的サービス**と呼ぶ（徳江 二〇一八）。他方でマニュアルに縛られない臨機応変な対応は、**応用的サービス**（徳江 二〇一八）である。固定的サービスはマニュアル化、スペック化、一定のサービス品質確保などによって特徴づけられ、サービスを提供する側と受ける側との間に確実性の高い関係を築くが、その一方で個別的対応が難しく、人間関係の暖かさが欠如している。他方、応用的サービスは現場対応、個別的サービスといった言葉で特徴づけられるものであり、顧客との人間関係を築こうとするなら、こちらが必要になる。さきほど、おもてなしは、提供する主人と受ける客人との間の相互行為であるといった。サービスを提供する主人が、ただ機械的に、自動的に振る舞っているだけではなく、人として自分で判断し、自分なりの工夫を凝らして応用的サービスを提供してくれているとわかると、客人はもてなしの心を感じる。このレポートはそのことを伝えている。

### 2.2. 暗黙知と形式知

サービスを応用的なものにすればするほど、提供者にはもてなしの技術が求められるようになる。そして、その高度な技術はしばしば、人の身体に染みついていて、また個人の主観や直感、勘に支えられていて、どうやって提供しているか当人に尋ねたとしても、なかなか言語化するのは難しいものになる。ホテルマンのおもてなしについて述べた次の記述をみてみよう。

ホテルマンの方のふるまいが印象的だった。スマートな感じもありつつ、お客さんに寄り添う優しい感じもあって、「一流のおもてなし」という感じだった。**身のこなしや言葉遣い、気配り**などがプロだなと感じた。チェックイン時の説明の仕方や、外出して帰ってきたときの「おかえりなさいませ」と言ってくれる感じがスマートだった。（原文ママ）

身のこなしや言葉遣い、気配りなどの身体化されたスマートさは、どうやっているか当人が明確に言語化し、うまく他者に伝えることが難しいものである。こうした、言語化しにくい技術や知識のことを、**暗黙知**（tacit knowledge）と呼ぶことがある。自転車に乗れる人は多いけれども、どうやって乗りこなしているのか、その知識と能力を言語化できる人はほとんどいないだろう。この暗黙知という概念は哲学者のマイケル・ポランニーが作ったものだが、野中郁次郎という経営学者は、これを換骨奪胎し、経営学に取り入れた（野中・竹内 一九九六）。

おもてなしが経営資源であるためには、労働者個々人の技術や知識を経営主体（お店）が管理できていなければならない。ただおもてなしが上手い人がたまたまいるというだけでなく、そのノウハウを組織内で共有し、社員教育に取り入れ、管理して活用していく必要がある。このとき、暗黙知は言語化しにくいから、マニュアルに落とし込んだり、データ化したりといったことが行いにくい。暗黙知とは逆に、言語や数値の形で明示的に表現できる知識のことを、**形式知**（explicit knowledge）という。野中郁次郎は、知識と技術を力に他社との競争に打ち勝っていくにあたって、組織内の暗黙知を形式知へと変換していくことがキーになると説いた。つまり、個人の主観や直感、勘や身体性に根ざしている暗黙知を、言語や数値の形で表現できる形式知に変換していくことによって、知識や技術を社内で共有し、継承していけるようにしよう、というわけである。おもてなしの技術と知識についても、暗黙知を形式知に変換していくことができるのか。これはおもてなしの技術と知識を経営資源として活用する際に重要なテーマである。

## 2.3. サービスの個別化と標準化

次に以下のものを取り上げたい。

ある料理屋で、「今日誕生日である」という会話をしていると、仲居さんが白米ではなく、赤飯を配膳してくださった。「赤飯＝祝い事」のイメージが強く、おもてなしの心を感じとれた。（原文ママ）

ここでは店側が客のニーズを汲み取り、その客にあわせたサービスを提供している。これをサービスの**個別化**という。個別化にはもてなす側主体の**個人化**（personalization）と、客主体の**カスタム化**

(customization) の二種類がある。上の例は個人化の例で、客のニーズを読み取った仲居さん（もてなす側）が主体となって、白米のご飯ではなく赤飯を出すという選択を行っている。他方で、客が主体となって、自分の好みを商品に反映させる（ことができるように店側が選択肢を用意している）ケースもある。たとえばある種のサンドイッチ屋では、パンにプレーンのものを使うのか、それともゴマ入りのものにするか、ドレッシングはバルサミコかバジルかあるいは別のものか、野菜に何をトッピングするか等々を客が細かく選ぶことができる。こちらはカスタム化の事例である。

ふつう、ファストフードなどの客単価の低い飲食店では、なかなかサービスの個別化は行われない。それどころか、むしろ誰が来店しても同じように扱うことを通じて合理的・効率的にサービスを提供する、サービスの**標準化**が進んできた。社会学者のジョージ・リッツアは、作業の合理性・効率性を追求するマクドナルド的なファストフードの仕組みが、飲食業界を超えて社会の隅々まで広まっていくことを、マクドナルド化と呼んでいる（リッツア 一九九九）。わたしたちは世界のほとんどどこに行っても、マクドナルドの看板を見つけることができ、安心していつもの味を楽しめる。

サービスの個別化と標準化は、綱引きのような関係にある。誰に対しても一律同様に接し、同じサービスを提供できるようにしたほうが、店舗にとっては効率がよい。サービスの個別化を行うには、人件費などのコストがかかる。しかし、繰り返し述べているように、おもてなしは人（主）と人（客）との間の関係において生じる。だから、客にとっては、人として（たとえば個人として）扱われることが肝要である。次の抜粋は、受講生がアルバイトをしている飲食店でのもてなしの事例である。

特別な注文や、たびたび来てくださる常連さんには「○○さん、いつもありがとうございます。」と名前を添えてお声がけをする。そうすると、お客さんは自分が大切な扱いを受けていると思い喜んでくださる。(原文ママ)

この例に現れているように、小さなことでも、個人として扱われると顧客の心には何かが残るのである。

## 2.4. 顧客満足と顧客感動

この節のはじめに述べたように、レポートのお題は「印象に残った接客やおもてなしについて教えてください」というものだったわけだが、おもてなしを受けた客の気持ちの昂りはときに、「印象に残った」水準を超えて、感動にまでたどりつく。

家族で京都の四条の京料理のご飯屋さんに行った際の接客に**感動**しました。お客様の顔や名前を覚えているのにも驚きました。食事中に舞妓さんのチョコレートのお菓子が飾られているのをみて「これ可愛いね。」と話していると、帰りに手土産としてそれをくださりました。会話にも耳を傾けていたのかと、驚きました。それだけでなく、父の誕生日で行ったのですが、帰りにお酒のミニボトルをくださり、至れり尽くせりで**大満足**しました。料理が美味しいのに加え、とても

素敵なサービスでした。**また行きたいです。**（原文ママ）

このレポートのなかでは「感動」と「大満足」という二つの表現が使われている。この人は、ふつうの満足を超えて（「大満足」）、「感動」しているのである。

顧客が商品やサービスに感じる満足の程度のことを、**顧客満足度**（Customer Satisfaction：CS）という。企業にとって顧客満足度を高めていくことは、自社の商品やサービスを売っていくうえでとても重要である。さらに、満足した客は繰り返しその商品やサービスを買い求めるようになるので、顧客満足度は、客のリピート率とも関係がある。企業はリピーターを増やしたい。リピーターは安定した収入源であり、また、付加価値の高い商品やサービスを購入してくれる存在だからである。リピーターを増やすためには、商品・サービスと顧客の間の結びつきを強めるだけでなく、企業と顧客の間の結びつきを作らなければならない。あの企業（お店）だから買おう、と客に思ってもらうということである。このような、企業と顧客との結びつきの強さのことを、**顧客ロイヤルティ**といい、しばしばこれは顧客継続率とも呼ばれる。

通常、顧客満足度が上がるにつれ、顧客ロイヤルティも上昇していく。この上昇度合いをぐっと持ち上げたいなら、顧客をただ満足させるだけでなく、それを超えた「感動」を与えたほうがよい。**顧客感動**（customer delight）こそが顧客ロイヤルティ改善の鍵である、という考え方である。この考え方の下では、理想的には上図のような、顧客満足度・顧客感動―顧客ロイヤルティの間の正の関係が

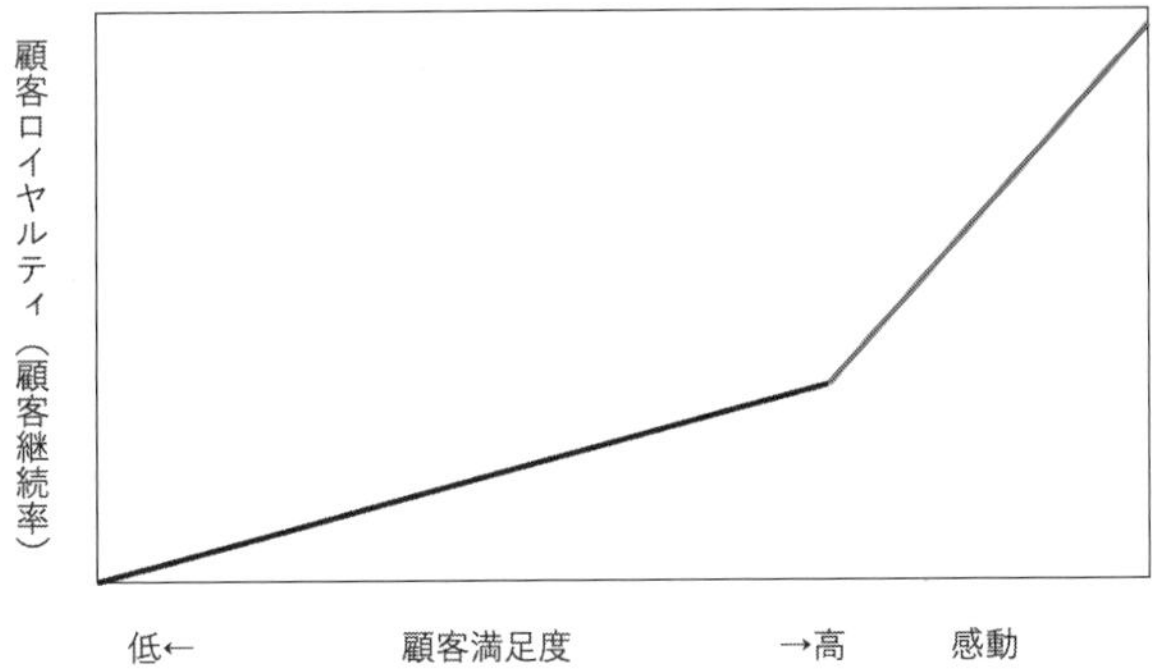


図1　顧客満足度、顧客感動と顧客ロイヤルティの関係

想定されている。顧客が感動をおぼえると、顧客ロイヤルティがぐっと上がる。

この図がどれだけ正しいかは研究成果の蓄積を待って判断するしかないが、少なくとも京料理の接客に「感動」した書き手は、レポートの最後を「また行きたいです」と締めている。

### 2.5. 事前期待と知覚品質の差

では顧客は、どんなときに満足や感動を感じるのだろうか。この問いへの、ありうる説明のひとつは、サービスを受けた時に知覚された品質が、そのサービスに対して事前に抱いていた期待を上回っているときに満足をおぼえる、というものである。これは**期待不一致モデル**（Oliver, 1980）として知られるものである。

たとえば次の記述では、（当人にとって）当時は当たり前でなかった、アレルギー以外の苦手な食べ物への対処を行ってもらえたこと（=事前期待を上回る質のサービスを受けたこと）が、印象に残ったことの例に挙げられている。

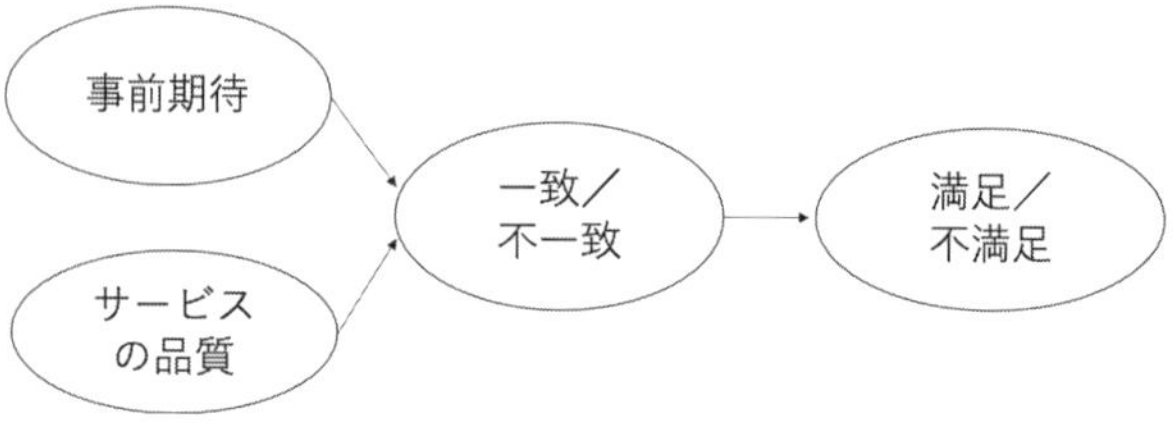


図２　サービスに対する顧客満足の期待不一致モデル

一三歳のときに旅館で受けたサービスで、私が苦手なもの（アレルギーではない）を伝えたらそれ以外の食べ方を提示してもらえたこと。現在はかなりの飲食店で苦手なものやアレルギーの有無を尋ねられるが、当時はアレルギーのみを聞かれていたため、伝えたことがなかった。（原文ママ）

もちろん逆に、実際のサービスの品質が事前期待を下回ると、客は不満足をおぼえる。これを図式化すると上図のようになるだろう。

この期待不一致モデルにしたがうなら、広告などで来店前に事前期待を高めすぎると、質のよいサービスを提供しても客が不満足を感じてしまう可能性がある、ということになる。

## 2.6. 良質なサービススケープ

ここまで、おもてなしの人的側面についてみてきた。もちろんおもてなしにおける人的要素の重要性は高いが、その一方で、サービスが具体的な物質的環境の下で行われることを忘れてはならない。そうした物質的環境はしばしば、おもてなしのための資源となる。次のレポートをみてみよう。

私が以前行った和食料理店は、お座敷で食事をする場所で履物をぬいで廊下を案内されました。**お座敷**で履物をぬいで食事をするということは日本独自の文化であると思うので、一つのおもてなしの特徴であったと思いました。また、**和装**をした方が案内してくださり、**空間全体**から日本らしさを感じられるところもおもてなしの一つであると思いました。そして、帰る際に玄関まで歩いていくと、自分の履物が玄関に履きやすいように並べてありました。とても温かいおもてなしであり、心に残っています。(原文ママ)

この人は「お座敷」や「和装」、「空間全体」とそこで生じる事柄に「日本らしさ」「文化」を読み取り、おもてなしを知覚している。サービス提供にかかわる種々の物質的環境—部屋のつくり、内装、什器、小物、服装、音、匂い、風、温熱環境など—のことを**サービススケープ**(service scape)という。サービススケープは、おもてなしを提供するうえで、いくつかの意味で重要である。まず、右のレポートで書かれているように、それ自体が客にとっての価値になりうる。「空間全体から日本らしさを感じられる」と述べるとき書き手は、「空間全体」というサービススケープに「日本らしさ」という価値を見出している。

庭、掛け軸、花、欄間の透かし彫り、屏風、絵画、灯り、器、箸置き、箸、盛り付けなどが店内で視覚的な価値を提供する一方で、これらには当然、生産と維持のコストがかかる。床の間の掛け軸や花、絵画の類は、季節によって、あるいは節句によってその内容を変えるから、単純に設備投資の面でも負担が必要になるし、そのアレンジを行う人が教養を得るための教育のコストや、内容を考えたりする労働のコストもかかる。店によっては、季節の、あるいは行事ごとの室礼《しつらい》をコーディーネートするための専門の人員が配置されていることもある。

飲食店の内部は、サービススケープを総合的に、あるいは複合的に提供できる場所である。すでに挙がった視覚的要素のみならず、お香や調理の匂いなどの嗅覚的要素、板場から聞こえてくる揚げ物の音や、庭の鹿威しの音などの聴覚的要素、食器や木材の手触りといった触覚的要素などを組み合わせ、客が味覚で感じる美味しさを増幅させることができる。

加えて、料理屋は店舗の外側の環境も、サービススケープとして利用することができる。たとえば景勝地に立地する京都の和食料理店の多くが、東山、嵐山、比叡山、紅葉、竹林、鴨川、桂川などの景観を眺めながら食事できることを売りにしている。庭園の借景（庭園の背景として外部の景色を取り込むこと）のように、景勝地の和食料理店は、直接的なコストをかけることなく――地域の景観維持に対する間接的なコストは払っているにしても――良質な視覚的資源としての景観を利用することができる。加えて、店舗の外観を周囲の風景と調和させたり、あるいは対比により際立たせたりすることも、店舗外側の環境のサービススケープとしての利用になる。飲食店に入る客は店舗の外観を見て、その佇まいに価値を感じるが、その外観は周囲の景観と切り離せない。たとえば京都五花街（上七軒、祇園東、祇園甲部、宮川町、先斗町）に立地する店の軒先には、各々の紋章をあしらった提灯が吊るされていることがあるのだが、店はこれを吊るすことによって、花街全体の文化的価値を自店に取り込むことができる。

また、サービススケープは、店員と客の行動をコントロールし（客の行動のコントロールを「顧客統制」という）、サービスの供給を安定させるのにも役立つ。もし飲食店の客席ががらんとした空間で、その中を店員と客とが自由に動き回ったなら、おもてなしは難しいものになるだろう。店員のほうは、事前の教育や情報共有によりある程度のコントロールが効くが、客はそうではない。もし貼り紙や接客で、あれをしろこれをしろ、これはするな、と逐一命令されたなら、客の不満は高まる一方だろう。だから店側は、サービススケープを工夫することによって、物理的に、あるいは文化的に、客の行動をコントロールしようと試みる。たとえば椅子の配置は、客がどこにとどまるか、どちらを見るかを物理的に決める。あるいは、庭に止め石があれば、客はそこから先に立ち入らない。これは、客が止め石の意味を知っていることを前提にしている点で、文化的なコントロールである。

## 3　ホスピタリティとホスピタリティ産業

### 3. 1. ホスピタリティ

ここまでおもてなしとは何かを考えてきた。本章では、説明に差し障りがない限り、おもてなしとホスピタリティという語を互換的な意味で用いており、二つの概念の間の差異には立ち入っていない。しかし、もともとこの二つは由来の異なる概念である。ホスピタリティ（hospitality）の語源は、ラテン語のhospes（客人の保護者）に遡ることができる。このhospesの形容詞形hospitalisは、「歓待する、手厚い、客を厚遇する」という意味をもつ(1)。さて、他所からやってきた人を歓待するなら、自然な成り行きで、食事を共にすることになる。いわゆる「共食」である。食事を共にすることは、ただ同じ動作で口に食べ物を放り込むことではない。そうではなく、旅の情報を交わし、四方山話に花を咲かせ、土地の珍しい品を味わいながら、その人たちは共に食べることを通じて「心を分かち合う」（石毛二〇〇五）のである。だからホスピタリティを発揮することと、飲食を共にすることは、とても強い結びつきをもっている。

### 3.2. ホスピタリティ産業とホスピタリティ・マネジメント

ホスピタリティを商品（財やサービス）として売る業種が集まる産業を、**ホスピタリティ産業**という。これは飲食業に限らず、観光（旅行、宿泊）、教育、健康、交通、余暇などの業種が、ホスピタリティ産業に含まれる。しかし上でも書いたように、ホスピタリティを発揮することと、飲食を共にすることは切り離せない関係にあるので、飲食業以外の業種（とくに観光（旅行、宿泊））も飲食と強く結びついている。

さて、この産業は、いったいなんのカテゴリーか。飲食、観光（旅行、宿泊）、教育、健康、交通、余暇を対象とした商売自体は当然、何百年も前から存在した。たとえば一四〇三年（応永一〇年）成立の『東寺百合文書』の「南大門前一服一銭茶売人道覚等連署条々請文」には、東寺南大門の門前で一服一銭の茶を売る「茶売人」が登場する。こうした、寺社への参詣客相手の商売が、日本における外食の原型であるとされる。しかし、この時代に、旅人を相手に商売を行う人が、ホスピタリティ（に類するもの）の技術を経営資源として売っていると自覚していたわけではないだろう。飲食、観光（旅行、宿泊）、教育、健康、交通、余暇のニーズを満たす商売自体はあっても、長らく「ホスピタリティ産業」という概念は存在しなかった。

名前をもたなかったものに名前がつくときには、それなりの理由がある。その大きな理由としては、第一に、観光（旅行、宿泊）、教育、健康、交通、余暇といった、サービスを売る産業（いわゆる第三次産業）が発展したことがある。いまや国内では第三次産業がGDP（国内総生産）の約七割を占めるほどになったが、産業規模の拡大に伴い、第三次産業のなかで価値を生み出すホスピタリティに注目が集まるようになった。もちろん、サービスを売ることとホスピタリティを売ることは同一ではない。1節で整理したように、どんなサービスがおもてなしになりうるかは一律に決まるものではなく、主人と客人との間の相互行為により決まるものなのだから、おもてなしに確たる基準があるわけではないが、それでも2節でみたように、一定の性質を備えたサービスは、おもてなしとして認識されやすい。経営者としては、付加価値の高い―たとえば客単価を上げやすい、顧客ロイヤルティを高めやすい―ホスピタリティと、その性質に目を向け、その技術を経営資源として位置付ける動機が、時代とともに増すことになる。

もう一つの理由としては、企業が何を売っているのか、自分たちの仕事を定義しはじめたことがある。読者のみなさんも、自分がどんな人間であって、どんなことができる存在なのか、振り返って考えてみたことがあるだろう。企業もまた、自分たちが何を売っているのか、他社と比べた自分たちの強みは何か、自分たちがどんな企業であるべきか、といったことを振り返って考える。このような振り返りと自己定義の動きが体系化されてきたのは、企業が自身の経営管理を意識的に行う考え方がアメリカで生じ、それが日本に輸入されてきた、ここ一〇〇年ほどの間である。

このように、企業と、その集合体である産業とが、経営資源としてのホスピタリティの技術に自覚的になった。ホスピタリティ精神を醸成し、またおもてなしの技術を高めることが、個人の課題ではなく、組織全体の管理（マネジメント）の対象になったのである。こうして**ホスピタリティ・マネジメント**（組織によるホスピタリティの管理）という考え方が生まれた。本章の2節で行ったような、おもてなしの性質の把握や、企業内部のホスピタリティの情報の共有・蓄積、社員教育の仕組みの策定などが、ホスピタリティ・マネジメントの内実になる。

一方、産業が成立し、その重要性が世に認識されるようになると、その規模を拡大したり、質を高めたりするための政策的な動きも生まれる。日本では近年、経済産業省の主導のもと、「おもてなし経営企業選」「おもてなし規格認証」「おもてなしスキルスタンダード事業」などの施策が展開されてきた。このうち「おもてなし経営企業選」は、顧客に高付加価値なおもてなしを提供しつつ、社員、地域、社会にも貢献するような企業を選出するものである。「おもてなし規格認証」は、各企業のおもてなしの品質を可視化するために、企業ごとにおもてなしの品質を認証するものである。「おもてなしスキルスタンダード認定」はこれの対象者が個人になり、個人のおもてなしの品質が認証される。

## 4 和食料理店の事例からおもてなしをみる

この節では、ここまで説明してきたことを土台に、和食料理店のおもてなしを具体的にみる。取り上げるのは京料理屋「萬重」である。この節の内容は「語り3：料理屋という食のいとなみ」とリンクしているので、ぜひ合わせて読んでほしい。

「萬重」は昭和一二年（一九三七年）に創業、以来八〇年以上の歴史を重ねる京料理屋である。店舗（本店）は京都市上京区大宮通上立売、西陣織で有名な西陣の地に立地している。この地では古来より織物が作られてきたが、西陣織とその産業は、戦乱や火災、奢侈禁止令や倹約令、明治の遷都に伴う需要減などのいくつかの危機を乗り越え、明治初期にリヨンから先進技術を持ち帰り、近代化を果たして発展した。萬重が産声を上げた昭和の初期頃は、まだこの地の西陣織産業が華やかだった時代である。

かつて大いに栄えた西陣の地の、町屋が立ち並ぶ一角に萬重は店を構える。京都市の町家指定を受ける建物は昭和初期と指定され、老朽化に伴い数年前に外観は改装されていて、比較的新しく感じるが、小屋根の上、虫籠窓の手前に鍾馗さんが立ち、その外観は近隣のほかの町屋に溶け込み、街並みに調和している（図3）。これは2.6.節で述べた、サービススケープの構成における店外の環境の利

図３　京料理「萬重」外観

用の一種ということができるだろう。

打ち水が撒かれた大宮通から入ろうとすると、店先に立つ仲居さんが、深々と頭を下げて出迎えてくれる。その導きに従って、暖簾を潜り、敷地内の石畳の小道へと足を進めることになる。頭を下げる、微笑む、ゆっくりと先導するといった、仲居さんの所作の一つ一つから伝わってくる、身体に染み付いた接客の技術は、まさに暗黙知（2.2節）である。

暖簾を潜ってすぐ右には「吾唯足知《われただたるをしる》」と刻まれた蹲踞《つくばい》が存在感を示しており、実際これはとても価値の高いものなのだが、何か説明書きが添えられていたり、仲居さんが由来を教えてくれたりするわけではない。2.6節で論じたように、サービススケープはそれ自体が価値になりうるものなのだが、ここでは客の文化的なリテラシーが価値判断の前提になっていて、リテラシーの高い客がより高い価値を感じ、おもてなしを実感する仕組みになっている。

長めのアプローチを通り抜けて店内に誘われる（奥に見える、上部がガラスの扉が玄関の扉である）が、石畳と足下の灯り、土壁などにより構成される、玄関までの小道は、「料理屋さんに入っていく」感覚を客に与えるものであるそうだ。客が外界と遮断された奥の空間へと足を踏み入れていくにあたって、俗に鰻の寝床といわれる、縦に長い町屋の構造が活かされている。

店に上がってからのつくりは割愛するが、仲居さんに連れられ廊下を進んでいくと、右手に庭がみえ、この庭と廊下を挟んで向かい合う、掘り炬燵式の座敷に通される。部屋に入ると、入口からみて一方の奥の壁に簡素な棚が据付けられ花が飾られており、そのそばの席が上座であることがわかる（図4）。

席につき、食事が始まるときに、仲居さんや若主人が挨拶してくれる。このとき、客の様子をみて、どれだけ言葉を交わすかを決めるという。あっさり済ませることもあれば、数十分話し込むこともある。これは、サービスの個別化（2.3.節）であり、また応用的なサービス（2.1.節）の提供といえるだろう。

会席のコースをいただく。一品一品、頃合いを見計らって仲居さんが運んできてくれるが、料理の説明はほとんどない。「料理の説明や献立の提示が逆にお客様の楽しみを奪ってしまうことになることもありますし、あくまで料理は〝添え〟るものなので」と、若主人の田村圭吾氏はいう。料理が〝添え〟るものとはどういう意味か。田村氏に尋ねてみると、「もちろん、お店により考え方やコンセプトはそれぞれですが」とことわってから、「私は、お客さんに楽しんでいただくための空間やコ

図４　「萬重」掘り炬燵の座敷内観（入口付近から撮影）

図５　食事の様子

ミュニケーションツールを提供することがおもてなしだと考えています。このおもてなしを主とすると、料理はそれに〝添え〟るものです」と教えてくれた。

この田村氏の語りは、和食料理店のおもてなしの重要な側面を捉えているように思う。料理屋では、しばしば、店→客のおもてなしに、客→客のおもてなしが埋め込まれ、おもてなしが二重の構造をもつことになる。現代社会において、一般家庭の人間が自分の家に客人を呼んでもてなす機会は少なくなっている。祝いの席、ちょっとした記念日、遠方から来た友人の歓待、仕事の接待、お世話になった人への恩返しなどの様々なおもてなしの機会に、人は料理屋を使う。その場合、客↓客のおもてなしと、店↓客のおもてなしが重なり合うことになる。ここで、店が客↓客のおもてなしに介入しすぎるとよくない。

上座と下座が分かれた室礼、シンプルに美味しい食事、部屋の雰囲気や部屋からの景観、客のニーズを読み取った当意即妙な、それでいてさりげない接客などは、客↓客のおもてなしや、客同士の共食の楽しみを盛り上げる、「コミュニケーションツール」の提供というおもてなしなのである。これは、創業から八〇年以上も、地元の人びとの食のニーズに応え続けてくるなかで蓄積されてきた、お店に備わるおもてなしの技術であるに違いない。

## 5 おもてなしと和食の質

本章ではおもてなしとは何か、和食料理店でどんなおもてなしが提供されているか、ということを簡単にみてきた。最初に述べたように、おもてなしはそれを提供する主人と受ける客人との相互行為において成立するものであり、その成否も相互行為の如何に依存するので、これが正解だ、というようなものはない。しかし、もてなす側の主人の、客のニーズを即時に読み取り、臨機応変に対応する力と、もてなされる側の客人の、提供されたサービスを読み解き、適切に受け取る力とが合わさることなくしては、おもてなしは成立しない。

紙幅の都合もあり、礼儀作法とマナー（熊倉・後藤 二〇一六）、茶の湯のおもてなし、季節のおもてなしといった、「おもてなしと和食」というテーマであれば触れてよい事柄の多くに言及することができなかった。これについては関連書を読むか、自分で見聞きすることを通じて学んでほしい。

【注】

1　なお、ホテル（hotel）、病院（hospital）、主人（host）、女主人（hostess）といった言葉もここからきている。

【文献】

Flanagan, J. C. (1954) The critical incident technique. *Psychological bulletin*, 51 (4), pp. 327–358.
石毛直道（二〇〇五）『食卓文明論―チャブ台はどこへ消えた？』中央公論新社。
熊倉功夫・後藤加寿子（二〇一六）『おもてなしとマナー』思文閣出版。
野中郁次郎・竹内弘高（梅本勝博訳）（一九九六）『知識創造企業』東洋経済新報社。
Oliver, R. L. (1980) A cognitive model of the antecedents and consequences of satisfaction decisions. *Journal of marketing research*, 17 (4), pp. 460–469.
リッツア、ジョージ（正岡寛司監訳）（一九九九）『マクドナルド化する社会』早稲田大学出版部。
徳江順一郎（二〇一八）『ホスピタリティ・マネジメント　第2版』同文舘出版。

# 10章　まちづくりから食を考える

宗田　好史

## 1　食生活を支える都市構造

経済的側面から食生活を見る場合、食材の生産と流通、そして消費に分けることが多い。まず生産には、農業、畜産業と水産業などの第一次産業と、食品加工の様々な段階の製造業の第二次産業がある。また流通には、食料・飲料の卸売業と小売業などの第三次産業に分類される業種があり、その物流を支える輸送業、倉庫業などがある。そして消費には、やはり第三次産業、サービス業に分類される飲食業がある。これら食関連の業種は、他業種と比べ寡占化が遅れ、零細なものが多い。もちろん、食生活は家庭でも行われる。都市では飲食店、食料品店などの商業施設だけでなく、住宅も消費の場である。

都市・地域計画は、生産と流通、そして市民の生活消費の場が、各段階で健康で文化的、かつ機能的であるように適正な制限の下に土地の合理的な利用を図ることを目的とする。食は人間の生存に欠かせないものであり、生存は常に都市づくりの最優先事項だった。古代都市でも水、食糧、燃料などを安定的に確保するための施設が発展した。まず、水道・道路、次に港や駅などの運輸施設があり、さらに市場など商業施設、倉庫など貯蔵施設である。また、市民が健康的に集住するために、下水道などの衛生・防疫施設も整備され、市民の食生活の安全を支えている。

都市の規模、特にその人口の多寡は、食料をどれだけ確保できるか、同様に水と燃料などをどれほど提供できるかによって決められる。水資源の確保は古代から特に重視された。ヨーロッパ都市の多くの起源となった古代ローマの植民都市では、城壁で囲まれた市街地の中心にフォーラム（広場）を置き、城壁の外には、他地域に通じる舗装された街道と、豊富な飲料水を得るために遠くの水源から良質の水源を運ぶ水道橋が敷かれた。また、都市の周囲に百人隊地籍（ケントゥリア）と呼ばれる、一種の条里制で地形にそって農地が区切られ、十分に灌漑されていた。ローマのような大都市には、オスティアなど港湾都市が築かれ、北アフリカ属州の穀倉地帯から豊富な食糧が運び込まれた。だから市民に無料のパンを配り、見世物を用意していた。そして、貴族や富裕層は美食を楽しんだ。

ヨーロッパでは、その後中世の丘上都市の時代を経て、近世に再び平野部の都市が発達した。日本の近世でも同様に洪積平野に城下町などが発達し、市街地には物流のために運河を巡らせた。人口がさらに増加するにつれ、物流も増大し、多様な商品と大量の食料、そして燃料が運ばれた運河沿いが、都市経済の中心として栄え、商店が多く集まった。また、江戸や京都、大坂など大都市と水運で結ばれた小都市には、酒や味噌、醤油などの産地が形成され、その製品を大量に供給した。さらに、航路網と街道網が整備されたため全国各地の名産品が都市に集まり、江戸や京坂の料理文化が発達した。さらに、その食文化は地方にも広がった。

十八世紀に英国で始まった産業革命を経て、都市とその周辺では水運は徐々に鉄道に代わり、工場労働者の増加で拡大した都市人口を賄う物流を確保した。また、産業革命以降は輸出入が増加し、海外で生産された食糧が徐々に国内市場に持ち込まれるようになった。建築史・土木史・都市史の教材でよく紹介される経済活動の歴史は、都市の文化史の一部である食文化にも深く関わっている。

その後現代まで、特に第二次世界大戦後のインフラの発展は目覚ましい。先進国の多くでは全国に高速道路や高速鉄道網が張り巡らされ、港湾や空港整備も高度に発達し、輸送力が飛躍的に増大し、物流コストが大幅に下がった。その結果、グローバルな食品流通が都市の食生活を支えている。

一方、一七八九年に始まるフランス革命で宮廷料理人が街に散り、料理ギルドも解体されたことからレストランが普及した。その後、一八五一年世界初の万国博覧会が開かれたロンドン、一八五五年、一八六七年とやはり繰り返し開催されたパリ万博などの機会に、レストランは大衆化した。

この背景には、世界中から多くの食料が都市に運ばれるようになったことに加え衛生改善があった。特に第二帝政期にナポレオン三世下のセーヌ県知事オースマンが取り組んだパリの都市大改造計画があった。凱旋門のエトアール広場から大幅員の十二本のブールヴァール（並木大通り）とアヴェニューと呼ぶ高規格道路を整備し、その地下に上下水道や地下鉄を整備した。物流機能が改善され、衛生状態、生活環境、そして都市景観が一気に近代化した。この時代のパリでは、ブルジョアジーと呼ばれる富裕市民層がグルメを楽しむフランスの食文化、外食文化が発達した。市民社会とレストランやカフェの発展は、近代都市計画による大通りと広場の整備とともに進んだ。

一方、生産と消費を結ぶ物流施設と流通機能を支える道路、鉄道、港湾の整備は食生活に大きな影響を与えた。さらに、燃料供給も近代都市計画の重要な課題だった。十八世紀に街路灯として利用されたガスは、電灯の普及に押され、光源から熱源へと用途を変え、従来の薪炭や石炭に代わって都市生活を一変させた。ガスは、まず調理器具として、次に暖房、動力源として普及した。日本では関東大震災の大火災以降、ガスはより安全な熱源として急速に普及した。やや遅れて電力も料理器具として生活を大いに発達させた。特に冷蔵冷凍機能が家庭に普及したことで食品の貯蔵手段が多様化し、衛生面が改善されるとともに、多様な食材が普及した。こうして都市ガスと電力を利用することで家庭の食生活だけでなく、飲食店を発達させた。この都市ガスと電力の普及は、人々の食生活を一変させただけでなく、木造建物が密集する日本の都市（木造密集市街地）から火災を激減させた。

一方、上水道に加え、人口が急増した十九世紀には近代都市計画の重要な課題は下水道整備だった。都市生活につきものの伝染病から市民の生命を守り、健康で文化的な生活を保障した。十九世紀の中頃ロンドンで始まった下水道整備には、市民革命後の近代法制で協力に保護された個人の権利である財産権を、公益、この場合は公衆衛生であるが、それを根拠に、初めて強力に財産権を制限する土地収用制度が適用された。これを近代都市計画の起源だと言うのは、その後、防災から景観保護まで、公益性を担保するために、様々な理由で私権が制限されるようになったからである。

なお、大部分の零細な飲食業者にガス、電気、そして上下水道設備を普及させ、火災や食中毒を防ぐことは容易ではない。戦後の日本ではそのために、国民金融公庫（後に環境衛生金融公庫と統合し国民生活金融公庫、二〇〇八年に日本政策金融公庫に業務移管）が、生活衛生改善貸付と呼ばれる低金利融資を用意し、効果的に設備更新を進めさせた。この融資制度は、その後もアスベスト対策、バリアフリー対応に充てられた。そして今は、新型コロナウイルス感染症対策でも使いやすい制度融資の一つとされる。それでも遅れた普及を進めたのは、大火や食中毒からの復興であり、古くは御大典、万博やオリンピックなどで民間投資が勢いづいたためである。

現代でも世界各国の都市計画法で都市施設として市議会や都市計画審議会が定めるものには、道路・交通施設の他、供給施設・処理施設として、水道・電気・ガス・下水・汚物処理場・ごみ焼却場がある。特に、食材を取り扱う市場、新鮮な食肉を供給するため屠畜場には慎重な配慮が尽くされる。新型コロナウイルス感染拡大でも、武漢市の華南海鮮卸売市場が発生源と考えられた。急速に経済成長が進んだ中国では、高速道路や新幹線が建設される反面、旧市街地の上下水道の改善など基盤整備が遅れ、古い市場の衛生管理が疎かだったと言われる。日本の都市でも、衛生面で同様の遅れが半世紀前には大問題たったことを憶えている専門家は少ない。現場で、防疫・衛生管理を担う職員も自らが体験したわけではない。

一方、もう一つの都市施設である工業団地には、生産拠点を海外に移した製造業に代わり、大手流通業の大規模配送センター、外食産業のセントラルキッチン、食品製造・加工業が増加している。日々変化する市民の食生活を支え成長する企業群である。一般の工業系用途地域に立地する場合、土壌や地下水の汚染が懸念される。また、高速道路沿いの新設工業団地に立地する場合、周辺の農地やゴルフ場から農薬などの流入の怖れもある。まだ事故がないため、マスコミや市民の関心は薄いが、産業構造の変化を見逃すことなく、立地に際して慎重な対応が求められる。

このように、企業立地は常に変化するため、土地利用計画の見直しと適正な管理が重要になる。現在は人口減少で空地と空家が増加し、全国の自治体で立地適正化計画を策定している。飲食店が集まる商業系用途地域は都市機能誘導区域として、住居系は居住誘導区域としてその立地が丁寧に検討されている。

用途地域に分けられた市街化区域には今でも一部の農地が残されている。三大都市圏では固定資産税などの宅地並み課税の避けたい農家のため一九七四年の生産緑地法に沿って、都市計画審議会が指定農地を定めてきた。近郊農家を保護し、緑地環境を確保するためである。京都市では上賀茂の農家などの振り売りが今も盛んで、北区や左京区民の食生活を豊かなものにしている。しかし、現在は空地・空家が増え、耕作放棄も進んでいる。二〇二二年に全国的に指定の更新期限を迎え、大幅な見直しが必要になると考えられる。

飲食店を経営するために、様々な許可が要るのは、こうした衛生や防災など都市計画上の必要からである。衛生面では保健所を窓口にして（都道府県知事の）営業許可を申請する。また、防災面、特に防火のために所轄の消防署への届出が要る。税務署には開業届を出し、深夜に酒類を提供する店舗、もしくは風俗営業を営む場合は警察署への届出が要る。衛生、防火、風俗の他、深夜営業の場合は騒音や光害など周辺環境への影響もある。そのため、それぞれの立地が制御され、土地利用計画で誘導される。具体的には、都市計画審議会で定めた用途地域によって営業内容が制限されている。後述するが、この四半世紀の間に、市街地の営業活動は物販が減り、サービス業、特に飲食業が増えたため、衛生、防火、風俗、騒音など、その監督管理を求める近隣住民の要望が高まっている。

京都市では町家レストランや町家ホテルが急増したため、伝統木造建物である京町家の火災が危惧された。そのため防火対策を抜本的に見直した。京都市消防局では消防訓練も一新した。一方、二〇一六年十二月の糸魚川市大規模火災は中華料理店から出火し、近年珍しい大火になった。長年改善が遅れていた典型的な木造密集市街地の火災だった。伝統的京町家や歴史的長屋の保全継承を進める京都市では、保存地区・祇園花見小路の料亭火災が知られ、発達した地域防災制度が発動し、被害を最小限に抑えた。今は新型コロナウイルス対策で監督管理の見直しも進む。

住宅地に多い低層住居用途地域内では飲食店を含む店舗の営業が制限されている。商業系の用途地域では商業サービス業は許されるものの、店舗面積が千㎡を超える大規模小売店舗の出店、増床や営業時間の変更などに届出が求められ、交通混雑を起こさないか、周辺環境への悪影響がないか、地域のまちづくりに即しているかなどが丁寧に審査される。飲食店同様、商業施設は食物ロスなど、大量の廃棄物を出すため、衛生面だけでなく、適正な廃棄物処理技術が求められる。

## 2　国土計画による高速道路整備と流通業が変えた食生活

十九世紀の末に都市ガスや電気などの近代的インフラが整備され、二十世紀の中頃に下水道など衛生設備が整ったことで市民の食生活は大きく変わった。加えて、二十世紀後半は、国土の整備が進み、従来の鉄道、港湾に加え、高速道路網が急速に整備されたことによって、国民の食生活はさらに大きく発展した。

高速道路の整備は戦後の日本にとっても国土計画の中心的課題だった。荒廃した国土を再生し、鉄道中心の交通体系を高速道路網の建設に方向転換したのは一九五七年「高速自動車国道法」の成立である。東海道新幹線開業に先駆けて一九六三年に日本初の高速自動車国道、名神高速が開業した。当時この二つの国家事業のために世界銀行の融資を受けたが、その後一九六八年には自動車取得税、揮発油税などの「道路特定財源制度」が設けられ、利用者の応益負担で全国に高速道路網が張り巡らされた。名神高速は栗東・尼崎間で開業したため、そのルートに位置する京都市は政令指定都市の中で初めて高速道路をもった都市の一つになった。

現在までに全国土に高速道路が整備されたことで、輸送時間が短くなり、生産地から消費地までドアツードアで運ぶトラック輸送の優位性が高まった。海に囲まれた島国の日本では、輸送機関では内航海運の占める割合が長い間最大だったが、高速道路開通から四十年でトラック輸送がついに海運を上回った（図1）。トラック輸送はすでに一九六〇年代から鉄道貨物を上回っており、今では、農産

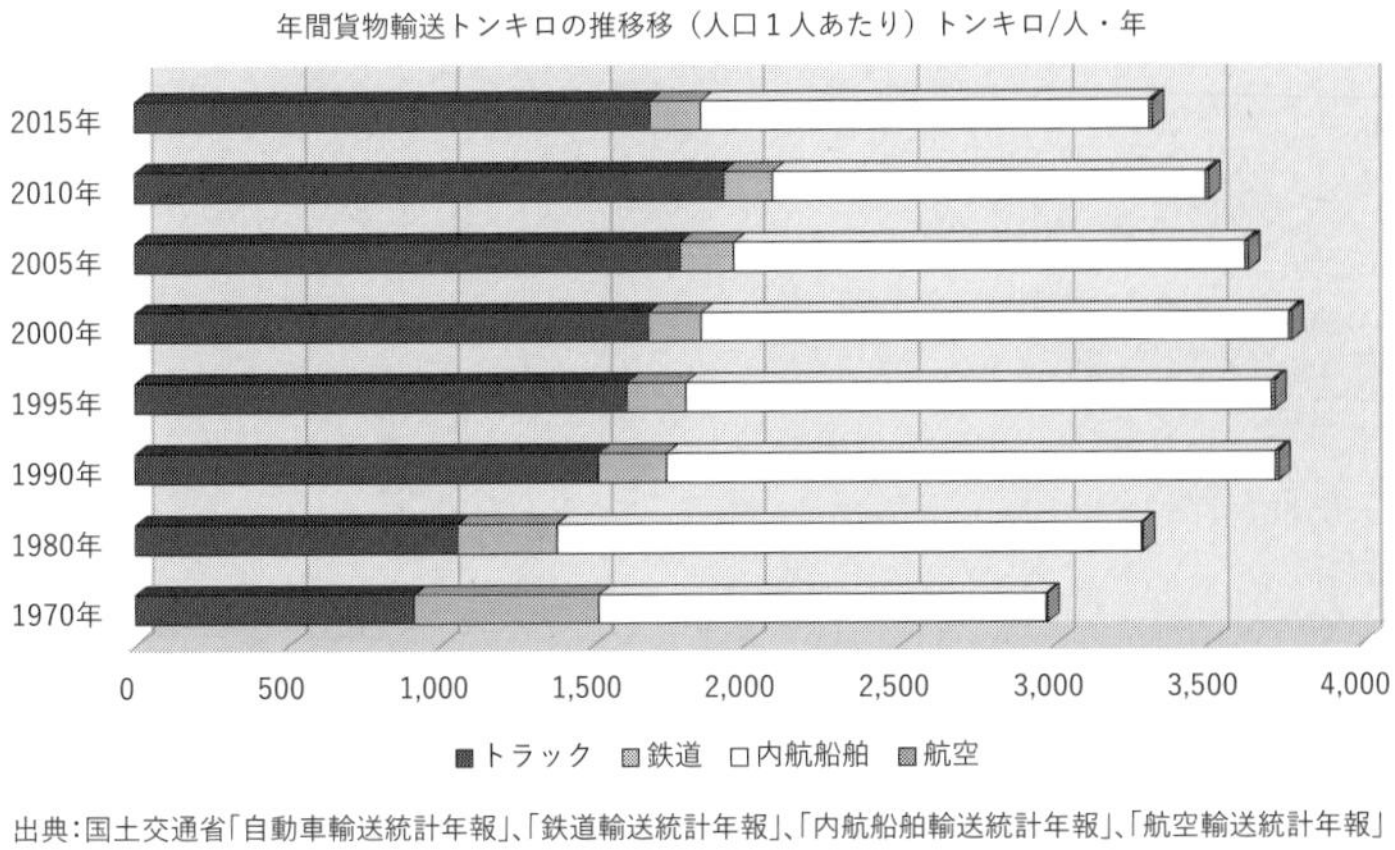

出典：国土交通省「自動車輸送統計年報」、「鉄道輸送統計年報」、「内航船舶輸送統計年報」、「航空輸送統計年報」

図１　トラック輸送量の伸び（グラフ）

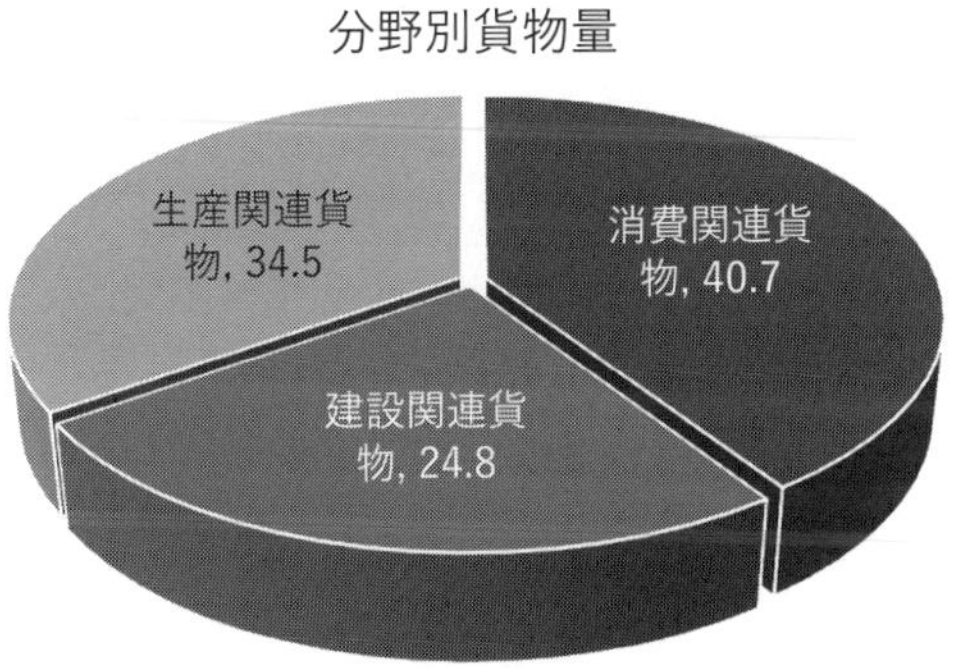


図２　分野別貨物量（グラフ）

物、加工食品の流通の九割以上がトラックによる。

物流をその品目別に、消費、生産、建設の三分野に分けてみると（図2）食糧を含む消費関連貨物が四〇・七％、生産関連貨物が三四・五％、建設関連貨物が二四・八％とトラック輸送が消費を支えている現状が分かる。

東京築地の旧東京都中央卸売市場や京都市中央卸売第一市場など鉄道駅に接続して建てることが多かった中央卸売市場は、今では首都圏、名古屋大都市圏、関西大都市圏を遠巻きにする圏央道、東海環状道、近畿自動車道に沿った流通大手各社の物流拠点に取って代わられた。

中央卸売市場が物流拠点に代わったことで、市場や卸売業者、仲買人を通した従来の流通が単純化、コストが削減された。いわゆる流通革命である。そのため、小売業、特に青物、鮮魚、精肉などの小規模店舗が衰退し、チェーン・ストアが拡大することになった。その影響で、商店街から生鮮食料品の店が消え、食品スーパーが増え、やがてイオンやイトーヨーカ堂など大手流通資本が全国に展開し、寡占状態が生じることになった。最終価格は長年安く抑えられてきた。一方、飲食店でみると、一部の優秀な卸売業者と取引する料亭など高級店を除き、大量に仕入れ、大量に販売するファミリー・レストランやファストフードなどの大手外食産業と流通大手のチェーン・ストア（コンビニエンス・ストアを含む）とが二大勢力として市場を支配することになった。その結果、食品を扱う小売店舗だけでなく、家族経営の零細な飲食店も激減した。また、現在のフードシステムには、家庭に届く直接消費と外食向けの間に、食品製造業に向けた加工用食品流通が六割以上を占める。そのため、後で述べる中食関連業の拡大は、都市構造と道路交通体系に沿って立地展開している。

もちろん、生産地でも物流の変化の影響は大きかった。戦前から徐々に零細な農家が組合を作り、共同購入、共同出荷、共同販売で市場への影響力を行使してきた。戦後は、鉄道輸送がトラック輸送に代わり、共同化の意味が徐々に薄れてきた。大都市の中央卸売市場に出荷せずとも、チェーン・ストア大手から集荷にくるトラックに少量ずつ出荷することも多くなった。一九九〇年の貨物輸送規制緩和で特別積合わせ事業が許可され、宅配便が普及し、生産者は直接消費者に届けることもできる。その後、ネット通販の普及で、ＦｔｏＣと呼ばれる農家と消費者の直取引が拡大している。

こうして農産品物流はますますトラック輸送に依存している。ところが、近年のトラック業界は、長時間労働、低賃金など過酷な労働環境から深刻な人手不足に陥り、長時間労働の短縮などのコンプライアンス遵守の要請が高まっている。農産品の輸送は、出荷量が直前まで決まらず、出荷待ち、荷下ろし待ち時間などの待ち時間が長く、長距離輸送で拘束時間が長い。突然の行き先変更は品質管理の厳しさ、到着時間厳守、帰り荷がなく、小ロットで多頻度輸送が必要である点など、特にコスト高になりやすい。人手不足が深刻化し、トラック輸送業界から敬遠されている。この背景には、世界最大のＥＣ企業アマゾンの急拡大がある。今や、クロネコヤマトなど国内の流通各社を圧迫し、農業生産者、農業団体にも大きな影響を及ぼしている。二〇一八年から政府は、自動車運送業界でも働き方改革を進めるが、流通改革、物流革命は今も進行中である。

毎日東京都中央卸売市場に届く農産品トラックの距離と輸送時間を見ると、北海道（帯広）千㎞で十八時間、青森七百㎞で十時間、高知八百㎞で十二時間、宮崎千四百㎞で十九時間と全国から旬をずらした入荷が続いている。とはいうものの、東京に限らず、各地の中央卸売市場の取り扱い量は減少の一途をたどった。イオンなど大手流通企業は、すでに三十年以上ＪＡ（農業協同組合）グループの各地の専門ＪＡと契約を結び、仕入れの安定を図ってきた。近年では、二〇〇八年のＪＦ（漁業協同組合）島根を手始めに、兵庫や福島のＪＦからも直接仕入れで価格を抑えることに成功している。こうした大企業の流通コストの削減が進むことで、国民の食費は抑えられている。国の社会資本整備のための審議過程では、この経済効果を最優先している。

農業生産者は消費者ニーズ等に対応するため長年努力を重ね、流通業界は全国の産地から迅速に集分荷するシステムを発展させた。コロナ禍で現在は比較的安定してはいるが、最近は農産品物流が逼迫していた。高度に発達した物流が、安定した供給量と低価格を維持しているが、頻発化、激甚化する災害には脆弱な面がある。そのため最新の国土強靭化三か年計画ではダブルネットワーク強化が進められており、自動運転への対応も始まっている。

一方、食と健康や環境問題などへの関心の高まりから、地産地消やローカルフーズなどが提唱されている。その反面、流通革命はグローバル化を強力に進めた。かつて、国内の農業生産者を保護するために貿易に制限を求めた時代があったが、一部に反対の動きがあり、またコロナ禍でアンチ・グローバルの声も上がってはいるが、保護主義は抑え込まれている。

食品、特に農産物の仕入れ先は長年にわたって世界中に広がった。すでに二十年以上にわたって中国産野菜の輸入が増加している。中国国内で加工した冷凍食品などの輸入も多い。水産物も冷凍を含む鮮魚では、エビ、イカ、カニ、サケ、マグロなどを中心に増加が止まらない。今年は欧州連合との「日ＥＵ経済連携協定（ＦＴＡ）締結」でワインやチーズなどの関税がさらに下がる。その需要が加わったため、海外の農産地から届いた国際海上コンテナ（四〇ｆｔ背高）を国内の高速道路を走らせる規制緩和が進んでいる。特殊車両の通行許可を不要にし、迅速に運ぶ重要物流道路ネットワークが整備された。

これで中国各地の野菜集産地やオランダのチーズ生産現場から国内流通大手の物流センターまで大型コンテナで直に届けられ、物流コストが極限まで下がる。上海や大連の港、ロッテルダムの大型コンテナバースは省力化され荷役コストが極端に安い。そうなると十勝の農場や帯広のチーズ工場から首都圏や関西、中京圏にトラックで届けられる野菜や乳製品よりも物流コストは低くなる。商社や仲買、卸売業者の介在も極力減らした。この間、新名神や新東名建設では、このコンテナ大型化に対応して、道路の構造・規格を見直した。その結果、フードマイレージの小さな地産地消よりも、世界中のブランド食品の方が安い値段でスーパーに並ぶ。日本の農産物よりも厳しいＥＵ環境基準への消費者信頼もあり、食のグローバル化はさらに進むだろう。

なお、国の道路整備計画では、環境影響評価だけでなく、計画段階評価、採択段階評価時にＢ／Ｃ（費用便益比）を試算する。走行時間短縮、走行経費減少、交通事故減少の主に三便益（Ｂ）を整備事業費と維持管理費を加えた総費用（Ｃ）と比較した数字である。そもそも試算では何を運ぶかは問題にしない。農産物の価格は低く。人件費や燃料費、そして高速料金の割合が大きい。超大型コンテナ船の運賃は極めて安いから、長距離トラックで運ばれる北海道の野菜より、神戸港から届く中国産野菜の輸送コストの方がかなり安くなることで道路のB／Cは上がる。

基幹ネットワークの主要部分はすでに完成している。そのため、FTAが発効する前から、国内のイタリアン・ピッツァの味は良くなった。本場ナポリのモッツァレッラ・チーズが大量に届くからである。もちろん保蔵技術、運搬技術の革新の成果もある。それと比べ、国民の食生活とは直接関係がないように思われるが、国土計画、都市計画の影響は大きい。大都市郊外の環状道路沿いにアウトレット・モールが増え、世界のファッション・ブランドが並ぶ。今後は大型コンテナで運ばれたワインやチーズ、多様な輸入食材店が増加する。

## 3　食生活の変化と都市商業

前節で述べたように、流通革命は高速道路網の整備と物流改革によって、食生活はもとより、農水産業、食品産業に多大な影響を与えた。加えて、都市商業に与えた影響も大きい。すでに述べたように、中央卸売市場を中心に卸から小売に食品が流れる仕組みが、生産者から大手流通企業が直に仕入れ、大都市圏の環状道路沿いの大規模物流センター経由で大型店に配送される仕組みに代わった。身近な商店街から生鮮産品（青果・鮮魚・精肉）を取り扱う個店が激減し、食品スーパー、大型ショッピングセンター、そしてコンビニが増えた。

二〇世紀の最後の十年に顕在化し、その影響が現在も続いている地方都市とその都心商業の衰退は、同時並行して進む多くの変化が複合しているため原因と結果が分かりにくく、論者の立ち位置によって論の立て方が違う。原因にあげられるのは、バブル経済崩壊、経済成長の鈍化と縮小、生産年齢人口減少から総人口減少へ移行、デフレの進行、中心市街地（都心商業）衰退、所得格差の拡大などである。

流通と物流の変化に注目すれば、この現象が日本だけのものでなく、世界の先進国共通であることに思い当たる。都市で身近な商店が消えたことで買物難民が増えたと言われる。ファストフード店は多いが、生鮮食料品店が減り、食生活が変わった。米英両国ではフードデザートといって、そもそも近くにそのどちらもない地区が増え、ジャンクフードの過剰摂取で肥満など貧困層の健康問題が深刻化している。日本でも食品を取扱う店は、その総売場面積でも総売上高でも増えたが、大型店とコンビニに二極化し、総店舗数は減少しており、買物難民は増えている。流通コストを削った大資本のチェーン・ストアとコンビニに全国各地の大多数の零細店舗が駆逐されたのである。

米英と違い日本の大都市では、この問題はまださほど深刻ではない。しかし、過疎地域では買物難民は増加し、道の駅の直売所が地域住民の買物を支えている。そのため住民が出資して店舗を維持する、また町などの公営商店とするなど様々な方法が試されている。移動販売やコンビニの協力をえた配達、配送も実施されつつある。一方、戦後急速に拡大した郊外住宅地が、今では急速に空洞化し、荒廃している。人口減少・高齢化が激しい老朽化したニュータウンでも買物が難しくなってきた。欧米諸国ほどではないが、一時は犯罪が多発したこともある。人口減少の中、郊外の衰退はすでに止めようもなく、まちづくりは立地適正化計画によるコンパクト化を進めている。ただ当面の問題は高齢化が進み、高齢の独居世帯が増加することにある。一方、シングルマザーも増加し、孤食が増え、食生活が貧しい子供が増えている。そのため、二〇一〇年頃から地域の社会活動としてボランティアによる子供食堂が広がった。先行して高齢者向け配食サービスも増えた。栄養バランスのいい食事や一緒に温かい食事ができる場を提供する取組みが広がっている。

生鮮食料品店の減少は、直接的には流通大手企業の寡占化の影響であるが、間接的には国民の食生活の変化で消費構造が変わった影響でもある。家計支出に占める食費を、食材を購入し家庭で調理する「内食」、調理された食品を持ち帰り家で食する「中食」、そして「外食」に三分してみる。この総務省統計局家計調査によると、一九八五年以降の国内の一世帯当たり月平均食費支出の動きは、中食(調理食品)が増加、内食は減少、外食は一時伸びたが低水準に戻り、長い期間、二三%から二五%で推移している。消費支出全体に占める食費の比率はエンゲル係数として知られる。一九五〇年代初頭までは、日本のエンゲル係数は五割を超えていたが、一九九五年以降は二三%台で推移している。家計支出全体が低下する中、食費は比較的安定しているものの、内食が減り、外食が伸びず、弁当、レトルト食品、調理済み冷凍食品、惣菜セットといった調理食品(中食)が伸びた。それも一九八五年から二〇〇六年までに六割以上の増加である。「食の外部化」といわれる現象は、外食から中食へと転換した。二〇一一年東日本大震災後の自粛ムード、二〇一四年の消費税の八％への引き上げ、そして二〇二〇年のコロナ・ショックが続き、この傾向に拍車がかかっている（図3）。

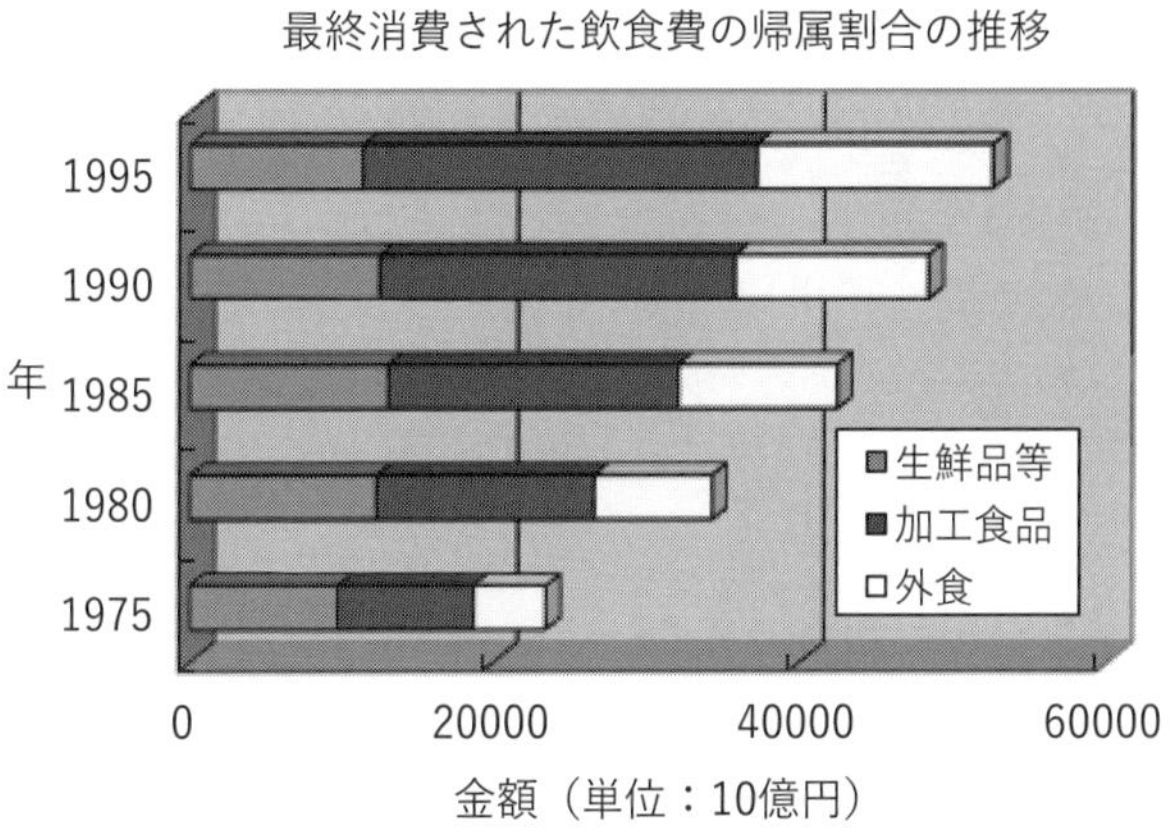


図３　一世帯当たり食費支出の推移
出典・総務省統計局『家計調査』から最終消費された飲食費の帰属割合の変化

中食の中でも惣菜市場規模は、二〇一八年に十兆三千億円に達した。デパ地下、スーパー、コンビニ、弁当屋を上手に使い分ける消費者が増えた。冷凍食品も高度化したものの、ステイ・ホームの拡大で、惣菜と冷凍食品・保存食品の中間、つまり内食に近い中食の新商品が登場した。社会の変化に伴い、食品メーカーや流通各社の中食戦略が展開している。共働きと単独世帯、そして高齢世帯の増加は止まらない。

単独世帯は、すでに全国五六七〇万世帯の四割に達した、その内、九百万世帯以上が六五歳以上の高齢単独世帯である。東京都では単独世帯率が五割を超え、農村部でも高齢独居世帯が多い。中食は、外食や、調理を伴う内食より安い。一九八七年から二〇一七年までの三〇年間の世帯当たり調理食品品目別購入金額内訳（構成比）を見ると、弁当、おにぎり、調理パン、肉まん、寿司など「主食的調理食品」が一六・六ポイント上昇した。つまり、高齢の単独世帯の買物難民問題とは、近くに弁当が買えるコンビニがないことである。八百屋でも食品スーパーでもない。シングルマザー世帯の一部でも食生活の貧しさが指摘されている。

一方、最近の単身者用賃貸マンション（アパート）のキッチンはますます小さくなった。コンビニや外食が充実し自炊需要が低いからである。自炊も電子レンジ加熱の弁当やカップ麺などでほとんど料理しない。建物の防火対策でＩＨ付のオール電化というが、ガス配管を止めて建築費を減らす狙いである。使わないキッチンより居室を充実させ回転率を上げる。一方、高齢の単身者はキッチンの広い古いアパートに住むが、「夏は調理中に熱中症に罹り」、冬には「コンロの火がフリースなど安価な化繊の衣類に燃え移るなどの家庭内死亡事故」が増えた。つまり、家で調理しない方が安く、安全という生活実態がある。この独居世帯の増加傾向は、少子高齢化、晩婚・非婚化などと同様、押し留めることなどできない。

家族で家事を分担できない単身者の家事負担は少なくない。ＮＨＫ『国民生活時間調査』は一九四一年まで遡る貴重な資料で、戦前から現代までの労働と家事（育児）時間が大幅に減少し、余暇時間が増えたことが記録されている。電化製品の普及、保育所・幼稚園の普及に加え子どもの数が減るなど「家事の市場化（外部化）」が進んだからである。井戸水を汲んで薪を割ることから風呂を沸かす、ご飯を炊いていた家事が、スイッチ一つで、それも外から遠隔操作できるのだから家事時間の八～九割の減少も理解できる。減った家事時間の中では後片付けの割合が多く、さらにそれを避けるために中食が広がる。調理を余暇として楽しむ美食家は自宅に広いキッチンを求めるが、一般人は家事負担の軽減を住宅性能に求めるのだからキッチンは狭くなる。なお、家事内容の一部は市場化したが、専業より兼業が多くなった主婦は、単身者と違い忙しくなるばかりという。その理由の一つは、調理に手間暇かけなければと言う価値観にあると言われる。

こうして食生活が変わり、都市商業・サービス業が変わった。商店街の零細な生鮮食料品店が減って飲食店や加工食品店が増え、地元企業が減った。郊外の大型商業施設が増えて、都心は空洞化し消滅する。食品スーパーが消え、コンビニや飲食店が増えない地方都市も多い。人口減少期には、何もしなければ都市は消滅する。まず郊外化を止め、集住化し、店舗の数と種類を確保することが前提になる。

そのため一九九八年に中心市街地活性化法と改正都市計画法が、また二〇〇〇年に大規模小売店舗立地法が加わり、「まちづくり三法」として施行された。自治体の政策として大型店の郊外立地規制は可能になったが、計画的に都心商業を形成して市民の消費、特に食生活を支える買い物を維持、向上できた自治体は少ない。京都市では二〇〇〇年に「商業集積ガイドプラン」を策定し、市内を七ゾーンに分け、地域ごとの商業集積と大型店誘導・規制方針として店舗面積上限を示した。今後人口が減少しても、都心の商業集積を守り、賑わいを維持するため、郊外立地を厳しく抑制した。その結果、内外の観光客の消費も都心に集まることになった。その後の二〇年間、郊外の大型店の進出はかなり減り、都心の店舗は新陳代謝が進み、デパートの売上げは伸び、飲食店数もかなり増加した。

他の地方都市と比べ、京都市内には飲食店が多い。特に日本料理店が集積している。事業所統計によれば、九〇年代以降新たに開業した店舗の約半数が飲食店である。モノが売れずサービスが売れる。中でも飲食業と美容業が多い。そのため、飲食店数が増える地区では店舗数も増える。増えた店舗の内容、店舗構成は国民の消費支出の変化に対応している。この変化に対応できた都心が再生する。

こうして、都心商業が再生した都市では、人口の都心回帰も進んでいる。都心マンションの需要は高く、小規模スーパーの出店が増え、買物利便性が回復した。都心回帰傾向は全国の地方都市でも見られる。しかし、郊外の大規模小売店舗の立地規制ができない自治体では、郊外も都心もフードデザート化し、人口減少に対応した都市計画ができないでいる。地域の食生活を守り、育てる飲食事業者を集めることもできない。

## 4　飲食業を支える都市計画

さて、飲食店の歴史は古いが、個々の飲食店の平均寿命は短い。開業率も高いが、廃業率も高いからである。一方、外食産業は安定した拡大を続けるが、誕生したのは近年のことである。西東京市(旧保谷町・田無町)に一九五九年造成されたひばりが丘団地はその後も拡大を続けた。一九六二年、そこに食品スーパーとして開業したことぶき食品が一九七〇年にファミリー・レストラン「スカイラーク」を開いたのが嚆矢とされる。当時急速に増加する人口、住宅需要に応じるための都市計画事業は住宅団地からニュータウン、中央高速道国立府中ＩＣ周辺区画整理事業などが続き、農地を買収し、道路を始めインフラ全般を整備して宅地として分譲した。その横で、民間の大型ショッピングセンターやホームセンターが新住民に必要なサービスを提供する中、従来の都市にない新しい飲食業が生まれたのである。一九七〇年には東京都心の銀座通りで歩行者天国が始まり、その直後の一九七一年に銀座三越店内にマクドナルド一号店が開業した。このようなファストフード店も地価の安い郊外に立地を進めた。

これまでも、都心に百貨店が出た時、下町にスーパーが誕生した折、大型店と商店街の小売店の間の商業調整で買物利便性を維持することが都市計画行政の役割の一つだった。同様に、都心や郊外、それぞれの立地でチェーン展開する外食産業が進出する際に、零細な事業所を含む既存の飲食店とどう調整、制御するかは市民の食生活に深く関わる重要な政策課題だった。その失敗が「ファスト風土化」、つまり食生活の貧困化であり、公的サービスの劣化、都市環境と景観の荒廃、犯罪が増加するなど市民社会に多大な影響を及ぼすという指摘が二〇〇〇年代に起こった。実際、都心は空洞化し、郊外は大型店の看板と駐車場だらけ、美しい日本の国土と生活文化が失われたという指摘だった。

実際、スカイラークとマクドナルドの出店に続き、全国で区画整理事業による道路整備で進んだ郊外開発と都心の駅周辺の市街地再開発事業による車道のモール化など、都市計画事業が進むたびに流通大手と外食産業が進出し、市民の消費生活を大きく変えた。さらに、バブル期にはオフィスビル、マンション開発と同様に官民パートナーシップでベイエリアなど大規模都市開発プロジェクトに参入した外食産業が多い。同時に大手食品企業も都市開発には熱心だった。江戸時代創業の食品企業の中には、都市とその隣接地に工場など広大な土地を持ち、その活用で資金需要を賄ったからである。

こうして、従来は家族のお祝い事の機会などに限られていた外食機会が多くの家庭で日常の一部となった。さらに、一九八〇年代バブル期のグルメブームは娯楽としての外食を定着させた。前述の家計調査を見ても、世帯主が若い家庭ほど食費に占める外食の割合が大きい。また、単身者の外食割合も大きい。一人分の食材を求め調理するよりも安いからだろう。

広く外食が普及した一九八〇年代以降は、外食産業が都市商業の重要なプレイヤーとなった。一九九〇年代に新規開業した商業サービス事業所中、飲食店の割合は高い。しかし、開業率が高いだけでなく、廃業率も高いため、他業種に比べ入替りが早い。また、ファストフード店は都心やターミナル付近に多数出店する。一方、高価格の専門店は場所を限定して出店する傾向がある。

飲食店の原価率は一般に、外食産業系が低く、零細店が高い傾向にある。それでも中小の飲食店にも、薄利多売型とその逆の厚利少売型があり、特に後者は出店する場所を選ぶ。専門性の高い店が出店する場所がないと、都市全体がファスト風土化するため、固有の食文化を誇る専門店が出店しやすい都市計画手法が求められる。歴史的町並みや近代建築が効果的であると考えられている。

一般に、どの町でも老舗を守り、地域性が高く、伝統的な飲食店を残したいという人は多い。しかし、それが難しいのは、有形無形の文化財の保存同様の社会的な理由がある。まして、伝統的な飲食店は文化財になる前の状態にあり、その保護方策が講じられているわけではない。伝統的作物を守る農業生産者や特産品、ブランド品の生産者を保護する制度があり、伝統食品の加工業者の一部を守る仕組みはあるが、ファスト風土化する現代社会で市場原理を無視した保護施策を進めるには多大な費用が要る。効果が上がらない場合も多い。そのため、まちづくり手法を駆使して、市場環境を整える仕組みが求められる。

その要点は、まず厚利少売を支援するソフト策である。まず、個々の事業者による経営合理化が必要である。無駄な初期投資を抑え、原価率を下げ、人件費を抑えてコストを圧縮、利益率を上げる努力が求められる。飲食店には様々なリスクがある。まちづくりは、様々なリスクの中でも立地環境リスクを軽減できる。せっかく投資した建物や庭園が、その効果が十分に発揮される前に、近隣の開発で失われない手立てが打てる。老舗の料亭、人気の料理店が、その隣接地に高層ホテルやマンションが建つことで不利益を被ることが意外と多い。景勝地の江戸期創業の老舗料亭の周りが風致地区に指定されていなければ、ホテルやマンションが建つことは阻止できない。逆に建蔽率と高さ規制が抑えられ、景観ガイドラインがあれば、老舗の文化的優位性は安定する。これまで、多くの場合では、老舗の経営者は土地の資産価値が下がることを怖れ、建築規制を望まなかった。老舗を守らず、いつかホテルや高層ビルになると思っていたのだろう。しかし、社会経済状況は変わった。せめて二〇〇四年景観法による景観重要建造物指定、登録文化財指定を受け、文化遺産としての保護があれば、建造物の価値を維持しやすくなる。言うまでもないが、料亭の伝統建築の文化的価値は高い。その庭や借景と呼ばれる眺望景観も歴史的価値をもつ。食器や調度品同様に、その文化価値を保護するソフト策が必要だろう。

## 5　景観法、歴史まちづくりが地域経済を支える

一九七五年の文化財保護法第三次改正で始まった重要伝統的建造物群保存地区（重伝建）制度による最初の地区選定を、京都市では祇園新橋と清水産寧坂の二地区で受けた。産寧坂の中でも石塀小路は、大正時代に宅地開発された路地沿いの借家が保存され、現在では有名日本料理店として活用されている。産寧坂、二年坂の町家もたびたび業種を変えつつも、今では和食店や古美術が多い。祇園新橋伝統的建造物群保存地区はお茶屋街だが、和食店が集まっている。四条通を挟んだ祇園町南側及び小松町地区は、二〇〇二年都市計画法第五八条による建築行為の届出が義務付けられる地区計画で町並みが守られている。近年は花街文化を知らない外国人観光客が集まり物議を醸した。ここでも本来のお茶屋は減ったが、有名日本料理店が増えた。清水から祇園へ、円山公園から岡崎に続く、東山一帯は、用途制限に加え、重伝建、美観地区、風致地区の指定が重なり、建物の形態・意匠、高さが制限され、和食店が集まりやすい地区になった。

また、三条通では一九七三年に中京郵便局（一九〇二年竣工）の建替えに、初めての近代建築保存運動がおこった。現在は京都市指定文化財の歴史的建造物も当時はファサード（外壁）保存だけだっ

たが、その後旧日本銀行京都支店（一九〇六年竣工、国指定重要文化財）は本格的に保存され、今は京都文化博物館に活用されている。その後、三条通一帯の近代建築の保存が進み、一九九七年京都市が三条通界隈景観整備地区に指定した。この町並み保存の経済効果として、三条通への商業投資が始まり、ファッションビルと様々なレストランが集まった。二〇〇四年の景観法、二〇〇七年の歴史まちづくり法で、重伝建地区の伝統的建造物の修理・修景に加え、景観重要建造物、歴史風致形成建造物が増え、外観修理に補助金が出る。

またこの頃には、文化財ではない普通の都心の京町家の保存の機運が高まり、町家再生のレストランが増加し始めた。二〇二〇年現在までに七千軒に及び、ミシュランの星を持つ日本料理店から小さなバールまで様々な飲食店が集積されている。こうして風致地区には料亭文化が、美観地区には近代建築のフレンチやエスニックのレストラン、京町家料亭、おばんざい店、創作京料理など食文化の拠点になっている。

自然景観や町並みの保存が日本料理店を増やすことは、決して京都に限った現象ではない。全国に一二〇地区ある重伝建地区の中で観光客が集まる街では、お土産店に代わって様々な日本料理店が多くなった。工芸品店も多く、漆や陶磁の和食器が並んでいる。中でも、金沢市の四つの重伝建地区や倉敷の美観地区ではその範囲が広がり、またその周辺でも伝統的意匠をもつ店舗が増え、観光客だけでなく、地元住民の人気を集めている。京都府内の重伝建地区では伊根町の舟屋群と与謝野町のちりめん街道、景観法と文化財保護法で文化的景観に選定された宮津市本町界隈で日本料理店が増え、料理旅館が再生している。

一方、景観計画（景観法）、歴史風致維持向上計画（歴史まちづくり法）を定めず、人口減少期にも都心の衰退に手を打たず、郊外のファスト風土化を止めようともしない地方都市が多い。地域の飲食店は減り、コンビニが辛うじて残っている。地元にブランド農水産物があっても都会に出荷されるだけ。人口減少でコンビニが閉店すれば、フードデザートが広がる。もちろん地域の食文化はあるのだろうが、それを守ることは容易ではない。ファスト風土化を避け、伝統に根差した地域の食文化を保護し、創造的に展開するために、地域社会全体を再生するまちづくり施策が要る。

## 6　食文化のためのまちづくりの転換（結論）

戦後の工業立国を目指した日本の国土政策、地域・都市計画は、生産拠点としての都市を整備した。そして、都市だけでなく農村も工業製品の消費地に位置づけ、電気・機械・化学・建築（住宅）製品を大量に売り捌いた。高速道路が整備され、農村から都市へ食料も運んだが、都市から農村へは膨大な消費財や耐久消費財を運び込まれ、化学肥料、農薬、そして農業機械なども運ばれた。そして、高速道路網は港湾に通じ、世界の生産地、消費地とつながった。日本製の工業製品が輸出されれば、原材料や石油天然ガスだけでなく、海外から食料品も大量に輸入された。世界有数の先進工業国に成長した日本の国内農業をグローバル市場から守ることは容易でなく、その意欲もすでに失われた。

国土計画から見る限り、日本の社会資本整備は、食糧自給率を下げ、食材のグローバル化を進める上で多大な効果があった。国家戦略として国土強靭化がさらに進む現在、この傾向は加速している。意識の高い市民の努力で地産地消は広がるだろうが、流通コストは日々削減され、食材は安価で安定的に供給される。国内産農水産物には不利な方向に社会資本整備は進んでいる。食料自給率の回復のため、食育や消費者の信頼の回復、効率的な農業経営の推進など農政の努力は続けられるだろうが、その状況はますます厳しくなっている。

現在内閣府を中心に進める地方創生策が功を奏し、人口の地方分散が進み、大都市から地方小都市に人口が移ったとしても、一人一人の国民の暮らし方は簡単には変わらないだろう。独居が増え、高齢化は進み、非婚化もとどめようがない。貧富の格差は拡大し、貧困化と対照的に一部の豊かな人々の飽食が進むだろう。人々の食生活が豊かになるとは考えにくい。孤食が増え、その内容は貧困化する。内食は減り、中食が増えるだろう。

国民の生活文化である食を守り伝えるためには、まずこのような現代の高度工業社会の国土構造を知り、それを土台として発達した市場経済を理解する必要がある。今でも食料は農山漁村で生産されている。ただ、国民が消費する食材の大部分は海外、国内でも主に都市で生産され、流通し、消費されている。

近代都市計画は、まず衛生面から市民の食生活を支えてきた。その後は、食の生産、流通のコスト削減を進める市場合理性を支援してきた。食文化を守るための配慮を欠き、むしろ逆方向を目指す結果になった。こうした都市の現状を理解する必要がある。

日本全国の都市の中で、京都市は特異な都市計画を進めてきた。市独自の文化遺産保護や斬新な景観政策、環境政策や商業政策が、市民の伝統的生活文化を維持継承する効果を上げている。この点で、食文化の面でも他都市と違う施策が進められてきた。二〇一三年に京都をつなぐ無形文化遺産の第一号に京の食文化を選定し、その後も菓子文化、年中行事や花街の文化を選定し、数々の取組みを進めてきた。これらの活動を通じて、市民、事業者の意識が醸成されてきた。一方、消費者と生産者の意識の改革だけでは解決困難な問題が多いことも認識されてきた。日本に先駆けて食文化の保護・継承の政策を掲げたフランスやイタリアでは、消費者教育や農業生産者の保護に留まらず、都市計画、まちづくりの方向を転換する取組みがある。スローフード運動に留まらず、スローシティやスローライフを標榜する小さな町が増えている。それは、文化遺産、都市景観、環境や観光、都市農業、そして商業政策に取り組む都市計画制度が、小さいながらもそれぞれの自治体にすでにあり、それを駆使できるからである。その点、日本の自治体の多くはまだ遅れている。食文化を消費者の意識の問題として捉えるのみで、社会的かつ物的な都市環境の問題として捉える意識すら乏しいと言わざるをえない。高度に発達した現代社会では、個人の努力で解決できる問題は極めて少ない。

【参考文献】

三浦展（二〇〇四）『ファスト風土化する日本―郊外化とその病理』洋泉社新書、洋泉社。

角井亮一（二〇二〇）『物流革命２０２０』日経ＭＯＯＫ、日本経済新聞出版社。

首藤若菜（二〇一八）『物流危機は終わらない―暮らしを支える労働のゆくえ』岩波新書、岩波書店。

斎藤　修（二〇〇六）「農民の時間から会社の時間へ―日本における労働と生活の歴史的変容」『社会政策学会誌』一五。

宗田好史（二〇〇七）『中心市街地の創造力　暮らしの変化をとらえた再生への道』学芸出版社。

宗田好史（二〇〇九）『創造都市のための観光振興　小さなビジネスを育てるまちづくり』学芸出版社。

宗田好史（二〇〇九）『町家再生の論理　創造的まちづくりへの方途』学芸出版社。

宗田好史（二〇一二）『なぜイタリアの村は美しく元気なのか　市民のスロー志向に応えた農村の選択』学芸出版社。

宗田好史（二〇〇〇）『にぎわいを呼ぶイタリアのまちづくり　歴史的景観の再生と商業政策』学芸出版社。

# 11章　イギリス人のみる和食
## ―「食」における日英相互認識の食い違い―

山口エレノア

### はじめに

イギリス人が和食について語ること自体、先ず皮肉に思われる方が多いかも知れない。なぜなら、日本では（世界全体でも？）一般的にイギリスは食べ物がまずい国だという偏見があるからだ。またイギリス人は「食」に対する意識があまりないように思われているかも知れない。確かに第二次世界大戦後長年の間、国の復活に力を注いでいたため、イギリス人にとって「食」はそれほど重要なものではなかったといえるかも知れない。近年イギリス人の「食」に対する意識は変わりつつある。また、日本料理に対する意識も変わってきている。

個人的な経験から説明すると、私が生まれた当時のイギリスでは、日本という国、そして日本文化は相当遠い存在だと思われていた。二、三十年ほど前のイギリスでは、私の回りには「日本」という国は中国の一部だと思っていた人すらいた。当時、大きな中華街のある町の近くに住んでいたので、中華料理はある程度人気があったが、それ以外の東アジアはあまり理解されず、意識もほとんどなかったといえる。その時、日本語を勉強したかった、日本に行きたかった私はかなり変わり者扱いされていた。日本は侍と芸者やパナソニックとソニーの国というイメージしかなかったといえるくらい、回りのイギリス人は日本という国を知らなかったと思う。また、和食に限らず、食べ物全体に対してあまりチャレンジ精神のない人が回りに多かった記憶がある。

戦後長年の間のイギリスでは食事を作る人はお母さんたちで、男が料理をするのは高級ホテルのシェフくらいで、〝男らしい男〟は料理をするものではないというようなヴィクトリア時代から残った偏った考え方でさえあった。言うまでもなく、このような考え方はもうとても古い。また、近年のイギリスでは料理をするということはカッコいいイメージが定着してきた。これは特にテレビの影響などが大きいといえる。ジェイミー・オリバー（Jaime Oliver）やゴードン・ラムジー（Gordon Ramsey）、ナイジェラ・ローソン（Nigella Lawson）やメアリー・ベリー（Mary Berry）などのような性別関係なくテレビに出る芸能人シェフたちの人気番組などのおかげで、料理をすることはダサいイメージからカッコいいイメージになってきた。ユーチューブやインスタグラムなどのＳＮＳで見られるレシピ動画などが人気のあることからも、若者の間でも料理に対する意識が変わってきているといえる。また、昔のイギリスでは外食する習慣はあまり一般的ではなかったが、現在は外食することによって、イギリス人はイギリス料理の他、様々な国の食べ物を食べる機会が増えてきた。料理はお母さんたちに任せるだけのものではなくなってきた。

本章は二つの論点からなり、イギリス人と日本人の食に対する意識とイギリス人のみる和食、また日本人のみる英食（イギリス料理）に触れて考察していく。ここで「意識」という点は非常に重要である。歴史的に考えると、イギリス人と日本人のお互いの意識（相互認識）はかなり勘違いだらけといえるだろう。思い込みが多く、ステレオタイプが双方にたくさんあるように思われる。言語文化と同様に食文化は変わりつつあるものなので、過去から現在まで考察しないと全体像が理解しがたい。そのため、食に関する、いわゆる「日英相互認識」の現代の話はもちろんのこと、歴史的な話題も取り上げる必要がある。したがって、本章は歴史の道をたどりながら、食に関する意識を解説していく。

## イギリス人の食に対する意識

十八世紀から十九世紀の産業革命時代、新しい機械に仕事を奪われ、もともと農業をしていたイギリス人たちは都会に引越し、工場などで働くようになった。イギリスが都市化していく時代が始まった。耕作に従事する仕事から離れて、ますます食べ物がどこから来ているのかを考えなくなっていったといえるだろう。二十世紀になると、スーパーマーケットなどでビニールに包まれたスライスされた肉やきれいに洗った野菜・果物などを買えるようになったので、土のついた自然を感じさせる食べ物は少なくなった。また、特に第二次世界大戦後はイギリス人商人ピーター・デュランド（一七六六～一八二二）が特許を取って以来、缶詰食品などのような保存食が増えた。そして、二十世紀後半になってくると、経済的に厳しくなる家庭が増え、女性が働くようになってきたなどの理由のため、長時間台所で料理を作ることができなくなった。フードジャーナリストのジョアンナ・ブライズマン（二〇〇六年）によると、二〇〇一年に一般的なイギリス家庭では週に三・三六回だけ料理をし、二〇〇二年にイギリス人の四十五パーセントは「疲れて、夜になると料理をするエネルギーがない」と感じていた。八十年代のイギリスでは料理をするのに一時間費やしたにもかかわらず、二千年代になると十三分になった（Blythman 六十九頁）。

ブライズマンの本は *BAD FOOD BRITAIN*（悪い食事の国イギリス）というタイトルで二〇〇六年に出版された。ちょうどその一年前に、二〇〇五年にはイギリスのグレン・イーグルズで行った八か国主要国首脳会議（G８）サミットで当時のフランス大統領だったジャック・シラク（一九三二〜二〇一九）は、「料理のまずい国の人間は信用できない。フィンランドに次いで（イギリスは）料理がまずい国だ」という有名な暴言をした（Brown 題辞）。二千年代前半からイギリス人は自分たちの食に対する意識について目を覚まし始め、ブライズマンの次に二〇〇七年にイギリスの作家ケート・コフーンは *Taste—The Story of Britain Through its Cooking*（味覚—イギリス料理の話）という本を出した。徐々にイギリスは自分たちの料理について考え直しだしていた。また二〇一一年に、大人気の芸能人シェフのジェイミー・オリバーが *Jamie's Great Britain, Over 130 Reasons to Love Our Food*（ジェイミーのグレートブリテン—われわれの料理を愛する百三十以上の理由）というレシピ本を出版した。このようにイギリス人は自分たちの国の料理を再発見するようになり、イギリス料理をより深く意識し、プライドを持つようになってきた。更に、二〇一二年にイギリスはオリンピックやパラリンピックのホストとなった。その勢いに乗って、イギリス政府はイギリスの様々な文化を世界に宣伝するGREATというキャンペーンを始めた。その中の一つは、Food is GREATというキャンペーンだった（https://www.

visitbritain.com/gb/en/campaigns/food-great)。キャンペーンの例の一つは、レシピを提供する日本のアプリであるクックパッドに駐日英国大使館がアカウント作成し、イギリス料理のレシピを紹介した（https://cookpad.com/kitchen/7597382）。イギリス人は自分たちでイギリス料理に対する意識を高めてから、オリンピックの勢いで全世界にもイギリス料理への意識を広めようとしていた。

イギリス人は料理しないという考えが流布しているにもかかわらず、イギリスでは料理本は相変わらず出版業界では毎年大ヒットのものが多いといえる。グッド・ハウスキーピング（Good Housekeeping）という雑誌のホームページでは毎年最近出版された本を紹介する。もちろん、イギリスの街にある本屋さんにも料理本はたくさん並んでいる。イサベラ・ビートンの有名な本『ビートン夫人の家政読本』（一八六一年）が出版されて以来、イギリスでは毎年のように料理本はたくさん売れる。イギリス人の家のキッチンの飾り物だけになることもあるが、実際にレシピを読んでごはんを作る家庭も当然たくさんある。

料理しないイギリス人のイメージが強いかも知れないが、実はイギリスにはディナーパーティーをすることが好きな人が多く、友達を招いて自分の家で美味しい料理を提供する趣味がある。イギリス人にとって自分の家は自分の城だ（An Englishman's home is his castle）という言葉があるぐらい、イギリス人には自分の家を自慢したい人が多い。そのため、友達を呼んで、家でディナーパーティーをして、家も自慢することがよくある。昔から外食はあまりしないことはそれが原因でもあるかも知れない。

七〇〜九〇年代は、外食する文化はあまりなかったといえるだろう。あの頃の外食は誕生日会などの様な特別な時だけだったといえる。このことからイギリスはまずい国だという考え方が生まれたのではないかと思われる。もともと外食しなかったイギリス人は現在、色々な国の食べ物を食べてみることができるようになった。ロンドンはもちろんのこと、地方の都市でもできるようになってきている。イギリスの北部でもリバプール、マンチェスターやリーズの大都会では特に様々な国の食べ物を提供しているレストランが多くある。例えばもともと海外貿易で盛んなリバプールには、評判の高いレストランがたくさんある。中華料理、インド料理、イタリアやフランス料理はもちろんのこと、キューバ料理、シリヤやレバノン料理、ヴェネズエラ、ポルトガル料理など様々な国の料理を食べることができるようになった。その中で、日本料理も人気になってきた。

## 日本人のみるイギリス料理

先ほど説明したジョアンナ・ブライズマンの *BAD FOOD BRITAIN* が出版された同じ二〇〇六年に日本のイギリス研究専門家の川北稔はかなり批判的なスタンスをとり、「イギリス料理はまずい」というイメージを『世界の食文化―17イギリス』の中で助長してしまった。残念ながら今でも、この本はよく日本人の大学生などに読まれ、引用されることが多いので、日本では大きな影響を与えている。目次だけでも見れば、どれほど批判的なのかがすぐ分かる。序章に『まずいイギリスはエスニック料理天国』という項目があり、第三章のタイトルは『イギリス料理はまずい―定評の確立』であり、第四章のタイトルは、『好ましくない食事』で、その中はなぜか『監獄の食事』という項目もある。また、第五章に『栄養不足のイギリス人』で、第七章に『アイルランドより悪いイギリス食事』という項目がある。更に、第九章のタイトルは、『イギリス料理はなぜまずくなったのか』であり、なぜか「イギリス料理」と「まずく」という言葉のフォントのサイズは他より大きい。川北のメッセージは非常にはっきりしているが、この本の内容はもうだいぶ古い。このように、連続で「まずい」といえる時代は既に終わった。しかし、川北の本は今でも読まれ、日本の大学生のレポートによく引用され、今でも「まずい」というイメージが日本では残っている。

日本語の本でイギリス料理について書かれている書物はそれほど多くない。それはイギリス料理がまずいというイメージが強いからだといってもいいかも知れないが、それらの本の執筆者が英国びいきであっても、イギリス料理のことを紹介する書物には「イギリス料理はまずい」という言葉が必ずといっていいほど最初に書かれている。ここでいくつかの例をあげる。先ずは、北野佐久子の『イギリス料理を召しあがれ』（一九九〇年）には次のように書いてある。

伝統を守る心、古い物を大切にする心が料理の味にも生きているのがイギリスです。食卓を通してその歴史をたどってみると、世界史には記されなかった人々の日常の暮らしが、食べ物、食器、道具から甦ってくるのです。……〝イギリスの食事はまずい〟と思っている人も、その素材の豊富さと新鮮さに驚くはず。イギリス料理は温かい家庭の味が一番美味しい。（北野、五頁）

ここで北野は重要なポイントを伝えている。それはイギリスは家庭料理が一番美味しいということである。二〇一九年に出版されたピート・ブラウンの *Pie Fidelity* という本には、美味しいイギリス料理を作るにはテクニックが一番大切である（Brown 三二〇頁）。イギリス料理を作ることは材料などからすると、割と簡単にみえるが、テクニックがないとまずくなる可能性が高い。また日本語の本でいうと、長谷川恭子の『イギリス料理のおいしいテクニック』（二〇〇一年）の本のタイトルに見られるようにテクニックが重要である。長谷川はまたこの本の中で真っ先に「まずい」という話をするが様々な国の影響もあるからこそイギリス料理は多彩だという。

イギリス料理は「まずい」というイメージを持つ人が多いかも知れませんが、長年イギリスに住んでみると、温かみがあり、かつ歴史を感じさせるなかなか味わい深い料理だということを実感します。ローマ人をはじめに多民族支配の歴史の中で育ったイギリス料理は、意外に多彩です。

（長谷川、二頁）

長谷川は長い間イギリスに住んで、イギリス料理に慣れてきたことも証明している。これも重要な点の一つである。また、『英国フード記ＡｔｏＺ』（二〇〇六年）のまえがきで、石井理恵子がイギリス料理はあやしいことをいう。

「英国はおいしい」か？　英国はまずくない。英国に私の好物は多い。フルーツ入りの素朴な焼き菓子。牡蛎とともに味わう褐色のスタウト。漁村のシーフード。オーツや野菜など具だくさんのスープ。種類豊富な乳製品。食材自体は、悪くない。……ビールやウィスキーは世界的に評価されている。その一方、曖昧で妙な味のものも多く、それが長く愛されているのが不思議である。

……私が英国の食、味に関して感じるのは「英国の味はあやしい」、ということである。アフタヌーンティー、フィッシュアンドチップス、ロースト・ビーフだけが英国の味ではない。ジェリード・イール、ハギス、マーマイト……謎と疑問が膨らむものが、次から次へと出てくる。（石井、松本、一〇～一一頁）

英国の味はあやしいというのは、先ず慣れていない味であり、イギリスでしか食べられない、日本には手に入らないもののことを示している。二〇〇六年に出版された石井と松本の本はブライズマンの本と川北の本と同じ年に出たことが分かると思うが、先ほども説明したように、このころからイギリス人は自分たちの料理について考え直し始めていた。そしてロンドンオリンピックが開催された二〇一二年にエリオットゆかりが『ホントはおいしいイギリス料理』という料理本を出版して、その中で次のように書いている。

イギリス料理から何を連想しますか？　みなさんの答えはだいたい想像できます（笑）。私もイギリス人の主人と知り合い、結婚して初めて渡英したとき、ロンドンの中心にある観光客向けのお店で食べたお料理は味けなく、「やっぱりイギリス料理って評判通りなんだ」と、がっかりしたのを思い出します。……「やっぱり、イギリス料理は日本人の口に合わないの？」と、悩みました。（エリオット、四頁）

その後、エリオットはイギリスで何回か家庭料理を食べる機会があって、イギリス料理に慣れてきた。そのことを次のように説明している。

そこで食べたお料理は、素朴でやさしいお味で、心からおいしいと思えるものでした。そう。日本もイギリスも家庭料理はやっぱりおいしいです。……イギリス料理は決してまずくはない。ホントはイギリス料理って素朴でやさしくておいしいんだよ。よく見ていただくと日本と似ているお料理もかなりあります。（エリオット、四頁）

ここで「日本と似ている」と読むと多くの日本人はビックリするかも知れないが、実際にイギリス料理と日本料理はそれほど違うものではないかも知れない。以上のようにイギリス料理はテクニックが重要であり、家庭料理がおいしい、様々な国の影響から多彩な料理であることが分かる。そして、日本人でも味覚に合う人と合わない人のどちらもいることが分かる。しかし長くイギリスにいれば慣れてくるということもある。同じように、日本料理を食べる体験をしたことのあるイギリス人は沢山いる。

## 歴史の中のイギリス人がみる和食

最初に、イギリス人がはじめてたくさん日本に旅するようになった時代、いわゆる幕末・明治時代を見てみることにしよう。幕末日本に滞在していたイギリス人の中では外交官のアーネスト・サトウやA・B・ミットフォードが有名だ。一八六三年五月に外国人居留地に雇われていた日本人が急に逃げ出した。ある日の朝サトウは朝ご飯を作ってもらうために召し使いを呼んだが、返事がなくて台所からスプーンやフォークなどが盗まれていた。その日にサトウは“With some difficulty we procured some eggs and sponge cake"（Satow 七二頁）と当時の様子を説明するが、坂田精一は次のように日本語訳している、「われわれは、ようやく数個の卵とカステラを手に入れた」（サトウ、坂田、九二頁）。ここで坂田の日本語訳は物足りないように思う。もう少し正しく訳するのであれば、「苦労したが卵とカステラを何とか手に入れた」。サトウの"With some difficulty"の部分は「ようやく」として訳されているが、「苦労して」、「難しかった」などの方がその食料を手に入れることの大変さは伝わってくる。ところで、坂田が訳している「カステラ」は現代だと「スポンジ・ケーキ」の方が適切かも知れないが、後に説明するマレーのハンドブックの中では"sponge-cake"をカステラとしているので、当時の日本では、カステラが一般的だったため、それが正しいだろう。とはいっても、イギリス人が言うスポンジ・ケーキは様々な種類があるので確実にカステラかどうかは言えないことも重要だ。ところで、この『一外交官の見た明治維新』の中では「食」に関する記述が非常に少ない。この短い一行からもサトウにとって慣れている西洋料理は重要だと言える。サトウはもちろん当時の日本人政治関係者との和食宴会に時々参加していたが、慣れているイギリスの味を食べたがることが多かっただろう。初来日した多くのイギリス人は同じように感じたといえる。

明治時代になると、日本を訪れるイギリス人が増えてきて、サトウなどが書いたガイドブックが出版されるようになる。その中でマレーのハンドブックは有名である。ガイドブック以外には、実際に旅した人々の旅日記や手紙に基づいて日本を紹介する本がいくつか出版されていた。その一つの例としてはイギリス人女性で一八七八年に日本を旅したイサベラ・バードが書いた『日本奥地紀行』が有名であり、その中で「食」について次のように書いている。

The “Food Question” is said to be the most important one for all travellers, and it is discussed continually with startling earnestness, not alone as regards my tour. However, apathetic people are on other subjects, the mere mention of this one rouses them into interest. All have suffered or may suffer, and everyone wishes to impart his own experience or to learn from that of others. Foreign ministers, professors, missionaries, merchants—all discuss it with becoming gravity as a question of life and death, which by many it is supposed to be. The fact is that, except at a few hotels in popular resorts which are got up for foreigners, bread, butter, milk, meat, poultry, coffee, wine, and beer, are unattainable, that fresh fish is rare, and that unless one can live on rice, tea, and eggs, with the addition now and then of some tasteless fresh vegetables, food must be taken, as the fishy and vegetable abominations known as “Japanese food” can only be swallowed and digested by a few, and that after long practice. (Bird 一九頁)

時岡恵子（二〇〇八年）はバードの書いたこの部分を次のように日本語訳している。

「食糧問題」はどの旅行者にとってもいちばん肝心な問題だということで、わたしの旅行のみならず、なにかにつけ驚くほどの熱意をこめて意見がかわされます。ほかの話題にはどれほど無関心な人でも、食べ物の話題となると、たちまち興味を示します。この件ではだれもが悩んだことがあるか、あるいはこれから悩むことになりかねず、だれもが自分の体験話を話したいか、さもなければ他の人の経験話を聞きたいというわけです。外国の公使も教授も宣教師も商人も、だれもが死活問題であるかのように真剣に論じます。そして多くの人にとっては本当に生死にかかわる問題であるようです。実際のところ、外国人客を想定している人気リゾート地のわずかなホテルをのぞいて、パン、バター、ミルク、牛肉や豚肉、鶏肉、コーヒー、ワイン、ビールは手に入らないし、新鮮な魚はめったにありません。また米、お茶、卵を常食とし、ときおり新鮮ではあっても味のない野菜をそれに加えることができないかぎり、食料を携行しなければなりません。魚と野菜を使った「日本食」はぞっとするほどひどいもので、食べられる人は少なく、それも長いあいだ練習を積んだすえのことなのです。（バード、時岡、八三頁）

バードは食べ物の〞問題〟とまでタイトルを付け、ほとんどすべてのイギリス人が困る問題であることを説明している。外国人観光客のためにできた少数のホテル以外には自分たちが慣れている西洋料理は手に入りにくいので、持参するべきことを推薦している。また、日本料理は口に合わないことが多くあり、日本に長くいれば慣れてくることがある。先ほど説明したイギリスに来る日本人と確かに似ている。

また執筆者の個人的な経験から説明すると、一九九六年に初めて来日した時、日本製の牛乳を飲んでみたが、私の味覚からすると、とんでもなく不味いものだと思っていた。そして、一九九九年に青森市の国際交流員としてＪＥＴプログラムに参加するために来日した際、最初の夜に東京のホテルに泊まった。青森に行く前に数日は他のイギリス人ＪＥＴ参加者と一緒に研修をすることになっていた。研修の最初の朝は皆と一緒にホテルの朝ごはんを食べた。その時、初めて来日した若い男の人はシリアルを食べようとした。一口食べて、大声で「まずっ！　なにこれ?!　この牛乳はとんでもなく不味いものだ！」といって、私は頭の中で「あゝ、そうだよ。日本の牛乳はまずいよ」とちょっと偉そうにクスッと笑った。酷い話だが、イサベラ・バードの言う通りである。

また先にも述べたチェンバレンとメーソンが、マレーの日本を紹介するガイドブック（一九〇七年版）の中で食べ物について次のように書いている。

Persons fairly easy to please and who wish to travel lightly, can reduce the size of their provision basket by using the rice, fish and eggs of the country as auxiliary to what they carry with them. Curry- powder will often help to make insipid Japanese dishes palatable, and *shōyu* (soy) adds a zest to soups. When starting off for the first time, it is best to err on the side of taking too much. Many who view Japanese food hopefully from a distance, have found their spirits sink and their tempers embittered when brought face to face with its unsatisfying actuality. (Chamberlain, Mason, 1907：9)

上記の原文を楠家重敏は次のような誤解を招く日本語訳をしている（特に下線部分に注目）、

荷物を軽くして楽々と旅をしたい人は、持参品を補うため日本のおこめ、魚、卵を使うなら用意するカゴは小さいものでよい。つまり、自分たちのやり方で食事はできないのである。だから、最初に出かける時に、食事には寛大になっておくことが最も良いのである。遠くはなれた所で好意的に日本料理を考えてみようと思っている多くの人は、その不満足な実態に直面すると元気がなくなり苦々しい気分になるものである。（楠家、一九九八年、四二頁）

チェンバレンとメーソンが書いた大切なアドバイスの部分（下線部）を楠家は正しく日本語訳してい

ない。下線部をより丁寧に訳せば次のようになる：

「カレーパウダーは味のない日本料理を食べられるようにし、醤油はスープに味覚を与える。最初に出かける時に、多すぎるくらい持参するようにした方が良い。遠くから日本料理に期待する人の多くは不満足な実態に直面すると意気消沈し、機嫌が悪くなる」。

このガイドブックは日本食をかなり批判的に伝えていることがわかる。日本食が口に合わないイギリス人にとってはこれが現実だった。当時、日本食はイギリス人の味覚に合わなかった。今でも同じことは言えるだろうが、すべてのイギリス人にこれが当てはまるわけではない。食に対する慣れが重要なポイントである。例えば、コーヒーやビールのような苦い味のものなど、子供は大人の味を好まないことが多いが、大人になっていくとそれに慣れてくる。大人でも慣れていない味は最初苦手であっても、少しずつ食べると慣れてくることが多い。バードが言うように長年日本にいる人は日本食に慣れて食べられるようになるが、チェンバレンとメーソンが書いたマレーのハンドブックは初めて日本を訪れる観光客のためのものなので、いわゆる「食に対する覚悟を持つように」と伝えている。

鹿鳴館の失敗の一つといえば、外国人は伝統的な日本を期待して日本に来ていたのに、鹿鳴館の様な様式建物にがっかりしたことであった。フランス人のピエール・ロティ（一八五〇〜一九二三）は“Un Ball á Yeddo”（江戸での舞踏会、一八八九年）では鹿鳴館の建物や日本人の洋服姿などについてはかなり批判的であるが、食事については意外とほめている、

… there were three large refreshment tables, very well served ; … On the tables covered with silver were pies, stuffed game, pâtés, salmon, sandwiches, and ice cream in abundance, as at a well ordered Parisian ball. Fruits from America and Japan were arranged in pyramids in elegant baskets, and the champagne was of the finest label.

（英訳：Rosenfeld、二〇〇一年）

ロティによると、軽食のあるテーブルが三台あって、とても素晴らしいおもてなしで、…パリの整然とした舞踏会にもあるのと同様に、テーブルの上にはパイや詰め物をした猟鳥類、パテ、サーモン、サンドイッチそしてアイスクリームが沢山あった。アメリカと日本からの果物が優雅なバスケットに入ってピラミッド型にアレンジされて、シャンパンも最もおいしい生産者のものだったと説明している。ロティも含めて、来日した外国人は西洋料理があれば安心した。この事実に対して、当時は外国人が宿泊する日本のホテルなどが反応し始めた。外国人観光客、特にイギリス人はあまり食に対するチャレンジ精神がなかったように見えるが、このことから日本の洋食文化が現れたと言えるだろう。

外国人にとって日本食は口に合わないだけではなかった。日本食はあまり強い体をつくらないようにも思われていた。一八九一年に東京在住の外交官婦人メアリー・クローフォード・フレーザーは「脚気」という病気について食に関連する原因を語って、西洋の食べ物の優れているところを説明する。特に日本海軍兵士たちはその当時、肉を好まないが強くなるために食べさせられていたことを説明している。

… that extraordinary disease *kakke*, which seems to be a purely Japanese ailment. …The disease attacks men…

and is frequent in districts where the people live on rice alone as their staple food. My *amah* tells me that in her province, where a kind of rough oatmeal is mixed with the food, the disease is almost unknown. The soldiers suffer from it a good deal; but it is hoped that the meat diet lately introduced in alternation with the native rice and fish food will do much to overcome the weakness. In the navy the men are generously fed on meat, rather to their own distaste, but very much to their physical well-being. I think I told you that Count Saigo, the Minister of Marine, is a firm believer in European food methods, and carries them out in his own family. (Fraser, p. 317)

このように、日本を旅しているイギリス人が食についてあまり書かないのは、「食」に興味がないからではなくて、日本の食べ物は口に合わないことから日本料理を食べていない。また、あまり体にいいものではないように思われていた。持参している西洋食材を食べていたのである。

歴史学者リジー・コリンガ（二〇一七年）が説明しているように、「一八〇四年、フランス政府は革新的な瓶詰めの方法を発明したニコラ・アペールに一二〇〇〇フランの賞金を与えた。……イギリス人発明家ピーター・デュランドはこの手法を学んで、ガラス瓶の代わりにブリキ缶を使った方法の特許を取った。」（コリンガム、松本、二五一頁）。缶詰食品ができるようになると、世界各国を旅するイギリス人たちは簡単に母国イギリスの味を食べられるので、慣れていない国の料理を食べるよりは缶詰に頼れることの方がストレスフリーだっただろう。有名なイギリス人写真家ハーバート・ポンティングが一九一〇年に富士山を登るために自分で食料を準備したことも次のように説明している。

The food to be got at the rest-huts is of only the coarsest kind; and I hoped my own supply would prove amply sufficient, so that I might not have occasion to resort to it. (Ponting, Kindle edition)

長岡洋三の日本語訳によると、「休憩小屋で入手できる食べ物はほんの粗末な物しかないので、それに頼らなくても済むように、我々の用意した食糧だけで十分間に合うことを願っていた」（ポンティング、長岡、一九九頁）。ポンティングが持参しているものとは具体的に何かは分からないが、イギリス人の口に合うものということは確かである。玉子や乳製品などを持っていることは想像できる。

また、ポンティングは星野さんという方と一緒に出掛けたりすることがよくあって、その方の奥さんは出掛けるための食事の準備をしてくれた。経験のある方で西洋人の好みの食事がよく分かる方だったようである。ポンティングは星野さんと一緒に精進湖と富士山麓に出掛けた際、その食事に大喜びを示した。

> ...his wife, who always packed the lunch-basket, knew by long experience what to provide. There were sardines, with tomato and cucumber salad, cold chicken and pheasant, slices of York ham, and a pot of stew that was soon steaming hot. Then there were mince-pies, bread and cheese, and fruit, with a bottle of wine in which to drink the thoughtful little Oku-san's health. This was the Shoji idea of a lunch, whenever I went off for a day in the hills, and who is there who will not admit that enjoyment of Nature's glorious work may be vastly augmented by an excellent meal? (Ponting, Kindle edition)

長岡洋三の日本語訳は、「いつもランチの籠を詰めてくれる夫人も、長年の経験から何を用意したらよいか知っていた。籠にはサーディン、トマトと胡瓜、冷たい鶏肉と雉肉、ヨークハムの薄切り、すぐに温められるシチューを入れた深鍋が入っていた。その他にミンスパイ、パンとチーズ、果物が入っていて、よく気がつく可愛い「奥さん」の健康を祝して乾杯するためのワインが一瓶添えてあった。

「これが精進ホテル式のランチで、山へ散策に行くときは、必ずこれを携えていったものだ。大自然の作り出した風景を楽しむのに、素敵な食事があれば一層興が増すのは当然のことで、それが同意しない者が果たしているだろうか。」（ポンティング、長岡、一八三～一八四頁）。

このポンティングの話から見るとやはり、当時日本を旅していたイギリス人にとっては西洋料理を提供していたホテルは大きな助けだったようである。現在日本を旅しているイギリス人は、もちろんもう少し食事についてチャレンジ精神を持つ人々は多いといえるかも知れないが、それでもたまには慣れている食べ物を食べたくなることも多いだろう。

## 現代のイギリス人のみる和食

ユネスコ協会が二〇一三年一二月に日本食文化を無形文化遺産に登録した際、既に日本料理を提供するレストランはイギリスにたくさんあって、イギリスの主な都市には大体二～三軒あったと言える。二〇二〇年現在、ロンドンには様々な国の料理は言うまでもなく簡単にアクセス可能でいつでも食べられ、日本料理店も数十軒あるようになった時代である。また、数年前までは高級で少しエリートの人たちしか食べないようなものだった日本料理は現在、普通にスーパーに並んでいるぐらいのものになってきた。インド料理や中華料理のように庶民レベルでそれほど食べられていないかも知れないが、イギリスの大手スーパーのテスコ（Tesco）、アズダ（Asda）やセインズブリーズ（Sainsbury's）などでは「すし」や「からあげ」などが売っている。

近年、イギリスでは食べ物（フード）に対する意識が変化してきたと先ほど説明したが、その変化はイギリス人に日本料理を受入れられるようにしたといえるかも知れない。但し、日本人の食に対する意識はイギリス人にとって不思議に思われることもある。日本のテレビをつけると、食べ物に関する番組が必ずといっていいほど放送されている。イギリスの有名なフードジャーナリストであるマイケル・ブースは『英国一家、日本を食べる』（二〇〇九年、寺西のぶ子訳：二〇一三年）の中で次のようにその現象を説明している。

「食べ物や料理、レストラン、食材の生産者に関する番組がやたらと多いところを見ると、おそらく日本人はイギリス人やアメリカ人を凌ぐほど料理番組好きなのだろうから、その謎を解き明かしたいと何となく話したことがあった。ある試算によれば、日本で放送されているテレビ番組の実に四〇パーセント以上が「フードテレビ」の分類に入る―無名の職人肌の生産者を紹介するまじめな番組もあれば、世界的に知られている騒々しい料理コンテスト番組、『料理の鉄人』……もある。この数日間の僕自身の体験でも、その試算と同じような実感がある。テレビをつけて二、三回リモコンのボタンを触ったら、何かしら食べ物を扱う番組が現れるからだ（ブース、五九～六〇頁）。

確かに、日本を訪れたことのある多くのイギリス人はブースと同じことを言うだろう。ジェイミー・オリバーやメアリー・ベリーなどの芸能人シェフたちの番組があるようにイギリスでもちろんフードテレビは大変人気のある種類のテレビ番組であるが、日本ほど「食」に関するテレビ番組はないように思える。番組の中で、顔の高さでこぶしを作り両手を振って、連続で「おいしい〜！」と叫んでいる声の高い人は特に日本のフードテレビで印象的な存在であり、必ず出てくるキャラクターの一人というイメージがある。

近年イギリスでは日本料理のお店が増えつつあるように見える。また、首都ロンドン内だけではなく全国的に広まっている。例えば、北西部にあるリバプール市では、二〇二〇年現在約一五軒の日本料理のレストランがある。ラーメンなどの麺類や鉄板焼き、お寿司などがメインであるが、一番有名で二〇〇七年から長く続けているところは「悦」というレストランである。リバプールでは大きな中華街があるので、他のアジアの国の料理とフュージョンして日本料理を提供しているレストランも多くある。

日本人コミュニティの大きいロンドンではジャパンセンターという施設が一九七六年に徳峰国蔵という起業家により設立された。徳峰は元々広島出身で、イギリス人女性と結婚して一九七五年にイギリスに引越した。四〇年以上イギリスに住んで、ジャパンセンター以外に二〇一二年からショウリュウというラーメン屋のチェーン店も経営している。店舗はロンドン、マンチェスターやオックスフォードにある。ジャパンセンターは最初は日本語の本の店だったが、徳峰が食に興味があったため、一九八〇年に初めてジャパンセンター内にレストランを開いた。このジャパンセンターは本格的に日本を体験できる唯一の場所だったといってもいいかも知れない。同じく日本料理をイギリスで普及推進している方で、一九七二年にイギリスに引越した日本人シェフのキミコ・バーバーがいる。日本料理本をたくさん英語で出版している。例えば、二〇〇六年に「Japanese Pure and Simple：Over 100 Health-giving Recipes」、二〇〇九年に「The Chopsticks Diet」、二〇二〇年に「Japanese in 7：Delicious Japanese Recipes in 7 Ingredients or Fewer」という料理本を出版した。彼女のミッションは日本料理を誰でも簡単に作れるようにしたレシピを紹介する本を出して、イギリスで日本料理を普及することである。バーバーはインスタグラムなどのＳＮＳやＢＢＣテレビやラジオ番組に出演などして、日本料理を紹介している。

イギリス在住の日本人だけではなく、アメリカ生まれのＢＢＣマスターシェフ優秀者（二〇一一年）であるティム・アンダーソンも和食を勉強するために北九州に住んだことがあり、ロンドンで二〇一五年にオープンしたナンバン（二〇一九年に二店舗目もオープンした）というレストランを経営している。日本料理を紹介する料理本、「Nanban：Japanese Soul Food」（二〇一五年）、「Japaneasy：Classic and Modern Japanese Recipes to Cook at Home」（二〇一七年）や「Vegan Japaneasy：Classic and Modern Vegan Recipes to Cook at Home」（二〇二〇年）などを出版して、ＢＢＣテレビやラジオ番組にも出演して日本食を紹介している。これらの例から見れば、日本料理はイギリスでかなり人気の料理になってきていることが分かる。また、脚気の原因という心配があったメアリー・クローフォード・フレーザーの時代と違って、バーバーやアンダーソンの本のタイトルから分かるように、現在のイギリスでは日本料理が体にいいものだという意識が浸透している。

## まとめ

本章は二つの論点からイギリス人のみる和食を考察してきた。まずは、イギリス人と日本人の食に関する意識を考えた。近年、イギリス人は「食」に対する意識を変えて、また二〇一二年のオリンピックをきっかけにイギリス料理のイメージを変えようとしてきた。二十〜三十年前のイギリス人が持った「食」に対する意識と現代の意識は大きく変わり、「食」に対するチャレンジ精神も少し出てきて、和食も含めて、様々な国の料理を食べるようになってきた。幕末・明治時代に日本を訪れたイギリス人は自分が食べる食料を持参するようにと勧められていたが、現在の日本ではイギリス人が慣れている乳製品や肉などが普通に手に入るので、日本に来ても「食」に対する困りごとはなく、むしろ来日する外国人観光客が増えたため、日本の洋食文化が生まれた。

最後になるが、イギリスで和食に対する意識は変わってきていると同時に、少しずつ日本でもイギリス料理に対する意識が変わりつつあるように思うが、これはもう少し新しい情報源、（本やテレビ番組などのようなメディア）が必要だと考える。

以上、英国と日本の食文化や双方の「食」に対する意識は相当に違うように説明してきたが、実は、英国に Beans on Toast（ベークドビーンズ・オン・トースト）と日本（名古屋だけ？）に小倉トーストがあるように、それほど違う食文化ではないかも知れない。とにかく、お互いの食文化をより深く知るべきであるように思う。


【日本語の参考文献】

ブース、マイケル（寺西のぶ子訳）（二〇一三）『英国一家、日本を食べる』亜紀書房。

チェンバレン、B・H（楠家重敏訳）（一九八八）『チェンバレンの明治旅行案内、横浜・東京編』新人物往来社。

エリオットゆかり（二〇一二）『ホントはおいしいイギリス料理』主婦の友社。

亀田尚己・青柳紀江・クリスチャンセン、J・M（成瀬宇平編集協力）（二〇一六）『和食の英語表現辞典』丸善出版。

川北稔（二〇〇六）『世界の食文化17　イギリス』社団法人農産漁村文化協会。

北野佐久子（一九九〇）『イギリス料理を召しあがれ』CBSソニー出版。

銀城康子（文）・萩原亜紀子（絵）（二〇〇九）『絵本世界の食事20　イギリスのごはん』一般社団法人農山漁村文化協会。

グレイ、アニー（川上典子訳、村上リコ監修）（二〇二〇）『公式　ダウントンアビー　クッキングレシピ』、ホビージャパン。

石井理恵子（著）・松本里美（版画）（二〇〇六）『英国フード記 A to Z』三修社。

長谷川恭子（二〇〇一）『イギリス料理のおいしいテクニック』柴田書店。

ポンティング、ハーバート・G.（長岡洋三訳）（二〇〇五）『英国人写真家の見た明治日本　この世の楽園・日本』講談社学術文庫。

サトウ、アーネスト（坂田精一訳）（一九六〇）『一外交官の見た明治維新（上）』岩波文庫。

【英語の参考文献】

Bird, Isabella. (1885) *Unbeaten Tracks in Japan, An Account of Travels in the Interior Including Visits to the Aborigines of Yezo and the Shrine of Nikko*, ICG Muse Inc. edition, 2000.

Blythman, Joanna. (2006) *Bad Food Britain*, Fourth Estate Ltd.

Booth, Michael. (2009) *Sushi and Beyond, What the Japanese Know About Cooking*, Vintage.

Brown, P. (2019) *Pie Fidelity, In Defence of British Food*, Particular Books, Penguin Random House.

Chamberlain, B. H. & Mason W. B. (1907) *A Handbook for Travellers in Japan Including the Whole Empire from Saghalien to Formosa* (8th ed.), London : John Murray.

Collingham, Lizzie.（2017）*The Hungry Empire, How Britain's Quest for Food Shaped the Modern World*, Vintage, Penguin Random House.

Fraser, Mary Crawford, Cortazzi, Hugh.（1982）*A Diplomat's Wife in Japan, Sketches at the Turn of the Century*, Whetherhill.

Colquhoun, Kate.（2007）*Taste, The Story of Britain through its Cooking*, Bloomsbury.

Hughes, Kathryn.（2005）*The Short Life and Long Times of Mrs Beeton*, Fourth Estate.

Ishige, Naomichi.（2001）*The History and Culture of Japanese Food*, Routledge edition, 2011.

Oliver, Jaime.（2011）*Jamie's Great Britain, Over 130 Reasons to Love Our Food*, Michael Joseph, Penguin Books Ltd.

Ponting, Herbert, G.（1910）*In Lotus-Land Japan*, Macmillan and Co.

Satow, Ernest.（1921）*A Diplomat in Japan*, ICG Muse Inc. edition, 2000.

Stalker, Nancy K.,（2018）*Devouring Japan, Global Perspectives on Japanese Culinary Identity*, Oxford University Press.

【オンライン参考資料】

Good Housekeeping Website, All the Best Cookbooks to Buy Now, https : //www.goodhousekeeping.com/uk/lifestyle/editors-choice-book-reviews/g25840997/best-cookbooks/

Great Britain Campaign, https : //www.greatbritaincampaign.com/about

Japan Centre's Tak Tokumine on lessons from a life made in the UK（20th January 2020）, https : //www.jetaa.org.uk/news/tak-tokumine-interview/

Koutsakis George. *Tak Tokumine : It's all about love and noodles*, The Japan Times, https : //www.japantimes.co.jp/life/2018/04/07/people/tak-tokumine-love-noodles/

ジャパンセンターについて、 https : //www.japancentre.com/ja/company

Pierre Loti, "Un Ball á Yeddo"（David Rosenfeld による英語訳版、二〇〇一年）

http : //www.exeas.org/resources/pdf/ciaa-loti.pdf

"Chef Kimiko Barber on a quest to 'demystify' Japanese cooking"

https : //www.irishnews.com/lifestyle/2020/02/22/news/chef-kimiko-barber-on-a-quest-to-demystify-japanese-cooking-1847154/

# 12章　ユネスコ無形文化遺産と「和食」
## ―代表一覧表記載を目指す提案書策定の政策過程―

玉井　亮子

### はじめに

日本の食文化は、国内外に対してＰＲされる観光資源の一つである。観光庁による二〇一九年調査によれば、訪日外国人観光客にとって「訪日前に最も期待していたこと」を単一回答で尋ねた場合、その一位には「日本食を食べること（二七・六％）」が入っている（観光庁 二〇二〇：二四）。また訪日外国人旅行消費額の費目別構成比をみると、買物代（三四・七％）、宿泊費（二九・四％）、飲食費（二一・六％）であり、買物代の費目別購入率をみると、菓子類（六九・五％）、生鮮農産物（七・一％）となっており、食関連での買物が多い（観光庁 二〇二〇：iii、一八）。日本食、食文化に惹かれて、日本を訪れる外国人観光客がいることが分かる。

また農林水産省では、日本産農林水産物、食品の輸出拡大につながる事業の一環として、訪日外国人が、日本で食が絡んだ体験をし、帰国後も、日本の食に関連する事柄を体験できるよう、情報発信に取り組んでいる（農林水産省 二〇二〇ａ）。農水省食料産業局食文化・市場開拓課和食室担当者は二〇二〇年三月、新聞のインタビューで「地域における食文化の価値や、生産現場の知見を持つ立場から連携を進め、インバウンド（訪日外国人）対策につなげ、国内での食文化の価値も高めたい[1]」と語る。農水省は日本の食文化を、国内外において、日本そのもの、そして日本の各地方に興味関心を抱くきっかけ、更に日本を訪問するといった日本に関連する事象にアクセスする、赴くといった〝通わせる〟きっかけとなる可能性を持つものとして捉えているのである。

このように日本の食文化は国内外から注目される存在となっているが、二〇一〇年代に改めて、日本の食文化が海外から注目を集め、またその理解促進につながるきっかけを作ったのは、二〇一三年一二月、ユネスコ（国際連合教育科学文化機関）の文化遺産保護事業である「人類の無形文化遺産の代表的な一覧表（以下、「代表一覧表」と記す）」に「和食；日本人の伝統的な食文化―正月を例として―（Washoku, traditional dietary cultures of the Japanese, notably for the celebration of New Year）」が記載されたことであろう。しかし日本からユネスコへ提出した「代表一覧表への記載を提案する文書（nomination file 以下、「提案書」と記載）」では、特定の料理を推薦する内容とはなっておらず、「和食」を、「自然の尊重」という日本人の精神を体現した食に関する「社会的慣習」を反映したものとして記している。

「日本料理はユネスコの無形文化遺産の対象となるのではないか」と政府に訴え、ユネスコへの提案書の内容を議論した「日本食文化の世界無形遺産登録に向けた検討会（以下、「検討会」と記載）」が開かれる起因となったのは、京都の料理人たちの活動であった。その中心となった人物に、京都の老舗料亭「菊乃井」三代目主人の村田吉弘、同じく京都の老舗料亭「瓢亭」第一四代当主の髙橋英一といった老舗高級料亭の料理人たちが含まれている。活動を始めた当初、彼らは日本料理のなかでもメニュー形式が定められている「茶懐石」を代表一覧表へ記載することを求めていたし[(2)]、検討会には村田が参加し、全四回の検討会のうち、第三回までは、提案書は彼らの希望に近い「会席料理」を中心とした内容になるとの方針が支持されていた。当時、既に代表一覧表に記載されていた他国の事例でも、一つの料理を中心にその文化的背景が記された提案書がユネスコの審査を通っており、会席料理を中心とする提案はその方向性を採用したものであった。しかし最終的には、「会席料理」の文字すら含まれない提案書となった。何故、代表一覧表に記載された「和食」は、記載のきっかけを作った料理人たちが推した会席料理ではなく、日本人の有する社会的慣習が強く押し出された内容となったのであろうか。これが、本章の中心となる「問い」である。

「和食」のユネスコ無形文化遺産代表一覧表記載までの過程を扱った先行研究は存在するが、いずれも概要紹介に留まっている。江原や上中による論考は、検討会での議論の経緯を紹介している（江原二〇一五：三二一―三二二、上中二〇一九：八―九）。しかしそこには、提案書へのユネスコ関係者からの修正助言とそれへの対応までは記されていない。提案書の内容が確定したのは、提案書を修正した時点であることから、ここではそこまで含めて検討の対象とする。また以下の二つの視点に注目し、先の「問い」を明らかにすることを試みる。

一つ目の視点とは、「提案書策定者たちはどのように、またどのような知識を収集したのか」という点である。検討会での議論を追いながら、本事例の政策過程の特徴を示す。

二つ目の視点とは、「提案書策定過程に参加したアクター間で一つの「アイディア」を共有できたのは何故か」という点である。検討会では、「日本の食文化を「和食」と記し、それを社会的慣習として捉えるといった「アイディア」を共有した」といえる。この「アイディア」が何故、検討会委員のあいだで共有できたのか、を検討し、提案書策定において「何が最も重視されていたのか」を記す。

以下、第1節ではユネスコ無形文化遺産の制度概要、代表一覧表に記載された「和食」の内容、そして代表一覧表記載後の国内外で和食の保護・継承に関する活動を確認し、「和食」の現状を概観する。第2節では、ユネスコ無形文化遺産代表一覧表記載を目指した提案書策定をめぐる政策過程を記す。第3節では、提案書内容の決定要因について、上記二つの視点を踏まえながら、検討する。

## 1　ユネスコ無形文化遺産の概要とその代表一覧表に記載された「和食」

### ユネスコ無形文化遺産の概要

ユネスコの文化保全事業の一つである無形文化遺産保護事業は、二〇〇三年十月、「無形文化遺産の保護に関する条約（以下、無形文化遺産保護条約）」としてユネスコ総会で採択された条約に基づくものである。同法一条に無形文化遺産の定義が記されており、「無形文化遺産とは、慣習、描写、表現、知識及び技術並びにそれらに関連する器具、物品、加工品及び文化的空間であって、社会、集団及び場合によっては個人が自己の文化遺産の一部として認めるものをいう。」とある。また二条第二項では、無形文化遺産の具体的分類として、（a）口承による伝統及び表現、（b）芸能、（c）社会的慣習、儀式及び祭礼行事、（d）自然及び万物に関する知識及び慣習、（e）伝統工芸技術、の五つが示されている。また無形文化遺産には、「人類の無形文化遺産の代表的な一覧表」、「緊急に保護する必要がある無形文化遺産の一覧表」、「無形文化遺産保護のグッド・プラクティス」、の三つの分類が設けられている。

代表一覧表へ記載されるためには、設けられた五つの基準を全て満たす必要がある。その基準とは、「一．申請案件が条約二条に定義された「無形文化遺産」を構成すること。二．申請案件の記載が、無形文化遺産の認知、重要性に対する認識を確保し、対話を誘発し、よって世界的に文化の多様性を反映し且つ人類の創造性を証明することに貢献するものであること。三．申請案件を保護し促進することができる保護措置が図られていること。四．申請案件が、関係する社会、集団および場合により個人の可能な限り幅広い参加および彼らの自由な、事前の説明を受けた上での同意を伴って提案されたものであること。五．条約一一条および一二条に則り、申請案件が提案締約国の領域内にある無形文化遺産の目録に含まれていること。（今石二〇一八：三一—六、一二）」である。

提案書は通常、主に文化庁によって作成され、主催の委員会、文化庁と関係省庁の連絡会で調査、審議、了承を得たうえで、政府からユネスコへ提出する。提案書を受け取ったユネスコは、提案書に不備が無いかどうかを確認し、必要に応じて修正請求を提案書提出国に対して行う。同年九月三十日までに、提案書提出国は修正した提案書を改めてユネスコに提出する。次に提案書は、世界各地域から選出される専門家六名と認定ＮＧＯ団体から構成され、本審査の前に予備審査を行う「補助機関（Subsidiary Body）」へ送られる。補助機関の委員たちは、提案書を読み、先の代表一覧表への記載基準に当てはまるかどうかについて審査し、本審査を行う「政府間委員会（Intergovernmental Committee）」に対して案件ごとに、「記載」(inscribe)、「不記載（not to inscribe）」、「情報照会（refer）」のいずれかを勧告する。「記載」とは、記載基準を全て満たしており、代表一覧表に記載することがふさわしいとの判断を指す。「情報照会」とは再申請は可能であるが、締約国に追加情報を求めること、「不記載」とは、記載基準を一つでも満たさない場合で登録にふさわしくないこと意味し、四年間は再申請できないこと、を意味する。ただし「情報照会」の場合、提案書に追加情報を加筆して次年度以降、再度審査となるが、「不記載」となった場合は、同じく、四年間は再申請できないため、正式決定前に取り下げることが一般的という（農林水産省 二〇一一、味の素食の文化センター 二〇一三）。

補助機関からの勧告を踏まえ、政府間委員会が代表一覧表に記載するかどうかを決定する。補助機関の勧告と、政府間委員会による記載可否の判断は一致するのが一般的であり、補助機関の審査が、代表一覧表への記載の採否を握るのである（二神 二〇一八：一九―二十）。

「和食」の場合、無形文化遺産の分類のなかの「(b) 芸能」以外は、各要素に当てはまる。また「和食」が記載されたのは、「人類の無形文化遺産の代表的な一覧表」である。無形文化遺産の基準に対して、「和食」は申請当時、一、二、四は満たしていた。「三」は、食育基本法二四条の「我が国の伝統である優れた食文化の継承」のための施策を講ずるという文言を充てた。「五」は、日本では

表1　「和食」代表一覧表記載までの経過

| | |
|---|---|
| 〔二〇一〇年〕 | |
| 六月八日 | 菅直人内閣発足 |
| 十一月十六日 | 「フランス人のガストロノミー的食事」、「地中海式ダイエット」、「伝統的メキシコ料理」がユネスコ無形文化遺産代表一覧表に記載 |
| 〔二〇一一年〕 | |
| 三月十一日 | 東日本大震災 |
| 六月六日 | 日本料理アカデミー長名で、京都府知事宛てに嘆願書を提出 |
| 六月九日 | 京都府から国への政策提言 |
| 七月五日 | 農林水産省「日本食文化の世界無形遺産登録に向けた検討会」（第一回）開催 |
| 七月二十一日 | 文化庁「文化審議会文化財分科会無形文化遺産保護条約に関する特別委員会」（第七回）開催 |
| 八月十九日 | 農林水産省「日本食文化の世界無形遺産登録に向けた検討会」（第二回）開催 |
| 九月一日 | 農林水産省・食ビジョン推進室設置 |
| 九月二日 | 野田佳彦内閣発足 |
| 九月五～八日 | 農林水産省「日本食文化の世界無形遺産登録に向けた検討会」委員によるフランス現地調査 |
| 九月二十八日 | 農林水産省「日本食文化の世界無形遺産登録に向けた検討会」（第三回）開催 |
| 十月二十五日 | ユネスコ「補助機関」が「李氏朝鮮時代の宮中料理」に対して「情報照会」と勧告 |
| 十一月四日 | 農林水産省「日本食文化の世界無形遺産登録に向けた検討会」（第四回）開催 |
| 十一月二十九日 | 「ケシケキの儀式的な伝統（Ceremonial Keşkek tradition）」がユネスコ無形文化遺産代表一覧表に記載 |
| 〔二〇一二年〕 | |
| 一月二十四日 | 文化庁「文化審議会文化財文化会無形文化遺産保護条約に関する特別委員会」（第八回）開催 |

| | |
|---|---|
| 二月六日 | 文化庁「文化審議会文化財文化会無形文化遺産保護条約に関する特別委員会」（第九回）開催 |
| 二月十七日 | 文化審議会文化財分科会において「和食；日本人の伝統的な食文化」をユネスコ無形文化遺産代表一覧表への提案候補として決定 |
| 三月 | 「無形文化遺産保護条約関係省庁連絡会議」において政府として提案候補の最終決定。政府からユネスコへ提案書提出。 |
| 三月三十一日 | ユネスコへの提案書提出締め切り日 |
| 六月三十日 | ユネスコ事務局による提案書の受領処理締め切り日。提案書に不備がある場合、ユネスコ事務局から申請国に対して、不備を是正するよう助言。 |
| 九月三十日 | ユネスコ事務局に不備を是正した提案書の提出締め切り日 |
| 十二月二十六日 | 第二次安倍晋三内閣発足 |
| 〔二〇一三年〕 | |
| 十月二十二日 | ユネスコ「補助機関」が「和食；日本人の伝統的な食文化―正月を例として―」に対して「記載」と勧告 |
| 十二月四日 | ユネスコ「政府間委員会」が「和食；日本人の伝統的な食文化―正月を例として―」をユネスコ無形文化遺産代表一覧表に記載する旨を決定。同時に「キムジャン、大韓民国のキムチ作りと分かち合い（Kimjang, making and sharing kimchi in the Republic of Korea）」、「古代グルジアの伝統的なクヴェヴリ・ワインの製法（Ancient Georgian traditional Qvevri wine-making method）」、「トルコ・コーヒーの文化と伝統（Turkish coffee culture and tradition）」がユネスコ無形文化遺産代表一覧表に記載。 |

（以下の資料を参考に筆者作成（農林水産省大臣官房政策課 二〇一一a、二〇一一b、二〇一一c、二〇一一d、文化庁 二〇一二））

「和食」を無形文化財には指定していなかったため、文化審議会で「「和食」はいずれ文化財保護法による指定又は選定に基づかない「新たな分野」が創設され、そこに含まれる」と認定し、提案書にはその旨、記載するといった異例の措置が取られた（熊倉二〇一六：二）。

## 代表一覧表に記載された「和食」の内容

ユネスコへの提案書には、「「和食」は食の生産から加工、準備及び消費に至るまでの技能や知識、実践や伝統に係る包括的な社会的慣習である。これは、資源の持続的な利用と密接に関係している「自然の尊重」という基本的な精神に因んでいる。」とある。代表一覧表へ記載された「和食」とは、料理そのものとしての「和食」ではなく、「「自然を尊ぶ」という日本人の気質に基づいた「食」に関する「習わし」」、すなわち「社会的慣習」が表現されたものという扱いである。また「和食」に関する基本的知識や社会的・文化的特徴が典型的に見られるものとして、正月料理、正月行事に因んだおせち、雑煮、屠蘇が挙げられるなど、提案書は社会的慣習の内容をイメージしやすいよう、工夫が凝らされている（UNESCO二〇一三：三―四）[3]。

農水省の説明によれば、この「和食」の特徴とは、①多様で新鮮な食材とその持ち味の尊重、②栄養バランスに優れた健康的な食生活、③自然の美しさや季節の移ろいの表現、④年中行事との密接な関わり、の四点とする。①については、四季と地理的多様性による新鮮で多様な山海の幸の存在、また食材の持ち味を引き出し、引き立たせる調理技術、調理道具の発達している点が述べられる。②については、食事の栄養バランスの良さ、動物性油脂の使用が少ないため、長寿や肥満防止に寄与する、とされる。③については、季節の花や葉などで料理を美しく盛り付ける表現法が発達していること、また季節にあった食器の使用、部屋のしつらいまで含めて、四季の移ろいが表現される「美意識」の存在、が記される。④については、大晦日、お正月、七五三といった人生儀礼など、日本の食文化は年中行事とかかわるなかで育まれたものであるとともに、食の時間を共有することが、家族、地域の絆を強めるとする（農林水産省 二〇一三：二、農林水産省食料産業局食文化・市場開拓課和食室 二〇一六：七三―七八）。

また提案書には、今後の保護措置として、食育運動への参画の拡大が記されており、学校給食、地域の行事での郷土料理の提供、各種食育活動の実施、また人材育成、食文化の普及、地域の伝統食材の保護といった点が記されている。また提案書用に実施し、三千人以上が回答したアンケート結果に基づく「98％の人が和食の保護・継承は重要だとの認識を示した」との記載や、全国のＮＰＯなど約一五〇〇団体から賛同を得た、との記述もある（UNESCO 二〇一三：一一、一三）。これは提案書の記載欄に「関係する社会、集団及び個人の推薦過程への参画」といった項目があり、この提案書が政府だけでなく、集団、個人が参加した証拠を記す必要があったからでもある。このように、代表一覧表に記載された「和食」は、高級料理といった、一部の人びとにしか慣れ親しまれていないものではなく、広く日本人社会において日常的に食される和食に関連する文化を保護、継承するといった内容となっている。

## 〝通わせる〟ために：日本食・食文化の普及促進

「和食」の代表一覧表への記載は、日本国内外の日本食・食文化の普及にどのような効果を生んでいるのか。これを厳密に検証することは難しい。しかし日本料理の海外での普及は、現地の人びとが日本に興味・関心を持つきっかけとなる可能性を持ち、日本に関連する事象へ〝通わせる〟契機にもなり得るもの、とはいえる。また日本食文化の伝播は、食品や食関連の事柄について、経済効果を生み出すものであることも事実である。つまり本章での〝通わせる〟といった言葉から連想される事象とは、日本食・食文化にアクセスすることから生まれる消費活動への期待につながるものである。このような〝通わせる〟ことに注目が集まるとはいえ、誤った日本食・食文化が日本国内外で拡散されることは望ましくない。正しい情報を備えながら、日本食・食文化の普及を促すためには、日本料理に関する調理技能の向上や、日本の農産品の普及、そしてそれらの伝承が重要となる。以下、農水省の取り組む政策を取り上げながら、日本国内外での日本食・食文化の普及促進の様子を見てみよう。

二〇一三年当時の農林水産省大臣官房参事官（輸出促進グループ長）によると、代表一覧表への記載を「ビジネス目的で活用すべきではないが、世界に日本の食文化を理解してもらうためには重要なことである（小川 二〇一三：一三）」と記す。農水省HPには、代表一覧表に記載されて五年後の二〇一八年時点の情報として「この間の和食文化を取り巻く情勢の変化と農林水産省の取組」を掲載しており、代表一覧表記載後、「和食は世界から高い注目が寄せられてい」るとし、二〇一三年時と比較し、海外の日本食レストラン数は約二倍に増加したこと、農林水産物・食品の輸出額は約一・五倍に増加したこと等を記している（農林水産省二〇一八）。これらの事実から、海外において日本食・食文化、そして日本の農林水産物・食品に対する関心が、継続して持たれていることが分かる。また海外の日本食レストランでは、日本の食材を使用しており、その店舗数増加は日本の食材の利用拡大にとっても重要といえる。

しかし海外で日本食が普及するにつれ、現地で充分な技能を習得していない料理人による日本料理の提供とそのための日本食のイメージダウンや、衛生面での情報不足などの問題が指摘されていた。「海外での和食文化の保護・継承に関わる課題」である。「和食」の代表一覧表への記載を機に、海外での日本食・食文化の継承のあり方が改めて問われ、それに対応する活動も行われている。例えば、世界への日本食の普及、日本の農林水産物・食品の海外市場開拓に寄与するとの目的の下、二〇〇七年にNPO法人「日本食レストラン海外普及推進機構（JRO）」が設けられた。JROでは、アジア、欧州、北米に二五箇所（二〇一八年現在）、海外支部ネットワークを持ち、現地で調理技術や衛生管理に関する講習会を実施するなどの人材育成とともに、現地での日本食に関するPR活動に取り組んでいる（日本食レストラン海外普及推進機構二〇一八：一六―二四、三〇）。また農水省では、日本食・食文化の海外発信強化の一環として、外国人の日本料理の料理人の育成に関する事業を行っている。農水省は二〇一六年、海外の外国人日本食料理人の調理技能達成度に応じて三段階に区分し、認定を与える「日本料理の調理技能認定制度」を設けた。これは、農水省の定めた「海外における日本料理の調理技能の認定に関するガイドライン」を運用しながら、JRO等の民間団体が、日本料理の各料理人の調理技能の達成度に応じて、その認定を与える事業となっている（農林水産省食料産業局二〇一六）。

日本国内でも、日本食・食文化に関して〝通わせる〟政策に、農水省は携わっている。例えば二〇一八年度より開始された、訪日外国人を対象とした「SAVOR JAPAN（農泊　食文化海外発信地域）」事業では、農山漁村での民泊と食体験を行う訪日外国人観光客誘致の優れた事業を、農水省が認定するものとなっている。この事業のねらいは、訪日外国人の観光需要を地方に取り込み、地域の食の輸出促進、農山漁村の活性化、農山漁村の所得向上を目指すもの、とされる（農林水産省二〇二〇b）。また、農水省の別の事業では、日本各地で食文化の保護・継承を継続的に推進する事業も実施されている。農林水産省の令和二年度予算では、食育の推進、国産農産物消費拡大事業の一環として地域食文化継承推進事業に予算が割り当てられている。これらの事業では、地域の食文化の保護・継承、和食文化の継承を推進する人材育成、消費拡大が目指されている（農林水産省二〇二〇c）。

## 2　ユネスコ無形文化遺産代表一覧表記載への道のり

第2節では、提案書策定過程に参加するアクターの活動を描きながら、「和食」の代表一覧表記載までの道のりを辿る。アクター間の対立と妥協がどのように起こっていたのかを描き、この過程で何が重要な論点であったのか、また何が「社会的慣習」を日本の提案書へ記すよう、促したのか、について検討する。

## きっかけは「京都」

二〇一〇年一一月、ユネスコ無形文化遺産の代表一覧表に食文化が初めて記載された。「フランス人のガストロノミー的食事（Gastronomic meal of the French）」、「地中海式ダイエット（Mediterranean diet：二〇一〇年時はイタリア、スペイン、ギリシャ、モロッコ、二〇一三年更新時にキプロス、クロアチア、ポルトガルが追加加入）」、「伝統的メキシコ料理―先祖伝来、受け継がれているコミュニティ文化、ミチョアカン州のパラダイム（Traditional Mexican cuisine-ancestral, ongoing community culture, the Michoacán paradigm。以後、「伝統的メキシコ料理」と記載）」、である。「フランス人のガストロノミー的食事」では人生の重要な祝祭の日に、人びとが集まって食事をするといった会食にまつわる慣習、「地中海式ダイエット」では穀類、漁業、畜産、その保存、加工、消費に関わる技術、知識、慣習及び伝統に基づくもので、食事を共にする社会的交流やコミュニケーションといった慣習、についての提案が、また「伝統的メキシコ料理」では伝統的料理の特徴とそれに関係する事柄（農法、儀式、古くからの技法、調理法、先祖代々のコミュニティでの慣習、マナー）を含む包括的な文化モデルといった提案が評価され、それぞれ代表一覧表へ記載された（UNESCO 2010a、2010b、2010c）。

この報を受け、「伝統ある日本料理も、代表一覧表に記載できるのでは」と、国に対して記載実現を働きかけたのは、京都に拠点を置く日本料理店主、調理学校関係者らによって二〇〇四年に設立されたNPO法人「日本料理アカデミー」理事長の村田をはじめとした、京都の料理人たちであった。彼らが登録を目指した背景には、日本国内でも料理が多様化し、和食離れが進むことへの危機感とそれを押しとどめたいとの想い、また日本料理を次世代に伝えるきっかけづくり、海外に正しい日本料理への理解を促したい、との想いがあった。[4] また熊倉によると、日本料理の料理人の社会的地位を高めたいとの想いもあった（CLUB MITSUBISHI ELECTRIC（二〇一四））。そこで、日本料理アカデミー理事長名で事務局を通じ、パリのユネスコ本部に申請方法を尋ねたところ、「NPOからは申請できない。国から申請するように。」との回答があった。その後、日本料理アカデミー名で関係省庁に手紙を出すも、反応は乏しかった（髙橋 二〇一八：三二）。

具体的に事態が動くことなく、月日は過ぎていくなか、村田らは、韓国が代表一覧表記載を目指し、「李氏朝鮮時代の宮中料理（Royal cuisine of the Joseon dynasty）」を申請したことを報道で知る。村田と共に申請活動を牽引した髙橋は「アジアで一番に認められたのが韓国料理で、日本はまだ申請すらしていないということになると、今までの我々の多方面にわたる運動は水の泡（髙橋 二〇一八：三三）」となるとし、村田は韓国が提出した提案書に「天ぷらや寿司が記載されていて、それらが朝鮮から日本へ伝わった」と記載されていたことに危機感を覚えたという。そこで改めて、日本料理の記載を国に要望することにした。東日本大震災直後の二〇一一年春に関係省庁に働きかけるも、文化庁からは「ユネスコ無形文化遺産への申請は文化財保護法で指定されているものに限る」との回答があり、相変わらず、事態が進展することはなかった。[5]

事態が動いたのは、村田らの活動に京都府知事から賛同を得たことが大きい。村田らは京都府に対して、代表一覧表への日本料理の記載は、日本料理のイメージアップにつながること、京都は会席料理を出す店が多く、日本料理のイメージアップが京都への集客効果を得られること、を訴えた。これに対して、山田啓二京都府知事（当時）が理解を示す。当時、東日本大震災とそれに関連する福島第一原発事故による風評被害は、京都府産の農産物にも影響を及ぼしていた。当時、京都府では府内産の茶葉の風評被害対策が課題となっていたし、宇治茶の国内外での販路拡大にも力を入れていた(6)。日本料理の無形文化遺産代表一覧表記載は、文化の付加価値強化につながり、宇治茶も含めて日本料理、そして京都の存在を、国内外へアピールするきっかけとなると京都府は考えたのである。

日本料理アカデミー側と京都府は事前に打ち合わせをし、二〇一一年六月六日、日本料理アカデミーは、理事長名で京都府知事宛ての嘆願書を、メディア立ち合いの下、山田知事へ提出した。日本料理、特に茶懐石の代表一覧表記載実現の働きかけを、京都府が政府に行って欲しいとの要望であった。その三日後の六月九日、山田知事は他の案件と併せて、「「日本料理」の世界無形文化遺産登録に関する意見書」をメディアの前で、文化庁、農水省等の関係省庁に手渡し、支援を要請したのである(7)。

## 農林水産省がナビゲーター

京都府と京都の料理人たちの期待に応えたのは、農水省だった。二〇一一年六月の京都府知事からの陳情を受け、農水省は政務レベルで文部科学省と調整し、京都府が要望した日本料理の事案について、代表一覧表記載のための提案書策定を主に担うこととなった。また本事案は、農水省と文科省との交渉の結果、優先的にユネスコへ申請されることになった。文化庁ではユネスコへ申請するための審議が既に複数の案で進められていたことから、本来であれば、日本料理の事案は「順番」待ちの状況になるはずだった。しかし農水省は、文科省と相談し、東日本大震災後の東北復興のために実施する事業と位置付け、本事案を両省庁内で最優先に扱う約束を取り付けたのである（大澤二〇二〇：二四）。

何故、農水省は、本事案に積極的に携わったのであろうか。その背景には、日本の農政、世界経済状況に起因する要因、農水省大臣政務官の理解があったこと、当時の農水省・官房政策課長がユネスコ無形文化遺産について既に知識を得ていたこと、がある。農林水産物、食品輸出を扱う農水省では当時、環太平洋パートナーシップ協定（ＴＰＰ）への参加を視野に入れた検討が進められていた。また菅直人政権下の二〇一〇年六月、「新成長戦略」を閣議決定し、農業改革の一環として農林水産物輸出額一兆円を目指していた。しかしリーマンショックの影響、為替レートの急激な円高、二〇一一年三月一一日の東日本大震災後の福島第一原発事故による風評被害や各国の輸入規制、津波等による水産施設の破壊等による農産物の輸出状況の伸び悩みが農政の課題となっていた（野木二〇一三：一四）。野田佳彦政権となった後も、内閣の重要政策課題として「食と農林漁業の再生」が掲げられ、その政策の一環として日本料理の無形文化遺産一覧表記載が推進された（食と農林漁業の再生推進本部決定二〇一一：六）。

また二〇一一年六月当時の農林水産大臣政務官であった田名部匡代も、記載後の農水省関連政策への好影響を理解し、文化庁との交渉時に自ら説明するなど、検討会立ち上げに積極的に参加した（農林水産省大臣官房政策課 二〇一二：一四）。田名部はこの事案が成功すれば、日本の農産物の輸出促進、観光客誘致にもつながると考えたのである[8]。

更には、検討会が開催された二〇一一年当時、農水省・官房政策課長だった大澤が、東日本大震災以前から、菅政権で掲げられた農政の目標達成を目指し、国内の第一次産業の強化策や農林水産物の拡大につながる情報を国内外、幅広く収集していたことも、本事案において農水省がナビゲーターとなることに結び付いた。大澤は資料に目を通すなかで、ユネスコ無形文化遺産一覧表に食文化が記載されたことを知った。また大澤は、京都の日本料理の料理人たちが無形文化遺産の枠組みに興味があることも知っていた。そこで東日本大震災前には既に、内々に料理関係者や、ユネスコの無形文化遺産制度創設にも携わった当時の文化庁長官とも意見交換を行っていた。大澤は、代表一覧表への記載が、国際的に日本料理を広く認知させ、それが日本の農業の今後の発展に役立つと考えた（大澤 二〇二〇：二四）。つまり農水省は本事案を、〝通わせる〟政策につながると考えた。農水省は本事案を、農林水産物の新たな輸出振興策、日本の農林水産品、食品の信頼回復策、観光客誘致策と、今後の日本の農政強化に役立つと捉え、積極的に取り組んだのである。

手続きを進めるにあたって、異例ではあるが農水省が主導して、ユネスコ無形文化遺産一覧表記載のための提案書策定作業を進めた。通常、ユネスコへの提案書策定を担うのは、文科省外局の文化庁である。しかし文化庁は、「和食」の提案については主導権を握ることができなかった。二〇一一年七月の検討会立ち上げ時には、文化庁は本事案への協力は積極的に行ったのだが（農林水産省大臣官房政策課 二〇一二：一四）、それ以前の二〇一一年六月の京都府知事からの陳情を受けてもなお、文化庁は「無形文化遺産の登録申請は、国の文化財保護法で重要文化財などに指定されているものに限る」との立場を崩さなかったのである。[9] 当時、食文化は文化財として法令上、定められていなかったため、文化庁は法令通りの解釈を行った。しかし政府は、代表一覧表記載を通じて、日本料理を世界にアピールすることを望んだ。本事案を、福島第一原発事故の風評被害への対応、日本食への信頼回復に役立つものと捉え、東日本大震災からの復興を海外へ発信することに繋がると考えた。[10] そこで政府は異例の対応を複数、とりながら、本事案を優先的に扱ったのである。

## 日本の食文化の解釈をめぐる論点

二〇一一年七月、外務省、文化庁、厚生労働省、経済産業省、観光庁の関係省庁がオブザーバーとして参加し、農水省主催による「日本食文化の世界無形遺産登録に向けた検討会」の第一回が開催された。検討会は、ユネスコへの提案書の具体的な内容を検討することが課されたものだった。

全四回、開催された検討会での議論から、「日本の食文化」の解釈に関して、二つの視点を抽出できる。一つは日本の食文化の根本には「自然の尊重」があるとする視点である。「自然の尊重」とは、日本列島が南北に細長く、四季があるといった環境のなかで自然の恵みに基づく食文化が形成されていること、また自然を慈しみ、敬意を払い、恵みに対する感謝の心が表現されている食文化があること、といった日本人と和食との関係性を物語る「精神」を表す言葉とされる（大澤二〇二〇：二五）。こちらが、最終的にユネスコへ提出した提案書のベースとなった視点である。

検討会が立ち上がった当初から政府は、二〇一三年一二月には、「日本の食文化」が代表一覧表へ記載されることを目指していた。そのためには検討会は初回から約五か月後の二〇一一年一一月の最終回までに、提案内容を詰めなければならず、時間的余裕は無かった。(11) また農水省では、ユネスコが、フランスの事案において、食にまつわる文化をフランス人社会が共有し、それを社会で引き継いでいる点を評価したことに注目していた。そこで第一回検討会から「日本の食文化の解釈」として「自然の尊重」が根底にあるとの案を検討会で提示した（農林水産省大臣官房政策課二〇一一a：一二―一九）。

一方、第一回目の検討会から、「日本の食文化」の解釈として、「会席料理」をその代表として示すとの意見が大勢を占めていた。これが、「日本の食文化」に関する二つ目の視点である。検討会では、農水省担当者から「日本料理の洗練され、凝縮された形が会席料理（農林水産省大臣官房政策課二〇一一b：七）」との説明がされている。検討会は、茶の湯、日本の食文化を専門とし、歴史学者である熊倉功夫が会長となり、村田も検討会委員を務めていた（農林水産省（n.d（b)））。村田が理事長を務める日本料理アカデミーが京都府知事に提出した陳情書には、茶懐石を代表一覧表に記載することを目指すといった内容が記されており、村田としても、会席料理が含まれた形での提案書作成は、彼自身の見解とも一致していた。実際、全四回の検討会の第三回目までは、会席料理を筆頭として日本料理全体を食文化として記し、伝統を持つ特色ある独特の日本料理を説明することで委員の合意は取れていた（農林水産省大臣官房政策課二〇一一c：一三）。

このような「日本の食文化」の議論が変化したのは、検討会第三回を前にした検討会委員三名によるフランス現地調査とその報告、そして韓国がユネスコに申請していた「李氏朝鮮時代の宮中料理」が、二〇一一年十月のユネスコの「補助機関」審査で「情報照会」との勧告に至ったという事実であった。フランス現地調査に参加した美濃吉代表取締役社長（当時）の佐竹は、現地調査から得た提案書執筆上のポイントとして、文化として伝承されていること、ユネスコの性格上、一部のエリートでなく民族的な考えに基づき、広く一般大衆に開かれ保護すべきものとして説明すること、商業主義を排除すること、といった三点を説明した。また佐竹は、申請が通るためのテクニックとしてと、民族学的な考えに基づく主張が良いとし、現地調査に参加した辻調理師専門学校校長（当時）の辻芳樹も、ユネスコの委員は日本料理を知らないという事実に気を付けるべきだとの考えを示した（農林水産省大臣官房政策課二〇一一c：十、一九、二七）。しかし第三回検討会では、提案書には会席料理という特徴ある料理を中心に据え、一般大衆の食文化も記すといった一つ目と二つ目の視点の折衷案とするといった見解に留まっており、会席料理が中心となるといった考えを覆すほどの議論とはならなかった。この議論の流れを、韓国の宮中料理に対するユネスコの勧告が変えた。検討会でも農水省担当者から「韓国では大統領が力を入れて推進しているので、まず通るだろう（農林水産省大臣官房政策課二〇一一c：二六）」と紹介されるなど、その記載は確実視されていた。しかし韓国の申請内容に対して、補助機関は、慣習の再生産、すなわち社会におけるアイデンティティのあり方、文化の継続性について、追加情報が必要となる「情報照会」の勧告を行ったのである（農林水産省大臣官房政策課二〇一一d：五）。補助機関は、宮中料理は一部の上流の人向けの料理だとし、対象が限定されている点、「宮中料理」という単語を入れたことで、宮中料理店へ利益誘導がなされる恐れがある点、学術界以外のコミュニティの参加が充分でない点、に課題があると判断した（農林水産省大臣官房政策課二〇一一d：八、Nikkei style 二〇一九）。第1節で記したように「情報照会」となった場合、その後の審査で「不記載」となった際の影響が大きい。この韓国の結果を受け、農水省は「日本の食文化」の解釈の修正が必要と判断した。大澤は、検討会最終回の前日、熊倉と村田に会い、韓国と同じ結果にならないためにも、提案書において会席料理を中心とした例示はやめた方が良いと進言し、両者から同意を得た。また会合開催直前まで、大澤は他の委員にも同様の内容を伝える努力をした（大澤二〇二〇：二四）。

二〇一一年一一月、検討会最終回の四回目の検討会で、会長の熊倉は、会席料理ではなく、和食を中心とした内容に提案書を修正した方が良いと発言した。熊倉は「自然の尊重」をベースとした観点、すなわち「国民全体から支持されている、そしてそれが現在も国民的規模で継承されている。しかしそれについてこれからも我々が保護しますます次の世代につないでいかなければいけないという使命感を持っている。こういうあたりをもっと強調したほうがいいのではないか（農林水産省大臣官房政策課二〇一一d：八）」と提案した。村田からも「その方がたぶん、通りやすいでしょうし、登録しやすい。登録しやすいほうに持っていくというのが検討会の趣旨ですから、どんどん会席のほうに偏っていきますと、あまりにも全国民という視点からは離れていく傾向にあるのかな（農林水産省大臣官房政策課二〇一一d：十）」と発言し、熊倉を支持した。そこで熊倉から、日本の食文化全体を表す言葉として「和食」という用語を使うこと、会席料理を中心とせず、和食のなかのフォーマルな料理として会席を例示するといった表現に変更されると共に、その後の提案書内容の修正は座長の熊倉に一任することで検討会委員の合意を得た（農林水産省大臣官房政策課二〇一一d：一一、二〇—二一）。

## 提案書の修正：消えた「会席」と「正月」行事の記載

日本政府として提案書をユネスコに提出する場合、申請内容を諮る「文化審議会文化財分科会無形文化遺産保護条約に関する特別委員会（当時）」での了承を得なければならない。上記特別委員会は二〇一二年一月から二月にかけて開催されたが、その場に提出された文書では「会席」の文字は消えていた。〝会席といった個別の料理を日本社会が守る〟といった機運が盛り上がるのかといった懸念や、[12] 日本料理という呼び方すら日本料理店に利益誘導されるとユネスコが判断する恐れがあるといった点を踏まえ（Nikkei style 二〇一九）、「自然の尊重」と食文化とのつながりを中心に提案書が書き直された（農林水産省二〇一二）。二〇一二年三月、政府はユネスコへ提案書「和食：日本人の伝統的な食文化」を提出した。

ただしその時点の提案書では、正月行事、正月料理に絞った記述とはなっていない。ユネスコへの提案書提出後、ユネスコ関係者から「抽象的な部分が分かりにくい」との指摘や、「ユネスコの専門家委員会である「補助機関」の委員のあいだでは、「和食は世界で商業的に成功しているので、無形文化遺産で保護する必要はない」との意見がささやかれている」との情報が入った。そこで熊倉は担当者とともに、提案書の更なる修正を行った。「補助機関」の日本の委員から、「補足的なストーリーを加えてはどうか」とのアドバイスを受け、和食の内容が委員に伝わり易いよう、例として正月行事、正月料理を記すこととなった。提案書のタイトルも、「和食：日本人の伝統的な食文化―正月を例として―」に変更した。提案書では正月を、日本の伝統、アイデンティティ、継承感を再認識させるものとし、「和食」に関する基本的知識、各地の歴史的・地理的特徴、地域の多様性を反映したものと記した（熊倉二〇一五：一二七、木曽二〇一五：八二―八三）。修正した提案書を再度ユネスコに送付し、熊倉による提案書修正作業は終わった。

ただし提案書の内容が評価されたことのみで、「和食」の代表一覧表記載が叶った訳ではない。二〇一一年一一月頃以降、文科省、外務省を中心とした、ユネスコ内部での日本関係者たちの外交努力が奏功したことも記しておきたい(13)。当時、ユネスコで記載の実質的審査を担う補助機関を構成する専門家委員六名のうち、日本代表委員が一名、入っていた。日本の委員は補助機関による「和食」の審査には入れないが、会議の場以外での専門家委員たちとの情報交換から、「和食」の代表一覧表記載に必要な情報を得ることが出来るため、情報戦を制すためには、補助機関に日本の委員を送り込むことが目指された。そもそも補助機関の委員となるためには、政府間委員会の委員でなければならない。

しかし日本は、「和食」案件を審議する時期は政府委員会委員任期が切れるため、政府間委員会の委員になれず、自動的に補助機関に日本の委員を送る資格すら無い予定だった。しかし、ユネスコのアフガニスタン大使と日本との交渉によって、アフガニスタンから任期を譲ってもらったため、日本は無事、補助機関に日本代表者を送り込むことができた（木曽二〇一五：一一二―一一三）。ユネスコの日本人関係者からの内部情報は、提案書がユネスコの審査を通過しやすくするために必要な情報であった。その結果、政策提案者である京都の料理人たちが当初、予想もしていなかった「正月料理」が提案書に記され、「和食」が代表一覧表に記載されることとなったのである。

## 3　検討

ここでは改めて「何故、代表一覧表に記載された「和食」は、検討会開催のきっかけを作った料理人たちが推す会席料理といった料理ではなく、日本人の社会的慣習が強く押し出された内容となったのであろうか」という本稿の問いを検討する。その際、「提案書策定者たちはどのように、またどのような知識を収集したのか」、「提案書策定過程に参加したアクター間で一つの「アイディア」を共有できたのは何故か」について確認する。

一点目については、検討会が海外の先行事例を参照している点に注目する。熊倉が第四回検討会で「フランス型を継承しながら正面突破していこう（農林水産省大臣官房政策課二〇一一d：一六）」と発言しているように、日本の食文化の解釈について最終的に合意したのは、代表一覧表に記載されている「フランス人のガストロノミー的食事」で記された、食事にまつわる社会的慣習を主張するといったフランス型の内容であった。検討会はフランスの事例から、商業主義を排し、民俗学的な視点を重視しながら、その国に住む人びとによって構成されるコミュニティで代々、引き継がれてきた文化が食に反映されているといった食文化の捉え方を学んだ。またフランス現地調査に参加した委員たちも、フランスの事例から、日本の事案に必要な知識を得ていた。またユネスコに提出されていた韓国の宮中料理案の動向からは、代表一覧表記載に至らなかった要因、すなわち失敗した要因を学んだ。ユネスコが重視する点とは、宮中料理という、エリート、すなわち一部の人たちのあいだでのみ継承されている食文化ではなく、コミュニティ、集団、個人で「この文化は重要である」との認識が共有されている点であることを、検討会は学習したのである。つまり、会席を中心に据えた提案では、ユネスコ無形文化遺産の基準にそぐわないと判断される可能性が高いと、検討会参加者たちは判断した。このように検討会はじめ提案書策定に携わった者たちは、ユネスコの置く基準を満たす食文化の具体的内容を、海外の成功した事例、失敗した事例から学び、それを日本のコンテクストに沿うよう、手直しし、提案書の修正を図った。彼らは「和食」を代表一覧表へ記載するという政策課題を抱え、その対応策を練るために、海外の事例から、自国への教訓を引き出すといった「教訓導出（lesson-drawing）（秋吉二〇〇四：六〇）」を行ったといえる。

また提案書策定過程で収集された知識とは、提案書がユネスコの審査を通過するための「技法」であった。ユネスコの無形文化遺産の審査過程は、書類のみで申請の可否が決定される。提案書は、ユネスコが指定する書式、単語数という制限の下、「何をどのように書けば良いか」についての情報が必要であった。「和食」の具体的内容として会席料理をその筆頭とすることを止めたのも、提案書を修正した際に正月行事、正月料理を書き加えたのも、ユネスコの審査に通るために集められた「技法」に照らして、必要な情報を提案書に記した結果であった。

次に、一連の「教訓導出」から得た「技法」を、検討会委員たち、提案書作成担当者たちが受け入れた要因、すなわち、「参加者間で、日本の食文化を「和食」と記し、それを社会的慣習として捉えるといった「アイディア」を共有できたのは何故か」といった二点目についてである。これは策定過程に参加した者たちにとっては、代表一覧表への記載が最優先事項であったから、とする。提案書は、政策提案者であった京都の料理人たちが当初、描いていた会席料理を記載するものにはならなかった。しかし彼らもまた、検討会に参加していた委員同様、登録される食文化の内容で同意を目指すよりも、日本の食文化を代表一覧表へ記載することを優先したのである。更に農水省が検討会当初から、フランス型の解釈も取り入れつつ、提案書内容を練り検討会で提案していたことも、検討会最終回で社会的慣習をメインに記すことについて、検討会委員たちの理解を得やすい要因となった。

このように検討会に携わった者たちは、ユネスコが設定した一覧表記載の基準に足る内容、食文化の構成要素を、先行事例から抽出した。そこから得た知識から、ユネスコの審議を通過する「技法」を編み出し、提案書に情報を反映し、内容の修正を重ねた。一部の人びとのあいだでしか継承されていない（といった誤解を生みやすい）会席料理を筆頭とした食文化ではなく、一般大衆に広く共有されている「和食」を日本人の社会的慣習が反映されたものとして提案書に記した方が、代表一覧表記載が叶いやすいと、提案書策定者たちは判断したのである。

## おわりに

「和食」が代表一覧表に記載されるために、「和食」の提案書策定に携わったアクターたちは、提案の成功例、失敗例を検討し、ユネスコの基準をクリアする技法を編み出していった。また「和食」の内容を議論した検討会では、この会の最優先事項は「「和食」の代表一覧表記載」であるとの認識を共有できたため、「和食」の内容をユネスコの基準に合わせる形で議論をまとめることができた。このような認識が共有できたのは、提案書策定に携わったアクターたちは、代表一覧表記載後に得られる「利益」に期待を寄せていたのかもしれない。事実、和食が代表一覧表に記載された後、日本食に関する政策は新たな展開をみせている。先述のとおり、記載後、海外では日本食レストラン店舗数の増加、農林水産物・食品の輸出額増加という事実がある。代表一覧表記載後、農林水産物・食品の輸出額増加、観光客誘致といった、農水省の当初の目的は、ある程度、達成されているといえる。和食の代表一覧表記載が、〝通わせる〟政策につながっている可能性がある。

日本の料理文化を代表一覧表に記載することを要望した、京都の料理人たちの利益はどうであろうか。日本料理アカデミーの一員として、記載を目指す活動に携わった髙橋は二〇一八年の文献で、日本における料理人の職業的地位が低いこと、伝統芸能や芸能関係ばかりでなく、日本料理界からも文化勲章が授与されるような料理人が出て、その地位が認められる時代が来る日を願っている、と記している（髙橋 二〇一八：二六）。日本の料理人の地位向上をとの想いが、本事案を中央省庁に働きかけた動機の一つでもあったのだ。代表一覧表記載後の二〇一七年、文化芸術振興基本法の一部を改正する法律、いわゆる「文化芸術基本法」一二条において、生活文化として食文化が例の一つとして挙げられ、その振興を図ると記された。従来の「文化芸術振興基本法」では「食」は「文化」と規定されておらず、飲食関係者にとっては法令上、「食」が「文化」と定められることは悲願であった。また平成三〇年度の文化功労者として、村田は「食文化」、茂木友三郎キッコーマン（株）取締役名誉会長・取締役会議長は「文化振興（食文化）」に関する功を、それぞれ顕彰された。料理界関係者としては、一九八八年に日本料理店「吉兆」創業者である湯木貞一以来の顕彰であった。二〇二〇年三月の新聞報道によれば文化庁は、重要無形文化財に、新たに食文化の枠を創設するという[14]。日本料理の料理人が重要無形文化財の対象となるかどうかは未だ分からず、また何をもって料理人の地位向上が達成されたかを、明らかにすることは難しい。しかし二〇一〇年代以降の日本の食文化の保護・継承、育成をめぐる体制整備は、その構成要素の一つである日本料理が、日本で「文化財」として認知されたことの証左といえるのである。

【注】

1 『日本農業新聞』二〇二〇年三月三日。
2 『大阪読売新聞』二〇一一年六月七日。
3 提案書の和訳は以下を参照。農林水産省（n.d（a））。
4 『産経新聞』二〇一三年十二月五日。
5 『京都新聞』二〇一三年十二月十日。
6 京都府議会「会議録の閲覧と検索」を使用。山田啓二知事（当時）発言。京都府平成二十三年六月定例会（第六号）、二〇一一年七月十一日。
7 『大阪読売新聞』二〇一一年六月七日。『京都新聞』二〇一一年九月十六日。
8 『日本食糧新聞』二〇一一年七月八日。
9 『京都新聞』二〇一一年六月七日。
10 『朝日新聞』二〇一三年十一月二十五日。
11 『東京読売新聞』二〇一一年七月六日。
12 『朝日新聞』二〇一三年十二月十五日。
13 『朝日新聞』二〇一三年十二月六日
14 『日本農業新聞』二〇二〇年三月三日。

【参考文献】


秋吉貴雄（二〇〇四）「政策移転の政治過程―アイディアの受容と変容」『公共政策研究』四、五九―七〇頁。

味の素食の文化センター（二〇一三）『「和食」のユネスコ無形文化遺産登録への申請から可否決定までのスケジュール」（https://www.syokubunka.or.jp/event/washoku/post024.html）。

今石みぎわ（二〇一八）「ユネスコ無形文化遺産とその制度」国立文化財機構東京文化財研究所無形文化遺産部（編）『無形文化遺産への道：ユネスコ無形文化遺産条約と地域の遺産』国立文化財機構、一―一三頁。

上中修（二〇一九）「学校園における和食文化の保護と継承：「和食」のユネスコ無形文化遺産登録の申請過程の検証を通して」『教育学論究』一一、七―一三頁。

江原絢子（二〇一五）「ユネスコ無形文化遺産に登録された和食文化とその保護と継承」『日本調理科学会誌』四八―四、三二〇―三二四頁。

大澤誠（二〇二〇）「和食のユネスコ無形文化遺産登録にどう至ったか」『会計検査資料』六五六、二四―二七頁。

小川良介（二〇一三）「食文化・食産業のグローバル展開について」『日本貿易会月報』七一六、一二―一三頁。

観光庁（二〇二〇）「『訪日外国人の消費動向―訪日外国人消費動向調査結果及び分析（二〇一九年年次報告書）』」（https://www.mlit.go.jp/kankocho/siryou/toukei/content/001345781.pdf）。

木曽功夫（二〇一五）『世界遺産ビジネス』小学館。

京都府議会「会議録の閲覧と検索」（http://www.pref.kyoto.dbsr.jp/index.php/）。

熊倉功夫（二〇一五）「和食の魅力と世界無形文化遺産」『愛知大学綜合郷土研究所紀要』六〇、一二五―一三四頁。

熊倉功夫（二〇一六）「文化庁に対して要望書を出す理由」『茶の湯文化学会会報』八八、一―二頁。

食と農林漁業の再生推進本部決定（二〇一一）『我が国の食と農林漁業の再生のための基本方針・行動計画（平成二三年十月二五日）』」（https://www.maff.go.jp/j/kanbo/saisei/pdf/shiryo1.pdf）。

髙橋英一（二〇一八）「「和食」がユネスコ無形文化遺産に登録されるまで（ユネスコと日本人）」『国連ジャーナル：国際情報誌』二〇一八年秋号、二六―三三頁。

日本食レストラン海外普及推進機構（二〇一八）「平成29年度ＪＲＯ事業報告書」（http://jronet.org/wordpress/wp-content/uploads/2018/06/report_of_activities_h29.pdf）。

農林水産省（二〇一一）「資料1　無形文化遺産の保護に関する条約の概要」（https://www.maff.go.jp/j/keikaku/syokubunka/meeting/1/pdf/process.pdf）。

農林水産省大臣官房政策課（二〇一一a）「日本食文化の世界無形遺産登録に向けた検討会（第一回）」（https://www.maff.go.jp/j/keikaku/syokubunka/pdf/110705_report.pdf）。

農林水産省大臣官房政策課（二〇一一b）「日本食文化の世界無形遺産登録に向けた検討会（第二回）」（https://www.maff.go.jp/j/keikaku/syokubunka/pdf/110819_report.pdf）。

農林水産省大臣官房政策課（二〇一一c）「日本食文化の世界無形遺産登録に向けた検討会（第三回）」（https://www.maff.go.jp/j/keikaku/syokubunka/pdf/full.pdf）。

農林水産省大臣官房政策課（二〇一一d）「日本食文化の世界無形遺産登録に向けた検討会（第四回）」（https://www.maff.go.jp/

j/keikaku/syokubunka/pdf/gijiroku.pdf)。

農林水産省大臣官房政策課（二〇一二）「日本食文化のユネスコ無形文化遺産化についてのシンポジウム」（https：//www.maff.go.jp/j/keikaku/syokubunka/event/pdf/giji.pdf)。

農林水産省（二〇一二）「提案書（案）の主な修正点」（https：//www.maff.go.jp/j/study/syoku_vision/pdf/shiryo_8_1.pdf)。

農林水産省（二〇一三）「「和食；日本人の伝統的な食文化」の内容」（https：//www.maff.go.jp/j/study/syoku_vision/pdf/3mai_gaiyo.pdf)。

農林水産省食料産業局（二〇一六）「海外における日本料理の調理技能の認定に関するガイドライン」（https：//www.maff.go.jp/j/shokusan/syokubun/pdf/chori_s.pdf)。

農林水産省食料産業局食文化・市場開拓課和食室（二〇一六）「日本の食文化を未来にどうつなげるか：ユネスコ無形文化遺産に登録された「和食」」『農業と経済』八二—七、七一—七八頁。

農林水産省（二〇一八）「「和食」のユネスコ無形文化遺産登録5周年！」（https：//www.maff.go.jp/j/keikaku/syokubunka/wasyoku_unesco5/unesco5.html)。

農林水産省（二〇二〇a）「食かけるプロジェクト」（https：//www.maff.go.jp/j/shokusan/eat/eatmeet/syokukakeru.html)。

農林水産省（二〇二〇b）「農泊　食文化海外発信地域」応募要領（https://www.maff.go.jp/j/shokusan/eat/savorjp/attach/pdf/R2oubo-youryou.pdf)。

農林水産省（二〇二〇c）「令和2年度農林水産予算概算決定の概要」（https：//www.maff.go.jp/j/budget/r2kettei.html)。

農林水産省（n.d（a））「無形文化遺産の代表的な一覧表への記載についての提案書（農林水産省作成仮訳）」（https：//www.maff.go.jp/j/keikaku/syokubunka/ich/pdf/nf_wayakun.pdf)。

農林水産省（n.d（b））「日本食文化の世界無形遺産登録に向けた検討会名簿」（https：//www.maff.go.jp/j/keikaku/syokubunka/pdf/member2.pdf)。

野木宏祐（二〇一三）「農林水産物・食品輸出の現状と課題」『国際文化研修』七八号、一四—一九頁。

二神葉子（二〇一八）「無形文化遺産を取り巻くユネスコと世界の状況—無形文化遺産保護条約の政府間委員会での審議から—」国立文化財機構東京文化財研究所無形文化遺産部（編）『無形文化遺産への道：ユネスコ無形文化遺産条約と地域の遺産』、国立文化財機構、一五—三四頁。

文化庁（二〇一二）「報道発表：「和食；日本人の伝統的な食文化」の無形文化遺産代表一覧表への提案について」（https：//

www.bunka.go.jp/seisaku/bunkazai/shokai/mukei_bunka_isan/pdf/mukei_bunkaisan_120309.pdf）。

CLUB MITSUBISHI ELECTRIC（二〇一四）「「無形文化遺産登録・ＷＡＳＨＯＫＵ」をもっと楽しもう！」（https : //www.mitsubishielectric.co.jp/club-me/washoku/）

Nikkei style（二〇一九）「和食は日本文化のメインコンテンツ　菊の井村田吉弘氏」（https : //style.nikkei.com/article/DGXMZO3949663OY8A221C1000000/）

UNESCO（2013）*Nomination file No. 00869 : Nomination form : English.* https : //ich.unesco.org/en/RL/washoku-traditional-dietary-cultures-of-the-japanese-notably-for-the-celebration-of-new-year-00869

UNESCO（2010a）*Gastronomic meal of the French* https : //ich.unesco.org/en/RL/gastronomic-meal-of-the-french-00437

UNESCO（2010b）*Traditional Mexican cuisine-ancestral, ongoing community culture, the Michoacán paradigm* https : //ich.unesco.org/en/RL/traditional-mexican-cuisine-ancestral-ongoing-community-culture-the-michoacan-paradigm-00400

UNESCO（2010c）*Mediterranean diet* https : //ich.unesco.org/en/RL/mediterranean-diet-00884

執筆者紹介（所属・専門・主著、50音順）

**諫早直人**（いさはや　なおと）

京都府立大学文学部准教授。東北アジア考古学。

『海を渡った騎馬文化―馬具からみた古代東北アジア』風響社、2010 年。『東北アジアにおける騎馬文化の考古学的研究』雄山閣、2012 年。『新羅考古学研究』（翻訳）李熙濬著・吉井秀夫解説、雄山閣、2019 年。

**岩崎有作**（いわさき　ゆうさく）

京都府立大学大学院生命環境科学研究科教授。生理学・食品栄養科学。

“Insulin activates vagal afferent neurons including those innervating pancreas via insulin cascade and $Ca^{2+}$ influx : Its dysfunction in IRS2-KO mice with hyperphagic obesity.”（共著）*PLoS One* 8（6), 2013. “Peripheral oxytocin activates vagal afferent neurons to suppress feeding in normal and leptin-resistant mice : A route for ameliorating hyperphagia and obesity.”（共著）*Am J Physiol Regul Integr Comp Physiol* 308, 2015. “GLP-1 release and vagal afferent activation mediate the beneficial metabolic and chronotherapeutic effects of D-allulose.”（共著）*Nat Commun* 9, 2018.

**上田純一**（うえだ　じゅんいち）

京都府立大学名誉教授。中世禅宗史・対外交流史。

『足利義満と禅宗』法蔵館、2011 年。『京料理の文化史』（編著）思文閣出版、2017 年。

**小林啓治**（こばやし　ひろはる）

京都府立大学文学部教授。日本近現代史。

『国際秩序の形成と近代日本』吉川弘文館、2002 年。『総力戦とデモクラシー』吉川弘文館、2008 年。『総力戦体制の正体』柏書房、2016 年。

**櫻井　要**（さくらい　かなめ）

管理栄養士、栄養教諭、調理師。

**佐々木晃**（ささき　あきら）
佐々木酒造株式会社代表取締役社長。

**佐藤洋一郎**（さとう　よういちろう）
京都府立大学文学部特別専任教授。遺伝学。
『ユーラシア農耕史』全5巻（監修）臨川書店、2008~2010年。『食の人類史（中公新書）』中央公論新社、2016年。『日本のイネ品種考―木簡からDNAまで』（編著）臨川書店、2019年。

**玉井亮子**（たまい　りょうこ）
京都府立大学公共政策学部准教授。行政学。
『地方分権の国際比較―その原因と中央地方間の権力関係の変化』（共著）慈学社、2016年。「フランスにおける「食」をめぐる政策の動向―無形文化遺産と「フランス人のガストロノミー的食事」を例に」『法と政治』69巻1号、2018年。『現代日本の公務員人事―政治・行政改革は人事システムをどう変えたか』（共著）第一法規、2019年。

**田村圭吾**（たむら　けいご）
京料理　萬重若主人。

**中村考志**（なかむら　やすし）
京都府立大学文学部教授。食科学。
"Augmentation of differentiation and gap junction function by kaempferol in partially-differentiated colon cancer cells"（共著）*Carcinogenesis* 26, 2005. "Actin and Vimentin proteins with *N*-terminal deletion detected in tumor bearing rat livers induced by intraportal-vein injection of *Ha-ras* transfected rat liver cells"（共著）*International Journal of Cancer* 124, 2009. "Differentiation-inducing effect of piperitenone oxide, a fragrant ingredient of spearmint (*Mentha spicata*), but not carvone and menthol, against human colon cancer cells"（共著）*Journal of Functional Foods* 8, 2014.

**平本　毅**（ひらもと　たけし）
京都府立大学文学部准教授。経営学。
「京都の中小・ベンチャー企業の魅力を学生に伝える方法をデザインする」『デザイン学論考』5 号、2016 年。『組織・コミュニティデザイン』（共著）共立、2017 年。『会話分析の広がり』（共編）ひつじ書房、2018 年。

**藤原英城**（ふじわら　ひでき）
京都府立大学文学部教授。日本近世文学・出版文化。
『八文字屋本全集』（共著）汲古書院、1994〜2000 年。『京都大学蔵潁原文庫選集』（監修責任）臨川書店、2016〜2019 年。『浮世草子大事典』（編集委員）笠間書院、2017 年。

**増村威宏**（ますむら　たけひろ）
京都府立大学副学長、同大学院生命環境科学研究科教授。遺伝子工学・植物分子生物学・細胞生物学。
「イネ科種子タンパク質の生合成と蓄積」原田久也監修・種子生理生化学研究会編『種子の科学とバイオテクノロジー』学会出版センター、2009 年。"Formation mechanism of the internal structure of type I protein bodies in rice endosperm : relationship between the localization of prolamin species and the expression of individual genes."（共著）*The Plant Journal* 70, 2012.「米の食味に関与する貯蔵タンパク質の米粒内分布の解析」（共著）松江勇次編『米の外観品質・食味―最新研究と改善技術』養賢堂、2018 年。

**宗田好史**（むねた　よしふみ）
京都府立大学文学部教授。都市計画学・観光学・文化遺産学。
『中心市街地の創造力―暮らしの変化をとらえた再生への道』学芸出版社、2007 年。『町家再生の論理―創造的まちづくりへの方途』学芸出版社、2009 年。『インバウンド再生―コロナ後への観光政策をイタリアと京都から考える』学芸出版社、2020 年。

**母利司朗**（もり　しろう）

京都府立大学文学部教授。和食文化学・俳文学。

「食の原風景―畠と畑の文字世界」『京都府立大学学術報告（人文）』71号、2019年。『和食文芸入門』臨川書店、2020年。

**山口エレノア**（Eleanor Yamaguchi）

京都府立大学文学部准教授。国際文化交流（日英交流史）。

“Nakai Hiromu（1838–1894）: A Forgotten hero of Anglo-Japanese Relations”, in Hugh Cortazzi（ed.）*Britain & Japan : Biographical Portraits, Volume VII, Global Oriental*, 2010. “Mutô Chôzô（1881–1942）, and A Short History of Anglo-Japanese Relations”, in Hugh Cortazzi（ed.）*Britain & Japan : Biographical Portraits, Volume IX, Renaissance Books*, 2014. “Expelling the Barbarian and the Last Stand : Examining the Newly Established Meiji Government’s Reaction to Foreign Pressure and National Strife in 1868”『愛知県立大学外国語学部紀要（地域研究・国際学編）』47号、2015年。

**渡部邦彦**（わたなべ　くにひこ）

京都府立大学大学院生命環境科学研究科教授。微生物機能化学・応用微生物学。

“Proline residues responsible for thermostable oligo-1,6-glucosidase from *Bacillus thermoglucosidasius* KP1006.”（共著）*The Journal of Biological Chemistry* 266, 1991. “Sustainable and practical degradation of intact chicken feathers by cultivating a newly isolated thermophilic *Meiothermus ruber* H328.”（共著）*Applied Microbiology and Biotechnology* 82, 2009.「細菌が放出する膜小胞（membrane vesicle）の機能と生合成機構そして応用に向けた研究動向」『化学と生物』54号、2016年。

# 和食文化学入門


二〇二一年三月三十一日　初版発行

監修者　京都府立大学和食文化学科
編　者　佐藤洋一郎
　　　　母利司朗
　　　　平本毅
発行者　片岡敦
印　刷
製　本　亜細亜印刷株式会社

発行所　606-8204 京都市左京区田中下柳町八番地
株式会社 臨川書店
電話（〇七五）七二一-七一一一
郵便振替 〇一〇七〇-二-八〇〇

落丁本・乱丁本はお取替えいたします
定価はカバーに表示してあります

ISBN 978-4-653-04429-1　C0077